DAS EXTERNSTEIN-RELIEF
EIN TEMPLERISCHES EINWEIHUNGSBILD
GEDEUTET NACH DER VERBORGENEN GEOMETRIE

Renate Brigitta Freifrau von Lamezan
Frank Ferdinand Freiherr von Lamezan

in Verehrung gewidmet

VOLKER RITTERS

DAS EXTERNSTEIN-RELIEF
EIN TEMPLERISCHES EINWEIHUNGSBILD
GEDEUTET NACH DER VERBORGENEN GEOMETRIE

mit u.a.
Einführung in die rituelle Verborgene Geometrie
Verzeichnis der Bucherscheinungen des Autors
Literaturverzeichnis
Register

Bibliografische Information Der Deutschen Bibliothek:
Die Deutsche Bibliothek verzeichnet diese Publikation in der
Deutschen Nationalbibliografie; detaillierte bibliografische Daten
sind im Internet über <http://dnb.de> abrufbar.

Schriftenreihe „Geometrische Strukturen der Kunst" **Nr. 21** (2014)
(begründet von Volker Ritters 2001)

Volker Ritters:
„DAS EXTERNSTEIN-RELIEF
EIN TEMPLERISCHES EINWEIHUNGSBILD
GEDEUTET NACH DER VERBORGENEN GEOMETRIE."

Umschlag vorne: Foto (2003): Das Externstein-Relief bei Horn-Bad Meinberg.

Umschlag hinten: Foto (2003): Das Externstein-Relief am Felsen 1, mit Felsen 2, 3, 4.

Frontispiz: (S. 5): Radierung von Balthasar Denner, (Hamburg 1685 – 1749 Rostock),
Porträt- und Miniaturmaler, genannt „Porendenner":
Pyramide mit der Bezeichnung „gradatim = stufenweise" als Einweihungsort für einen
Einzuweihenden (in Trance) der Königlichen Kunst .

Herstellung und Verlag: BoD - Books on Demand, Norderstedt

ISBN: 978-3-7322-0281-2

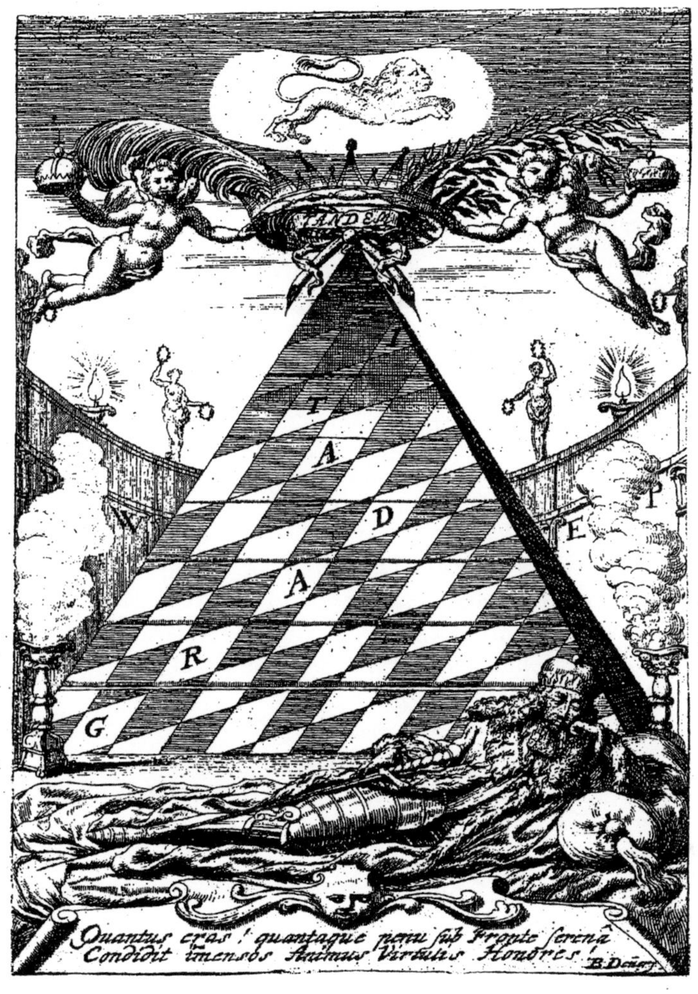

Die Pyramide als Einweihungsweg, mit „gradatim/ stufenweise" bezeichnet, führt im Kehret-um-Schritt stufenweise zur Höhe/ zum Buchstaben M in der Bedeutung des Horizontes (achet)/ dem Ort des Sonnenaufganges. Es ist der innere Weg des in Trance/ im Samadhi-Zustand verweilenden Ritters der Königlichen Kunst/ der Einweihung, der an der Pyramidenspitze nach der Krone des spirituellen/ ewigen Lebens strebt, überstrahlt von dem Sternbildzeichen des sonnenhaften Löwen, dem Zeichen des vollkommenen Individuums.

INHALTSANGABE

1. VORWORT

Mit diesem Band soll eine Monographie zum Thema des Externstein-Reliefs hinsichtlich seiner enthaltenen rituellen Verborgenen Geometrie geboten werden. Es soll gezeigt werden, dass Lucas Cranach d. Ä. den Entwurf zu diesem Großbildwerk an den Externsteinen geschaffen hat und dabei – sicherlich gemäß den Wünschen seines Auftraggebers – eine templerische, ur-religiöse „Arbeitstafel" für rituelle Sitzungen, Einweihungen und Beförderungen, komponiert hat, die zeigt, dass ihm diese Gedanken vertraut waren, die dem Kirchenchristentum in wesentlichen Teilen widersprachen, wenngleich Cranach auch sonst für katholische und evangelische Auftraggeber arbeitete.

Das Externstein-Relief wird das „Kreuzabnahme-Relief" genannt, was zeigt, dass es bisher als selbstverständlich angesehen wird, dass es ein kirchen-christliches Relief sei, das zeige, dass der Heiland Jesus Christus nach seiner Kreuzigung vom Kreuz genommen werde. Diese Ansicht vom Relief soll folgend widerlegt werden mit der Deutung einer templerisch-freimaurerischen Szene einer Einweihung eines Suchenden in den entsprechenden Orden.

Bei der Deutung dieses Reliefs wird häufig gefragt, wann es in christlicher Zeit dieser Region geschaffen wurde und welche Rolle es im kirchlichen Leben gespielt habe. Es soll gezeigt werden, dass es zwar in christlicher Zeit geschaffen wurde, dass es aber dennoch nicht kirchen-christlich sei: Es erscheint in kirchen-christlicher Verkleidung (insbesondere durch das große, lang gestreckte lateinische Kreuz) und verweist auf den Sachsengott E Li und auf eine rituelle Bearbeitung der Irminsul und des Erddrachens, des Basilisken. Es zeigt ur-religiöse Ansichten und Einstellungen, von denen auch das Kirchen-Christentum Inhalte angenommen hat, das sich aber in wesentlichen Punkten von der Ur-Religion unterscheidet. Das Relief ruft geradezu zur Befreiung von kirchen-christlichen Einengungen (Dogmenbildungen) auf, – was zu zeigen sein wird.

Die „rituelle Verborgene Geometrie", die Einweihungshandlungen der Einweihungskunst/ der Kunst der Wandlung (Alchemie/ kim-ya/ chemeia)/ der „Königlichen Kunst" ist in Kunstwerken verborgen, nämlich in einer hinter dem Bildgegenständlichen liegenden Ebene dargestellt. Diese hat der Autor nun seit 30 Jahren (seit 1984) untersucht, und er hat nun die Gewissheit erlangt, ein Kunstwerk angemessen und vollständig analysieren zu können.

Nachdem der Autor Sammelwerke veröffentlicht hat (zuletzt über holländische und flämische Kunstwerke) werden nun folgend in einer Reihe von Monographien einzelne Werke untersucht und vorgestellt, beginnend mit dem vorliegenden „Externstein-Relief" (um 1630) von Lucas Cranach d. Ä. (1472-1553). Weitere Themen werden sein: „Der Verlorene Sohn" (um 1510) von Hieronymus Bosch (ca. 1553-1516), „Die Nachtwache" (1642) von Rembrandt van Rijn (1606-1669), „Et in Arcadia ego" (1645) von Nicolas Poussin (1594-1665), „Der Bauerntanz" (um 1645) von David Teniers, d. J. (1610-1690), „Die Malkunst" (um 1666) von Johannes Vermeer van Delft (1632-1675) und „Der Angler" (1760) von François Boucher (1703-1770).

Das Ziel ist dabei, neben einem „Lob der Malerei" (des sensualistischen Realismus) auch ein „Lob der Kunst" (der tradierten spirituellen Inhalte der Ur-Religion im Sinne eben der Einweihung/ der Wandlung/ der Königlichen Kunst) zu veranstalten, womit (in der Sicht auf beide Bereiche) ein „Lob der Mal-Kunst" geschehen soll, um neben die herkömmliche „Bildtheorie", es gehe um die Darstellung „zur Freude" (am Realistischen) und „zur Belehrung" (im allegorischen Sinne von alltäglicher Lebensweisheit) – die weitere „Kunsttheorie" zu stellen, es gehe um eine Darstellung „zur Freude" (am Realistischen) und „zur Wandlung" (im symbolischen Sinne von Überwindung und von letzten Sinnfragen und Zielen im Sinne der Ur-Religion).

Mit einer Ansicht der Funktion von Bildwerken im Sinne von „zur Freude und zur Belehrung" zu einer erweiterten Ansicht der Funktion von Kunstwerken im Sinne von „zur Freude und zur Wandlung" wird ein neues Kapitel aufgeschlagen: Es fügt dem Allegorischen der „Bilder" das Symbolische der „Kunst-Bilder" hinzu (das als „Figur und Zahl im Geometrischen" auftritt). Mit diesem Übergang von einer „Bildwissenschaft" zu einer „Kunstbildwissenschaft", von einer „Bild-Geschichte" zu einer „Kunstbild-Geschichte" wird die Kunstwissenschaft begründet als die Wissenschaft <u>von der Darstellung der „Königlichen Kunst" in „Kunstbildern"</u>, als die Wissenschaft von der bildhaften und geometrischen Darstellung der Arbeit der Wandlung des Menschen zu einem Vollkommenen hin.

2.   EINLEITUNG

Da in letzter Zeit wiederholt das Externstein-Relief in der Diskussion erscheint, [1] soll folgend eine neu bearbeitete Darstellung des Externstein-Reliefs vom Autor vorgelegt werden zur Orientierung, auch für die weitere Diskussion um dieses rätselvolle Kunstwerk.

Eine Interpretation dieses Reliefs nach der Methode der „rituellen Verborgenen Geometrie" fördert Aussagen zutage, die dem rein gegenständlich betrachteten Bild und der Geometrie seiner am Bildgegenständlichen abgelesenen Figuren und Maße nicht zu entnehmen sind. Es sind Aussagen von Gegenstandsgrenzen überschreitenden Figuren und Maßen, die im geometrischen System der „templerischen Einweihungshandlungen" ihre Bedeutung haben und diese ins Bildwerk importieren.

Die Ausdrucksweise „templerische Geometrie" ist verkürzt und meint: Die freimaurerische Geometrie (die das Ritual des heute noch arbeitenden Freimaurer-Ordens beschreibt) verweise in ihrer geistigen Herkunft von den Templern [2] auf deren Geometrie, die auf ur-religiöser Grundlage fußt [3], welche von Abhinyano erkannt und also entschlüsselt ist [4]. Die Freimaurer des Freimaurer-Ordens (FO, der im Schwedischen System arbeitet) weisen selbst auf ihre zusammengetragene Symbolik hin, wenn dort gesagt wird, ihre Freimaurerei fuße auf folgenden Elementen : Mysterien mit Sonnenkult, auch ausdrücklich altägyptische [5], dann alchimistische Lehren und Zahlenmystik aus der Kabbala, weiterhin gnostische Elemente und die christliche Lehre [6]. So kommt es, dass bei einer Interpretation verschiedene Elemente, z.B. christliche und ur-religiöse/ ur-christliche, nebeneinander stehen, wobei die früheren vorrangig angenommen werden, bzw. wobei die späteren im Sinne der früheren gesehen werden.

Morgenländisches Wissen sei über die von den Kreuzrittern 1104 besiegte Stadt Akkon (und über den dortigen Zugang zum Wissen der arabischen „Bruderschaft der Baumeister" [7]) zu den Bauhütten der Zisterzienser und von dort zu den Freimaurern gelangt [8], was von anderen freimaurerischen Forschern bestritten wird [9]. .

Nach Ansicht des Autors gelangte symbolisches Wissen nicht direkt von den Bauhütten, sondern über den Weg der Kunstmaler-Gilden von dem Freimaurer François Boucher (1703-1770) [10] zur schwedischen Freimaurerei [11] zur Zeit ihres Ordensaufbaues (1756-1662) über die Herstellung und Lieferung der fünf „Mentmore-Bilder" in den Jahren 1758-1762 [12].

Genauere Hinweise auf die Methode der rituellen Verborgenen Geometrie geben die drei Einführungs-Schriften des Autors „Elemente des Kunstbildes", „Funktionen des Kunstbildes" und „Qualitäten des Kunstbildes" [13]. Jede Schrift enthält neben dem systematischen Teil einige Interpretations-Beispiele. Am Ende vorliegender Schrift wird auch eine kurze Einführung in die rituelle Verborgene Geometrie gegeben (dazu sei auch zur Vorbereitung empfohlen, die „Abkürzungen" und „Definitionen" im Anhang zu lesen).

3.   AUSSAGEN ZUM EXTERNSTEIN-RELIEF
3.1   VOM „INFOZENTRUM EXTERNSTEINE"

[Abb. 1, 2, 3] *„Geologie , Urgeschichte: Die Formation der Externsteine begann vor rund 130 Millionen Jahren. Damals grenzte das Meer des Niedersächsischen Beckens an das Münsterländer Festland. Am Meeresboden bildeten sich stetig Ablagerungen, die zu Sandstein verhärteten. Als Folge der Verschiebung der Erdkruste vor 80 Millionen Jahren stellten gewaltige Druckkräfte die Sandsteinschichten allmählich senkrecht auf. Es entstand der Gebirgszug des Teutoburger Waldes, zu dem die Externsteine gehören. Über Millionen Jahre spülten die Quellbäche den Gebirgszug aus und ließen die Externsteine als isolierte Gruppe zurück.*

Rätselhafte Anlagen: Von den zahllosen Spuren menschlicher Tätigkeit an den Externsteinen faszinieren die Besucher vor allem diese Anlagen: • das monumentale Kreuzabnahmerelief • die dahinter liegenden künstlichen Grotten • der Seiteneingang zur Kuppelgrotte mit den Resten einer Petrusskulptur • das offene Felsengrab in einer Rundbogennische • die Höhenkammer mit Altarnische. Alter und Funktionen der Anlage sind bis heute umstritten. Bereits im 16. Jahrhundert wurde die Vermutung geäußert, dass an den Externsteinen ein heidnisches Heiligtum in eine christliche Stätte umgewandelt wurde. Heute noch wird die Ansicht vertreten, die Externsteine seien ein keltisches oder germanisches Heiligtum oder eine Sternwarte gewesen. Hierfür gibt es jedoch keine archäologischen Belege. Die kunsthistorische Forschung bevorzugt eine Deutung der Anlage als mittelalterliche Nachbildung der heiligen Stätten in Jerusalem." [s. Abb. 31 c)]

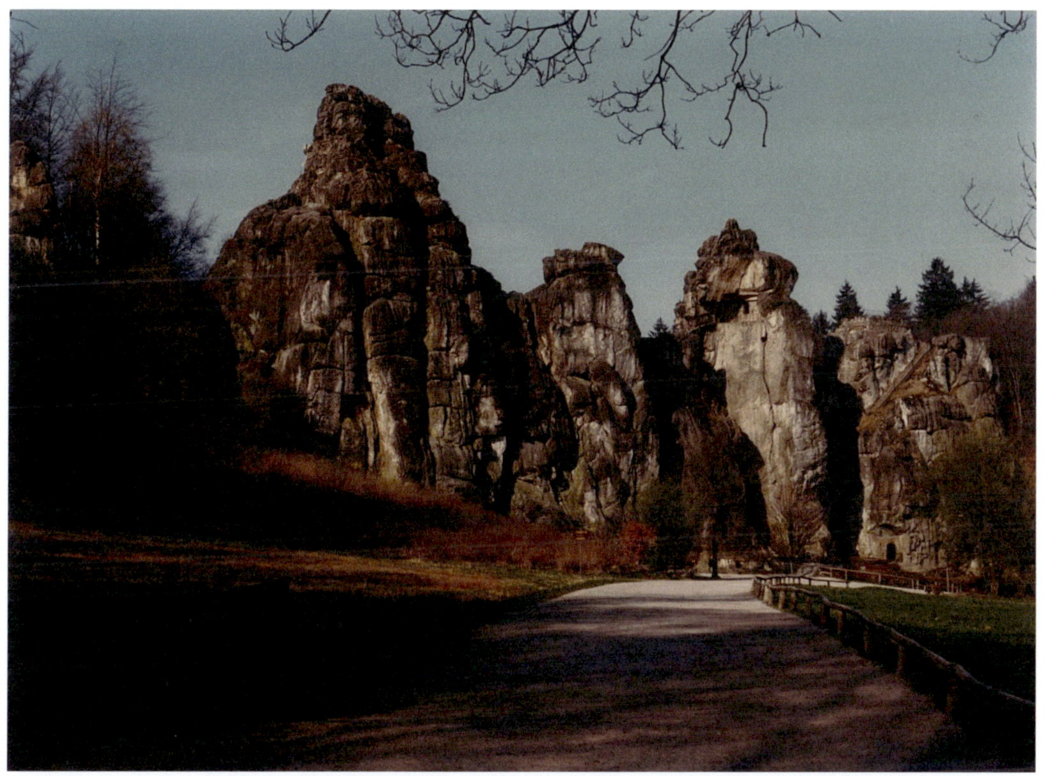

[Abb. 1] *Foto (2003): Die Externsteine im Teutoburger Wald bei Horn-Bad Meinberg mit den Felsen   5, 4, 3, 2, 1 (v. l. n. r.) mit dem Relief rechts vom Eingang zur „Kuppelgrotte" in Fels 1.*

„*Von der Raststation des Abtes zum Ausflugsziel: […] Die Externsteine lagen an einem bedeutenden Fernweg vom Rhein zur Elbe.*

Kreuzabnahmerelief: Das Relief der Kreuzabnahme Christi ist in seiner Art einmalig. Der expressive Ausdruck des Geschehens und die hohe künstlerische Qualität machen das Relief zu einem der bedeutendsten Werke der Romanik in Europa. Das Relief wird von Kunsthistorikern mehrheitlich in das 12. Jahrhundert datiert.

Im Zentrum des Geschehens steht die Abnahme Jesu vom Kreuz durch Nikodemus und Joseph von Arimathia. Links und rechts trauern Maria und Johannes der Evangelist. In der himmlischen Sphäre sind Sonne und Mond in Trauer verhüllt. Gottvater erteilt dem Heilsgeschehen seinen Segen. In der unteren Zone umschlingt der Teufel in Gestalt einer Schlange Adam und Eva. So weist die Gesamtkomposition auf die Bedeutung des Reliefs hin. Die durch Adam und Eva in die Welt gebrachte Ursünde wird durch den Kreuzestod Christi getilgt." **[1]**

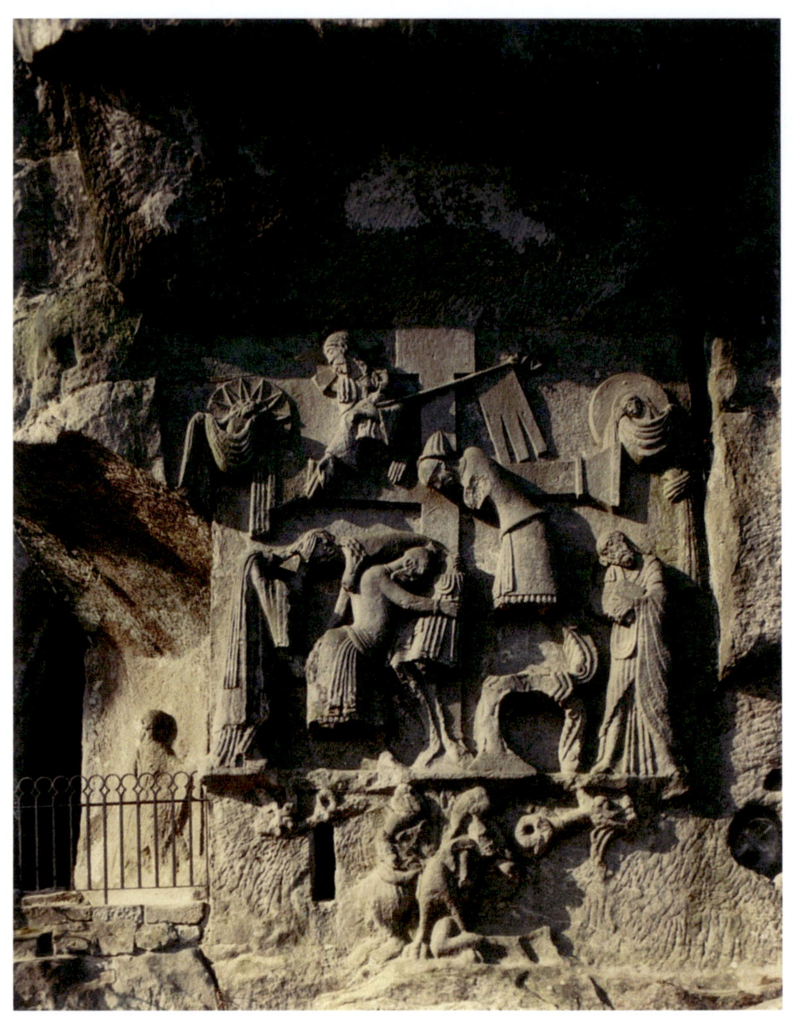

Die Broschüre „Externsteine", erschienen in der Reihe „Lippische Kulturlandschaften" Nr. 18, herausgegeben vom Lippischen Heimatbund, Detmold, in der 2. Auflage 2012, die heutigentags im „Infozentrum Externsteine" (Externsteiner Straße 35, 32805 Horn-Bad Meinberg, Tel. 05234 / 2029796, nahe den Externsteinen) gekauft werden kann, führt aus:

„*Das Kreuzabnahmerelief: Das in seinen Ausmaßen von 4,8 m Höhe und 3,7 m Breite gewaltige Relief stellt eine Szene der christlichen Heilsgeschichte dar: die Kreuzabnahme Christi. Joseph von Arimathäa (Mitte links) und Maria (links) nehmen den Leichnam Christi von Nikodemus in Empfang, der sich, wohl auf einer umgeknickten*

12

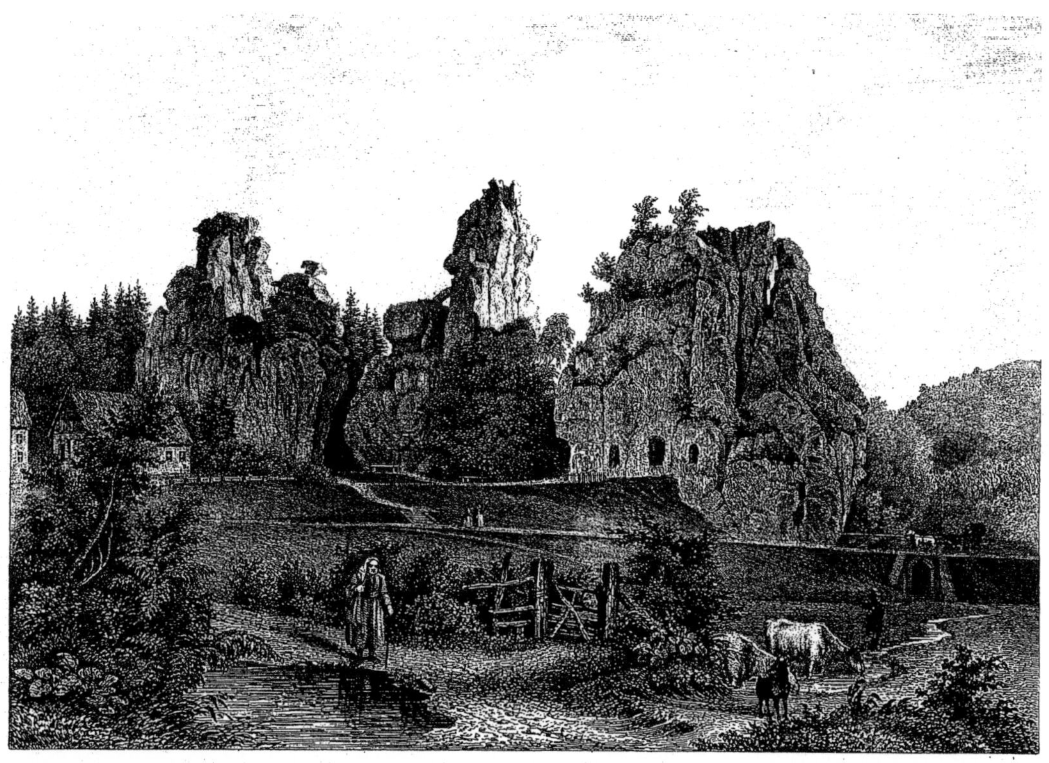

[**Abb. 3**] *Stahlstich (um 1860): „Die Externsteine".(Bibliographisches Institut in Hild-*
burghausen .

Palme stehend, am Kreuz festhält. Beobachtet wird diese Szene vom Evangelisten
Johannes (rechts), der ein Buch als Symvol für seinen später verfassten Bericht darüber
in den Händen hält. Im oberen Reliefteil verhüllen die Personifikationen der Gestirne
Sonne und Mond ihr Antlitz in Trauer. Gottvater (oben links) trägt ein Jesuskind im Arm
und erteilt seinen Segen. In der untersten Bildleiste werden zwei Menschen, vermutlich
Adam und Eva, in der Unterwelt von einem drachenartigen Ungeheuer umschlungen.

Einige Reliefpartien wie die Beine und der linke Arm des Nikodemus, die Beine
des Joseph sowie der Kopf der Maria sind mindestens seit dem 17. Jahrhundert verloren.

Die Datierung des Reliefs erfolgt in der jüngeren kunstgeschichtlichen Forschung
in die Zeit um 1160/70. Ein alternativer, jedoch aus stilistischen Gründen unwahrschein-
licher Datierungsansatz weist das Relief in die Zeit um 820 n. Chr. und bringt es mit der
Christianisierung Sachsens in Verbindung." **[2]**

Das Faltblatt „Die Externsteine", das auch im „Infozentrum Externsteine" zu
erhalten ist, führt unter der Überschrift „Das Kreuzabnahmerelief von ca. 1150" aus:

„Das Relief der Kreuzabnahme Christi ist in seiner Art einmalig und ein
Kunstwerk von europäischem Rang. Nikodemus und Joseph von Arimathia nehmen in

Anwesenheit der trauernden Maria und Johannes des Evangelisten den toten Leib Christi vom Kreuz. In der himmlischen Sphäre sind Sonne und Mond in Trauer verhüllt, Gottvater erteilt dem Heilsgeschehen seinen Segen. In der Unterwelt werden zwei Menschen (Adam und Eva?) von einem Untier umschlungen, ein Symbol der durch den Kreuzestod Christi überwundenen Erbsünde. Die Darstellung wird von Kunsthistorikern mehrheitlich in das 12. Jh. datiert." **[3]**

3.2 AUS DER FORSCHUNGS-GESCHICHTE

Folgend werden Aussagen über das Externstein-Relief in chronologischer Reihenfolge angeführt, um den Rahmen der Auseinandersetzungen um dieses Kunstwerk näher kennen zu lernen.:

1935, Franz Platz: *„Bei zahlreichen Kirchen, Klöstern und Kapellen kann nachgewiesen werden, daß der Schutzheilige an die Stelle einer heidnischen Gestalt kommt, daß also das christliche Heiligtum Nachfolger einer vorchristlichen Kultstätte ist [...]. Jedenfalls suchte man möglichst die Züge des heidnischen Vertreters auf den christlichen Heiligen zu übertragen, gemäß der Anweisung, die Papst Gregor an Mellitus gegeben hatte [...]. Es muß aber dann weiter geschlossen werden, daß das >heilige Kreuz< für ein entsprechendes heidnisches Kultzeichen gesetzt wurde. Und dieses Kultzeichen ist eben die Irminsul [...].*

Es ist lange Zeit Sitte gewesen, in den kirchlichen Kunstwerken überwundene Glaubensformen oder besiegte Laster darzustellen. Betrachtet man sich nun den Aufbau des Kreuzabnahmebildes, d. h. das Bild ohne die Menschen, so steht überragend groß das Kreuz im Raum. Daneben krümmt sich mit einer, fast ist man versucht zu sagen >abwehrenden< Gebärde die Irminsul [...]. Wie [...] die Bildkomposition zeigt, steht als Sieger das Christenkreuz da [...].

Zu beachten ist noch, daß Fuchs die Irminsul als einen Baum anspricht. Zwar gibt es diesen Schachtelhalmbaum auf der ganzen Welt nicht, geschweige denn in Deutschland; [...]. Aber wir haben trotzdem alle uns erreichbaren Kunstgeschichten nach einer solchen >nicht befremdlichen< Baumdarstellung durchgesehen und erklären deshalb, daß es in der ganzen romanischen Kunst einen derartigen Baum nicht gibt [...]. Daß die Irminsul ein Sinnbild des Weltenbaumes ist, bleibt von diesen Ausführungen unberührt [...].

Es fällt aber weiter bei diesem >Baum< auf, daß er das am sorgfältigsten gearbeitete Ornament der ganzen Gruppe ist, das sogar oben und unten [Anm.: an der Ober- und Unterseite], also an den gar nicht sichtbaren Flächen sehr sorgfältig ausgestaltet ist. Das ist bei einer reinen Hilfskomposition [Anm.: als Schemel oder Ersatzleiter], die lediglich die unästhetische Leiter vermeiden soll, unverständlich.

Gerade die saubere Arbeit der Einzelheiten ermöglichte aber die Feststellung, daß es sich um ein Bildwerk handelt, das mit seinen vielfachen Verleimungen nur in Holz, aber nicht in Stein denkbar ist. Betrachten wir aber die hölzerne Irminsul und sehen wir hier ihre Nachbildung in Stein, so wird beides erklärlich, die sorgfältige Arbeit wie das eigentlich hölzerne Vorbild. Fuchs erklärt nun, daß eine Irminsäule doch starr, also nicht biegsam ist. Er übersieht aber, daß ein Baum, wie er ihn annimmt, auch nicht so zu biegen ist. Denn wenn der Stamm so stark sein soll, daß er einen Menschen trägt, dann ist er zu alt für eine derartige Gymnastik. Nehmen wir aber eine künstlerische Freiheit an, dann muß sie ebenso für den Baum wie für die Irminsul gelten [...].

Weiter erwiesen die Untersuchungen, daß zur Karolingerzeit hier umfangreiche Zerstörungen vorgenommen sind, so daß also anzunehmen ist, daß die Externsteine das von Karl dem Großen zerstörte Irminsul-Heiligtum sind. Die Trümmer dieses Heiligtums sind dann zu Anfang des 12. Jahrhunderts von den Abdinghofer Mönchen für ihre Zwecke umgearbeitet [...].

Weiter aber ist über dieses in der Tat einzigartige Heiligtum so gut wie nichts überliefert [...]. Und dabei ist zu bedenken, daß es sich hier um eine mit bedeutendem Aufwand errichtete Kultstätte handelt, deren bildlicher Schmuck heute noch einzigartig ist. Auch Fuchs betont, daß ein derartiger Schmuck nicht für eine >kleine Waldkapelle< geschaffen wird. Gerade unter diesem Gesichtswinkel wird das Schweigen um so auffälliger [...].

Unwiderleglich aber wissen wir auch, daß die Externsteine [...] die bedeutendste Freiplastik Europas, eben die Kreuzabnahme, beherbergen." **[4]**

1939, Ahnenerbe Stiftung: *„[...] die >hohe Steinwand< wird von der Hand eines ausgezeichneten Künstlers mit einem christlichen Bilde versehen - aber dieser weiß offenbar von dem alten Sagengehalt, denn er bringt den Drachen, dessen Name in dem Namen des Steines lebt [Anm.: Agisterstein], in eindrucksvoller Größe und Gestalt an dem Felsen an. In dem oberen Bilde aber bringt er eine merkwürdige Einzelheit: Der Joseph von Arimathia steht auf einem Gebilde, das wie ein niedergebeugtes Sinnbild, ein Lebensbaum oder vielleicht eine >Irminsul< aussieht. [Anm.: andere halten diesen Mann für den Nikodemus.] Weiß er noch von der gewaltsamen Zerstörung des Felsheiligtumes durch Karls Schergen vor mehr als dreihundert Jahren [Anm.: bei der Annahme der Erbauung nach 1100], und will er damit den Triumph des Christentumes über das Symbol des Heidentumes verbildlichen? Oder gebraucht er, der wie die meisten Steinmetzen seiner Zeit viel Germanisches kennt und verwendet, das alte Sinnbild nur als ein Sinnbild des Todes, des geknickten Lebensbaumes, etwa wie das alte Zeichen in der Höhle?"* [Anm.: der sogenannte Galgen] **[5]**

1951, Ferdinand Seitz: *„Es würde heißen >Eulen nach Athen tragen<, wollte man noch viele Worte darüber machen, daß die Externsteinanlagen vor etwa 850 Jahren christliche Kapellen waren, was allein schon das in den Felsen gemeißelte und kompositorisch hervorragende Kunstwerk des Kreuzabnahme-Reliefs beweist [...]. Die bisherige Notlösung, daß es sich um die Nachbildung einer >früheren Elfenbein- schnitzerei< handelt, womit man die byzantinischen Formen des Kreuzabnahme-Reliefs begründen möchte, ist nicht überzeugend. [Anm.: auch zeigt Niedhorn, der diese These vertritt, als Vergleichsmaterial keine Elfenbeinschnitzerei mit diesem Thema der Kreuzabnahme.]*

Das stuhlähnliche Gebilde im Kreuzabnahme-Relief der Externsteine, auf welchem Nikodemus steht, ist wohl der meist umstrittene Teil der Anlage. Teudt ist der Meinung, daß es sich hierbei um eine >gebeugte Irminsul< handle. Fuchs erklärt dieses Gebilde als eine >zur Erde gebeugte Palme<. Er beruft sich dabei auf ähnliche Darstellungen der damaligen Zeit, welche alle ornamentalen Charakter tragen, während die Darstellung an den Externsteinen tatsächlich vollkommen selbständig - als Sache für sich – auftritt [...]. Betrachtet man das Kreuzabnahme-Relief genau, dann erkennt man, daß Gottvater die >Seele< seines geopferten Sohnes in Kindesgestalt in seinen Arm aufnimmt, in welchem er die Siegesfahne mit dem Kreuz als Abschluß hält. Hierdurch soll angedeutet werden, daß durch diesen Opfertod des Sohnes ein Sieg errungen wurde über >Etwas<, was im Wechselspiel der Symbolik sehr gut als >Irminsul< dargestellt sein kann, denn das Heidentum wurde als noch schlimmer – wenn es etwas Schlimmeres gab - erachtet als die Sünde [...].

Will man aber in dem gebeugten Gebilde, welches ich als Irminsul anspreche, eine >gebeugte Palme< sehen, so spricht in der Darstellung vieles gegen die Ansicht. Es fällt auch sofort ins Auge, daß auf die einzelnen Detailarbeiten eine ganz besondere Sorgfalt verwendet wurde und daß die Formen zeigen, daß sie beim besten Willen mit einer >Palme< nichts zu tun haben. Ich weise nur hin auf den scharf vierkantig gearbeiteten Stamm, unterteilt durch klar sichtbare gewinkelte Querbänder mit besonderen Einarbeitungen an den Stammecken. Wollte der Künstler eine >Palme< darstellen, dann würde er bestimmt keinen viereckigen Stamm gewählt haben, zumal ein runder sich sehr gut den runden Formen der Figuren angepaßt hätte, während die kantige Form des Stammes doch sehr eigenwillig und selbständig innerhalb des Figurenschmuckes auftritt [...]. Es kann nur die >gleichsam das All tragende Säule< sein, von den heidnischen Sachsen in ihrer Muttersprache >Irminsul< genannt.

Die Adam- und Evafiguren [im unteren Drachen-Relief] an den Externsteinen stehen aber im geraden Gegensatz zur bekannten christlichen Darstellungsart, denn dort [im Drachen-Relief] ist die Eva bekleidet, erkenntlich an den Halswulsten, und beide sichtlich nicht jugendlich, was daraus hervorgeht, daß Adam einen Vollbart trägt. Auch fehlt das wichtigste Attribut vom >Baum der Erkenntnis mit um den Stamm gewundener Schlange<. Statt dessen sehen wir einen gewaltigen Drachen mit Vogelleib. Nun kommen ähnliche Drachen-Darstellungen im Mittelalter vor, aber Drachen waren auch in vorchristlicher Zeit bekannt, wie z. B. ein Relief auf der dem Marc Aurelius errichteten Siegessäule in Rom beweist, wo Germanen unter der >Drachenfahne< in den Kampf ziehen [...].

Es dürfte jedenfalls interessant sein, den alten Drachenspuren in Verbindung mit der Externsteinforschung nachzugehen, zumal die Adam- und Evagruppe eine bedeutend stärkere Verwitterungs-Erscheinung aufweist als das übrige Relief [...]." **[6]**

1954, Ulrich von Motz: *„Vom 8., 9., 10. Jahrhundert fehlen jegliche Nachrichten! Die älteste Urkunde datiert vom Jahre 1093. Es ist dies ein Kaufvertrag, aus dem hervorgeht, daß die Externsteine sowie Ober- und Niederholzhausen damals aus dem Besitz einer adligen Familie in den des Benediktinerklosters Abdinghof in Paderborn* *übergingen. Das Original der Urkunde ist nicht mehr vorhanden. Wie das Staatsarchiv in Münster dem Verfasser mitteilt, befindet sich dort nur noch das von dem Notar Bernhard Halleman aus Büren am 3.1.1380 auf Verlangen des Abdinghofer Priors Heynemann beglaubigte Transsumpt der Urschrift. Wie das Staatsarchiv weiter mitteilt, ist die Urkunde in der überlieferten Form als Fälschung anzusehen [...]."* [7]

1959, Erich Kittel: *„Relief der Kreuzabnahme. Älteste deutsche, aus dem gewachsenen Felsen gehauene Großplastik im monumentalen Stil um 1130 nach dem Vorbild byzantinisch bestimmter Kleinkunstwerke. Goethe, der das Werk nur nach einer Eisenplakette des Bildhauers Rauch kannte, hebt die Anlehnung des herabsinkenden Hauptes Christi an das (jetzt zerstörte) Antlitz der Gottesmutter als >schönes, würdiges Zusammentreffen< hervor. Auch sonst ist die byzantinische Starrheit der Vorbilder in wirkungsvolle Bewegung umgesetzt, insbesondere bei den in deutsche Tracht gekleideten Gestalten des den Leichnam empfangenden Joseph von Arimathia und des auf einem gebeugten, palmenartigen Baum mit streng stilisierten Blattornamenten stehenden Nikodemus. Rechts von dem groß und eindrucksvoll gestalteten Kreuz der Jünger Johannes in antiker Gewandung. Oben verhüllen Sonne und Mond ihr Gesicht, während im Arm Gott Vaters mit der Siegesfahne der Gottessohn in Kindesgestalt als Symbol der Todesüberwindung und Himmelfahrt erscheint. Unten schmachtet das erste Menschenpaar Adam und Eva (bekleidet), von einem teuflischen Drachen umwunden, in der Vorhölle, die Hände flehend zum Erlöser erhoben. Das von einem unbekannten deutschen Künstler des 12. Jahrhunderts geschaffene Werk ist von hohem künstlerischen Rang und die Hauptsehenswürdigkeit der Externsteine."* [8]

Leider wird auch bei dieser Deutung keine Begründung oder Quelle angegeben. Dennoch kann den Worten Kittels eine vermutete/ wahrscheinliche Quelle zugeordnet werden: W. Molsdorf schreibt (1926): *„Kreuzabnahme. Von den allegorischen Beigaben der Kreuzigungsbilder kehren zuweilen auch auf den Darstellungen der Kreuzabnahme einige wieder. So hat das Relief der sogenannten Externsteine bei Horn von 1115 die ihrer Trauer Ausdruck gebenden Personifikationen der Sonne und des Mondes mit in die Szene einbezogen sowie durch die Gruppe der unter dem Kreuz knienden und von einem mächtigen Drachen umschlungenen Stammeltern in symbolischer Weise auf den Sündenfall und seine Folgen Bezug genommen. Bedeutsamer aber ist, daß hier oberhalb des linken Kreuzesarmes das Brustbild Gott Vaters die Seele des Sohnes in Gestalt eines kleinen Menschen zugleich mit der Auferstehungsfahne im Arme hält."* [8 b]

Dass der Kreuznimbus nur bei einer Weihehandlung Gott-Vater zusteht [s. 8 c], dass aber wegen keiner Kreuzabnahme (was noch gezeigt wird) auch keine Weihehandlung vorliegt und also kein „Brustbild Gottes" zu sehen ist, hat Molsdorf nicht beachtet, auch hatte er die Jahreszahl „1115" anscheinend ungeprüft übernommen [unten mehr dazu]. – Hier zeigt sich, wie einmal festgelegte Deutungen stillschweigend vererbt werden.

1963, Harald Busch: *„Die Weihinschrift aus dem Jahre 1115 dürfte sich auf die vollzogene Umgestaltung [Anm.: der gesamten Externstein-Anlage] beziehen, aber doch auch für das Relief der Kreuzabnahme Christi verbindlich sein, das Mönche des*

Paderborner oder des Helmarshausener Klosters aus der Felswand meißelten. Mit seinen fünfeinalb Metern Höhe ist es die erste Großplastik des Abendlandes. " **[9]**

1980, Hermann Wirth: *„ [...] der Eccestan, der Mutterstein [...] die Herz-Haupt-Stätte des Abendlandes [...] das Herz-Haupt der Göttlichen Mutter mit dem X Zeichen akka Mutter [...].*

I Weltsäule-Symbol..., Teilung als Himmel - Luft – Erde […]. Im oberen Teil, dem Himmelshaus, ist das Seelenreich von Mensch und Ren. Und von dort wird die Seele von Mensch und Tier auf I Weg = Stamm der Weltsäule - zur Erde, zur Wiederverkörperung vom Himmels-Sohn, Gott-Sohn hinabgesandt […]. Die Hinabsendung, bzw. Herabkunft erfolgt also zwischen den beiden Zeichen I und I im Jahr 0 […]. Und genau so sendet bzw. bringt der verschollene Himmel- und Erdensohn der chinesischen Volksurreligion in der Symbolik der Ahnenkultgefäße (kuei) [...] die Kinderseele aus dem II [Anm.: II = Schacht] des geöffneten Himmelshauses zur Erde, zur Menschenmutter hinab. " **[10]**

1981, Johannes Mundhenk: *„Daß die Externsteine im Hochmittelalter für kürzere oder längere Zeit eine Stätte von ungewöhnlichem religiösen Rang gewesen sein müssen, beweist vor allem das Kreuzabnahmerelief. Seine Bedeutung und der Grad der ihm entgegengebrachten Verehrung wird noch dadurch unterstrichen, daß im Erdreich vor ihm eine Reihe von Bestattungen vorgenommen wurden […]. Um so verwunderlicher ist es, daß diese Felsanlagen in der mittelalterlichen Literatur nirgends Erwähnung finden […]. Aber auch die hoch- und spätmittelalterlichen Quellen nehmen nicht ein einziges Mal von ihnen Notiz. Keine Vita [Lebensbeschreibung], keine Chronik, kein Geschichts-schreiber scheint sie zu kennen […]. Wir kennen nicht nur die Namen der Baumeister und Bildhauer nicht, wir kennen keine einzige der Gestalten mit Namen, um deretwillen jene Anlagen geschaffen wurden und unter denen sich, schließt man vom Ausmaß der künstlerischen Werke auf eine besondere religiöse Intensität, sich Männer befunden haben mögen, die einer Vita würdig gewesen wären.* " **[11]**

1983, Xavier Barral i Altet: *„Sehr archaisch wirkt das Relief mit der Kreuzabnahme an einem der Externsteine im Teutoburger Wald, die im Mittelalter zum Wallfahrtsort wurden. Eine Inschrift mit der Jahresangabe 1115 könnte sich auf das Relief der Kreuzabnahme beziehen; angesichts der gewaltigen Ausmaße des Reliefs (5,50 m Höhe) erscheint diese Angabe allerdings als zu früh angesetzt. Der untere Bildstreifen zeigt Adam und Eva von der Schlange umstrickt. In der Kreuzabnahme darüber nimmt Gottvater über dem Kreuzbalken, zu dessen Seiten Sonne und Mond schweben, Anteil an dem irdischen Ereignis. Die ikonographische Aussage des Heilsgedankens ist offenkundig. Das Thema war in der Spätantike und im Frühmittelalter geläufig. Die Komposition ist gekennzeichnet durch einen strengen, ausgewogenen Aufbau, der Überschneidungen vermeidet, durch ungelenke Körperhaltungen, sparsame und doch ausdrucksstarke Gesten und eine überaus schlichte Faltengebung. Trotz der archaischen Züge, die vielleicht auf ältere Elfenbeintafeln, auf byzantinische oder französische Vorlagen zurückgehen, hat das Relief monumentale Kraft.* " **[12]**

1990, Ulrich Niedhorn:
„Die Erbauer dieser Anlage sind uns im Dunkel der Vorgeschichte nicht faßbar […]. Auf

jeden Fall ist die Kreuzabnahmedarstellung an den Externsteinen ein außerordentliches, ja singuläres Werk [...]." **[13]**

„Was man an den Externsteinen an Arbeitsspuren vorfindet, ist von großer Vielfalt, aber ein weit entwickeltes Können ist weder bei den Flächenbearbeitungen noch bei den Bildwerken festzustellen [...]. An den Externsteinen ist aber fast alle Steinbearbeitung laienhaft ausgeführt, wenn man vom Kreuzabnahmerelief absieht, das auch noch einen frühen Entwicklungsstand der Steinbildhauerei zeigt." **[14]**

„Es handelt sich dabei um ein Fragment, die sogenannte Weihinschrift in der unteren Grotte der Externsteine [...]. Dieses Inschriftenfragment ist weder durch Verhinderung seiner Fertigstellung Fragment geblieben noch durch Zerstörung oder Steinzerfall Fragment geworden, sondern als ein bewußt fragmentarischer Text mit allerlei Manipulationen, welche den Verfall der Inschrift vortäuschen sollen, als ein Fragment gearbeitet worden, und zwar von einem in den bildhauerischen Arbeitsweisen, die zur Herstellung von Inschriften in Stein jemals üblich waren, unerfahrenen und ungeübten >Literatus<, der noch während der Arbeit die Formulierung des Textes geändert hat, so daß sich unterschiedliche Worte überlagern [...]. Aufgrund der Erhaltungsbedingungen und der vorhandenen Spuren in der Arbeit kann deshalb mit Sicherheit der Schluß gezogen werden, daß dieses gemachte Fragment in der Absicht hergestellt ist, zu täuschen, was ja auch in mittelalterlichen Urkunden keinen Einzelfall darstellt." **[15]**

„Intensiv ist seit langem die Behauptung verbreitet worden, das Relief sei im 12. Jahrhundert geschaffen worden [...]. Die Jahreszahl MCXV in dem Weihinschriftfragment wurde als zureichende Begründung zur Datierung des Reliefs herangezogen [...]. Die >Weihinschrift< ist vom Verfasser als ein in Täuschungsabsicht gemachtes Fragment, als das laienhafte Produkt eines >Litteratus< entlarvt worden, das wahrscheinlich aus dem Anfang des 15. Jahrhunderts stammt (Lipp. Mitt. 55, Detmold 1986, 9-45)." **[16]**

„Von den bildhauerischen Steinbearbeitungsverfahren, mittels derer das Externstein-Kreuzabnahmerelief einst hergestellt worden ist, läßt sich fast nichts mehr erkennen. Die Szenen im mittleren und im oberen Register [Anm.: Abschnitt] sind offenbar so durchmodelliert und überarbeitet worden, wie das dem Vermögen und den Absichten des Bildhauers entsprach, der sie geschaffen hat. Die gleiche, sicher modellierende Hand hat im unteren Register auf jeden Fall die Formen des Kopfes und des Schwanzes des Basilisken [Anm.: des Drachen] angelegt. Inwieweit die untere Figurengruppe von seiner Hand stammt, läßt sich schwer sagen, denn darin unterscheidet sich vieles stark von der oberen Arbeit." [Anm.: die Basilisken-Gruppe sieht unvollendet, bzw. verwittert aus.] **[17]**

Niedhorn bezieht sich auf Gaul, der schreibt: *„Hinsichtlich der Komposition wird allgemein angenommen, daß dem Bildhauer ein Werk der Kleinkunst - Treibarbeit, Elfenbeinschnitzerei oder Miniaturmalerei - als Vorlage gedient hat. Auf jeden Fall muß es ein Werk des byzantinischen Kunstkreises gewesen sein, der die dekorative Flächenkunst in reinster Form entwickelt hat. Es ist für byzantinische Werke* *charakteristisch, daß die Bildkomposition durch ein Netz paralleler Schräglinien bestimmt wird. Dieses Prinzip ist auch beim Externstein-Relief deutlich zu spüren.* " [18]

Und Niedhorn fährt fort: „*Bei dieser byzantinischen Kompositionsweise wurde mit Netzen paralleler Schräglinien gearbeitet, wie Gaul schreibt, aber er hat auch die Vertikalen in der Komposition wenigstens an den Seiten des Reliefs gespürt und auf den* Kontrast zwischen den Vertikalen und den Diagonalenscharen [Anm.: diagonalen Parallelen] *hingewiesen, durch den die Dramatik des Geschehens zum Ausdruck gebracht werden konnte.* " [19]

„*Die Marien-, die Christus- und die Johannesfigur sind eindeutig, ebenso die Gestirnsgenien Sol* [Sonne] *und Luna* [Mond]. *Die Figur mit dem Kreuznimbus* [Nimbus = Heiligenschein] *und der Auferstehungsfahne soll neutral als die obere Figur bezeichnet werden, weil deren Interpretation in der Literatur nicht einheitlich ist.* " [20]   „*Die kleine Figur im Arme der oberen wird (nicht nur von ihm* [Anton Kisa]*) als die Darstellung der Seele Christi angesehen, und dazu weiß auch er keine Parallelen zu nennen.* " [21] „*Der Corpus* [Corpus = Körper, wohl der Körper des „Gekreuzigten"] *wird durch Joseph von Arimathia aufgenommen, während Nikodemus erhöht steht, und zwar auf einem eindeutig pflanzlichen Gebilde, das weder Schemel, noch Sessel, noch leiterartig ist, sondern den Typus Pflanze mit Schaft und Blättern wiedergibt. Es gibt keinen vernünftigen Grund, darin nicht die gebeugte Irminsul zu sehen, den Baum, der die Weltachse symbolisierte . Es ist nicht das einzige heidnische Element im Relief! Und wenn fast immer vom Drachenrelief die Rede war, so soll hier korrekt vom Basiliskenrelief gesprochen werden.* " [22]

„*Wenn auch die oberen Register* [Zusammenfassung mehrerer Szenen in der gleichen Darstellung] *des Reliefs* [das ist das sogenannte „Kreuzabnahmerelief" ohne die untere Drachenszene] *für die Art der Steinbearbeitung wenig aufschlußreich sind, weil die Arbeitsspuren fehlen und nur Visierfehler* [Abweichungen von der Senkrechten und Waagerechten] *Rückschlüsse auf einige Schwierigkeiten erlauben, die der ausführende Bildhauer hatte, so ist um so mehr an bemerkenswerten Informationen aus der unteren Szene* [des Basilisken-Reliefs] *abzulesen.* " [23]

„*Im Externsteinrelief ist aber in der unteren Szene* [im Basiliskenrelief] *weder der Grund zulänglich bearbeitet, noch sind die tiefer liegenden Formen der Figurengruppe durchgeformt worden. Dort ist alles chaotisch geblieben und schon in der Anlage nicht klar oder stümperhaft* [...]. *Unten fehlen anscheinend bereits freigestellte Bogenstücke der Windungen des Basilisken. Ganz außen, links am Schwanz und rechts am Kopf des Basilisken spürt man auch noch die zielbewußt gestaltende Hand des Bildhauers* [...]. *Diese Partien sind zwar nicht fertig behauen, aber gut als spannungsreiche Formen angelegt worden. In der Mittelzone kann man das nur von der höchsten Partie, der vogelähnlichen Brustform des Basilisken sagen. Beim Rock der weiblichen Figur* [links] *irritiert die Lage, und der ganze Rest, angefangen bei den Köpfen der Figuren bis hin zu den Beinen ist, soweit noch vorhanden, eine stümperhafte Arbeit* [...]. *Die Bildhauerarbeit ist nicht zu Ende gebracht, sondern in einem früheren Stadium abgebrochen worden.* " [24]

20

„*Das Bildprogramm in der unteren Szene umfaßt die zwei menschlichen Figuren und den Basilisken, der sie umschlingt. Die Figuren sind knie-nd dargestellt [...]. Sie haben jedoch nur jeweils eine Hand flehend/ anbetend erhoben [...].*" **[25]**

Niedhorn zitiert Gaul: „*Das dargestellte Fabeltier ist eigentlich ein >Basilisk<, wie er sich in der Bauornamentik des 12. Jahrhunderts häufig findet [...]. Der Basilisk hat einen hahnenähnlichen Kopf mit Ohren, einen Vogelkörper auf Beinen mit Raubtierkrallen und einen Schlangenschwanz, der mit einer dreiblättrigen Lilie endet. Im Mittelalter galt der Basilisk als König der Schlangen (so bereits bei Augustinus), er war das Zeichen für alle bösen, teuflischen Mächte, die den Menschen in Sünde verstricken.*" **[26]**

„*Die linke Figur und ihr Halsschmuck. Diese Figur ist immer als eine Frauengestalt angesehen worden, weil sie einen Rock trägt. Man hat sie unter anderem als Eva bezeichnet und ihren Partner als Adam. Ihr wesentliches Kennzeichen sind die genannten vier Wülste um den Hals. Dazu gibt es im Externsteinrelief selbst eine bemerkenswerte, leider nur fragmentarische Parallele, und zwar an der Marienfigur, an der Reste von drei gleichförmigen Wülsten um den Hals vorhanden sind [...]. Vier Wülste [Anm.: am Arm] findet man an Skulpturen, die zweifelsfrei keine Christen, sondern Heiden darstellen sollen [...].*" **[27]** „*Der unterschiedliche Gebrauch, der im christlichen Frühmittelalter von der Dreizahl und der Vierzahl gemacht wurde, liegt im Externsteinrelief bereits offen [...]. Die Hypothese lautet hier: Der Halsschmuck der linken Figur in der Basiliskenszene des Externstein-Kreuzabnahmereliefs ist die [übliche Form der] Darstellung eines Goldhalskragens skandinavischer Provenienz, und die Figur damit als der Repräsentant der religiösen Führung des unterworfenen Sachsenstammes ausgewiesen. Daß die mit dem Rock bekleidete Figur eine Priesterin darstelle, darf nicht ohne weiteres unterstellt werden, denn in den germanischen Kulten, die schamanisches Geistesgut darstellten, wurde gerade von Priestern ein Rock getragen: Der Priester oder Kultsprecher hatte in seiner Funktion als Schamane geschlechtslos zu erscheinen.*" **[28]**

„*Die Untersuchung des Kopfes der rechten Figur in der Basiliskenszene ergab, daß sie mit einem Kalottenhelm mit Nackenschutz und einer spitz zulaufenden Wangenklappe dargestellt ist [...]. Die brauchbarste Information findet man [...] darin, daß eiserne Kalottenhelme im 7. Jahrhundert in Skandinavien auftreten. Von dort kam die sächsische Erobererschicht. Die Hypothese zur Deutung dieser Helmform und ihres Trägers darf deshalb lauten: Die durch einen altertümlichen Helm charakterisierte rechte Figur in der Basiliskenszene des Externsteinreliefs dürfte gemeint sein als die Darstellung eines selbst obsolet gewordenen Repräsentanten der militärischen Führung des unterworfenen Sachsenstammes. Zusammenfassende [...]. Interpretation [...]: Des unterworfenen sächsischen Heidentums Führergestalten.*" **[29]**

„*Nun kann man die Frage, ob das umstrittene Gebilde, auf dem Nikodemus steht, als die Darstellung der Irminsul gemeint war, endlich auch beantworten, und zwar positiv. Zu einer so unbekümmerten aktualisierenden Darstellung der entmachteten, heidnischen Repräsentanten des Sachsenstammes, die den neuen Gott um Erlösung und Errettung aus der Gewalt des Teufels anflehen, gehört geradezu demonstrativ die gebeugte Irminsul ins*

Bild als ein jetzt für untergeordnete Zwecke dienstbar gemachter Gegenstand: >Der Baum, der die Welt trägt<, erniedrigt zum Tragen eines Knechtes." **[30]**

Niedhorn sagt in seinem „comprehensive summary" [zusammenfassende Zusammenfassung] zur Datierung: *„A.D. 814 is the terminus post"*, also: das Relief sei nach 814 hergestellt. **[31]**

Die soweit zitierten Aussagen zum „Kreuzabnahme-Relief" und zum „Basilisken-Relief" machen folgende Aussagen:

- Der vom Kreuz Genommene sei Christus.
- Der erhöht am Kreuz Stehende sei Nikodemus (auch Joseph von Arimathia).
- Der den Christus Aufnehmende sei Joseph von Arimathia.
- Die kleine Kindsgestalt sei die Seele Christi.
- Der oberhalb des Kreuzes Befindliche sei Gott-Vater.
- Die große Figur links sei die Gottesmutter Maria.
- Die große Figur rechts sei der Jünger/ Evangelist Johannes.
- Sonne und Mond seien Genien.
- Der Drache/ Basilisk sei eine teuflische Macht.
- Die vom Drachen Umschlungenen seien eine priesterliche und eine militärische Sachsengestalt.
- Die Entstehungszeit sei nach 814 / um 1115 um 1130/ um 1160/ 70.

Eine Gesamtdeutung des „Kreuzabnahme-Reliefs" sagt soweit: Nikodemus und Joseph von Arimathia nehmen den Leib Jesu Christi vom Kreuz ab. Die Figur oben, Gott-Vater, empfängt die Seele Christi. Die Figuren im „Basilisken-Relief" stellen dar: Adam und Eva, bzw. priesterliche und militärische Sachsengestalten von teuflischen Mächten bedrängt.

Eine Bewertung der Gesamtdeutung: Die genannte bisherige Deutung berücksichtigt nicht das maurerische Symbol des Schurzes (der Schürze), nicht die vor der Grablegung (und Auferstehung) nicht benutzte Siegesfahne/ Auferstehungsfahne, nicht die mittelalterliche Faltensprache, nicht im Bild dargestellte rituelle Handlungen und auch nicht die (damals noch unbekannte) Verborgene Geometrie. – Die Deutungen stellen „Meinungen" dar, die sich orientieren am herkömmlichen Bild einer „Kreuzabnahme". – Nur bei Niedhorn finden sich Ansätze für weiterführende Detailbeobachtungen. Die „Siegesfahne", bzw. „Auferstehungsfahne" vom Grab Christi (die also erst nach der „Kreuzabnahme" und bei der „Auferstehung" bedeutsam wird) hätte Kittel, wenn er Molsdorfs „Symbolik..." kannte (s.o.), als eine derzeit (bei einer angeblichen Kreuzabnahme) nicht aktuelle, kirchenchristliche Fahne [s. Molsdorf, S. 156] neben einer Flagge der Kreuzfahrer [vergl. Gall, S. 28] erkannt haben können.

3.3 NEUE ERKENNTNISSE ÜBER DIE DARGE-STELLTEN:

<u>Eine bildgegenständliche, detaillierte Betrachtung des Reliefs</u> gibt Ansätze zu neuen Bedeutungen der Dargestellten und ihrer Zuordnungen. Diese am Bildgegenstand überprüfte Deutung richtet sich nicht nach dem herkömmlichen bildlichen Schema der Darstellung der Kreuzabnahme, welches Schema selbst nicht einmal den biblischen Text illustriert, der sehr spärlich (in den vier Evangelien) berichtet: [nach dem Markus Evangelium] Kap. 15, 42. *„Und am Abend ... 43. kam Joseph von Arimathia [...] ging hinein zu Pilatus und bat um den Leichnam Jesu. 45. Und [...] gab er Joseph den Leichnam. 46. Und er kaufte eine Leinwand und nahm ihn ab und wickelte ihn in die Leinwand [...]."* [Das Johannes Evangelium ergänzt] Kap. 19, 38. *„Da kam er* [Joseph von Arimathia] *und nahm den Leichnam Jesu herab. 39. Es kam aber auch Nikodemus [...] 40. Da nahmen sie den Leichnam Jesu und banden ihn in leinene Tücher [...]."*

<u>Die Kreuzabnahme Christi</u> wird als Bildthema heute wie folgt beschrieben: *„Meist sind [...] die Nägel, mit denen der Leichnam ans Kreuz geschlagen war, schon entfernt, und Christus sinkt herab in die Arme des ihn auffangenden Joseph von Arimathia. Das Kreuz ist so niedrig, daß Joseph auf der Erde stehend – ohne Leiter – den Körper Christi umfangen kann [...]. Oft hilft Nikodemus bei der Kreuzabnahme Christi (Joh. 19,39). Er löst jedoch meist nur die Nägel, den Körper selbst nimmt er nicht vom Kreuz. Diese Aufgabe bleibt Joseph von Arimathia vorbehalten."* [32]

Folgend werden die im Externstein-Relief dargestellten Personen auf ihre Zugehörigkeit zu einem „Kreuzabnahme-Relief" hin untersucht:

[Abb. 4] Dabei wird hier bereits als zukünftige Hilfslinie die geometrische Figur des „Tempels" eingezeichnet (die unten später detailliert vorgestellt wird): Die Figur des „Tempels"beschreibt eine Senkrechte (hier mit fettem Strich eingezeichnet), die durch den „sogenannten Joseph von Arimathia" als den noch „zu erkennenden Einzuweihenden" verläuft (welcher gerade dabei ist, von links nach rechts in diesen Tempel einzutreten, so dass seine Einweihung beginnen kann).

[s. Abb. 4] Johannes der Täufer [Im Bild rechts am Rand] (ehedem als Johannes der Evangelist bezeichnet) trägt einen Maurerschurz mit dreifachem Rand: Das ist ein ritueller Gegenstand der spekulativen, bzw. symbolischen Maurer, nämlich das „Kleid des Ordens" [33]. Dann erhebt diese Figur die rechte Hand und zeigt also nach oben: Johannes der Täufer verweist auf den, der nach ihm kommen wird und größer ist als er, auf Jesus Christus [34] . Auch ist Johannes der Täufer, der auf den biblischen Heiland hinweist, der Schutzpatron der christlichen Steinmetzgilden [35]. Zu ihm passt also ein ritueller Schurz. Die Figur des Johannes wird danach die Figur des Täufers Johannes sein. Das Buch in seiner linken Hand wird dann das „Buch" der Steinmetzgilde mit dem „Hauptrecht" (der Organisation der Bauhütte) sein. [36] Johannes der Täufer ist also durch den Maurerschurz ein ausgewiesener Schutzpatron der Steinmetzgilden [37] und auch der Freimaurer (bis auf den heutigen Tag) [38] .

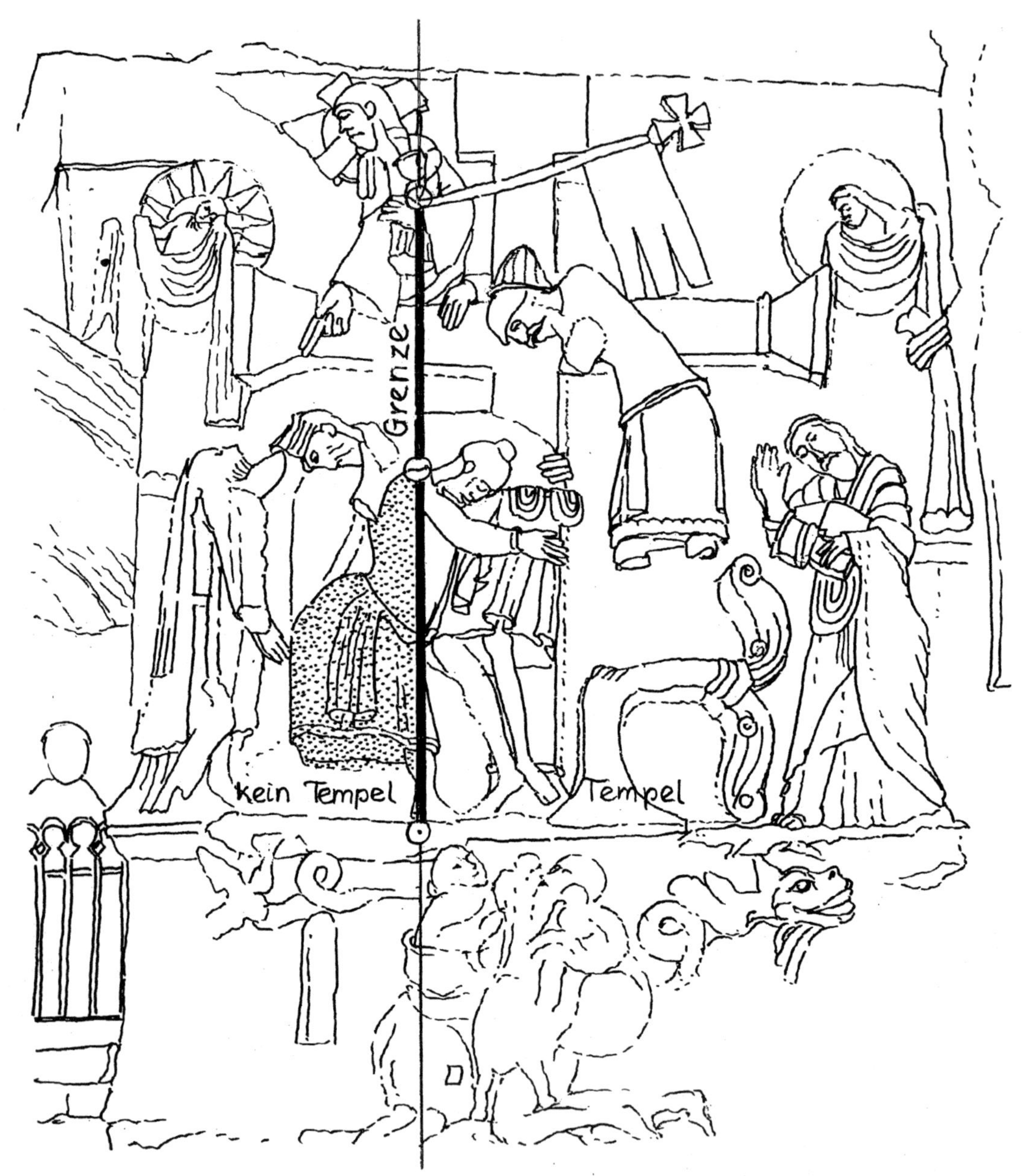

[Abb. 4] *Zeichnung: Das Externstein-Relief mit eingezeichneter Hauptachse.*

24

Wenn auch häufig auf einer (kirchen-christlichen) Kreuzabnahme-Darstellung Maria und der Apostel Johannes erscheinen [39], so ist doch im Gegensatz zur Gepflogenheit einer kirchen-christlichen Kreuzabnahme hier der Schutzpatron der Maurer und Steinmetzen, Johannes der Täufer, dargestellt, – wohl als ein Hinweis darauf, dass es sich hier nicht um eine Kreuzabnahme-Darstellung handelt.

[Abb. 5] **Ein Christus über dem Kreuzquerbalken** [oben an höchster Stelle] (ehemals „Gott-Vater"):

Sein Kreuznimbus: ist ein Würdezeichen (orientalisch in der Bedeutung von Sonne oder Königskrone). *„Der dreieckige und der rhombusförmige Heiligenschein bezeichnen Gott [...] ; der mit dem Kreuz deutet auf Christus."* [40] *„Auch Darstellungen Gottvaters und des Heiligen Geistes, als Taube, sind, wenn es sich um die Darstellung heilsgeschichtlicher Daten handelt, mit einem Kruznimbus versehen, um die Einheit des trinitarischen Gottes zu betonen."* [41] Da es sich beim (noch darzustellenden Thema des Externstein-Reliefs) nicht um ein heilsgeschichtliches Geschehen (etwa nicht um eine Kreuzabnahme) handelt, ist die hier angesprochene Gestalt nicht Gott (die dann – ohne heilsgeschichtlichen Zusammenhang mit einer Kreuzabnahme – keinen Kreuznimbus trüge), sondern Christus. Und im Zusammenhang der ur-religiösen Verborgenen Geometrie, die den Volleingeweihten als einen Christus kennt [42], handelt es sich hier um „einen Volleingeweihten", um „einen Christus oder Heiland" (ohne Bezug zum Grab Christi und zur Siegesfahne).

Seine Kreuzesfahrerfahne (Gonfanon, Gonfalon [43]) führt er in seiner linken Hand an einem Stock, der nach oben von einem Kreuz (in der Art eines Templerkreuzes oder Tatzenkreuzes [44]) abgeschlossen wird. In begrifflicher Hinsicht ist hier anzumerken, dass die später noch anzuwendende Verborgene Geometrie letztendlich auf ur-religiöse Inhalte abzielt, so dass hier der Heiland oder Christus als ein Heiland/ als ein Christus unter anderen [45] angesehen werden kann.

[s. Abb. 5] Seine weisende Hand zeigt in Richtung auf den Kopf oder Nacken der so genannten „Maria". Damit ist „dieser Christus" im Sinne der Verborgenen Geometrie der Überbringer [46] vom Himmel zur Erde in den Nacken (in das Tor Gottes [47]) der (noch zu bestimmenden) „Maria". Auch wird diese Arbeit der (nicht nur zeigenden, sondern auch weiterleitenden) Vermittlung „zwischen oben und unten" geometrisch bestätigt: Der Winkel zwischen der Zeigerichtung und der Senkrechten des „Tempels" beträgt 36 Grad und beschreibt auch seine Tätigkeit oder Aufgabe anhand der Zerlegung der Zahl 36 in „3x3x4 = 36" [48], nämlich in die Bedeutungen, dass das Göttliche („3x3") in die Welt eingreife („x 4"). Dieser Heiland vollziehe also eine „Weltwirkung Gottes".

[Abb. 6] Die Zahl 36 (für kirchen-christlich gesehen „den", bzw. urchristlich gesehen „einen") Heiland ist der halbe Wert der Zahl 72 (der Zahl Gottes [49]). Der Winkel von 36 Grad und sein Gegenwinkel (ebenso von 36 Grad) bilden also zusammen gesehen in der Figur beider Gegenwinkel (bzw. beider sich schneidender Geraden) den Wert 72, so dass hier (bei der X-Figur beider Gegenwinkel) der Wert „36+36 = 72" erkannt werden kann, so dass Gott (mit seinem Wert 72) als die Quelle des Lichtes durch

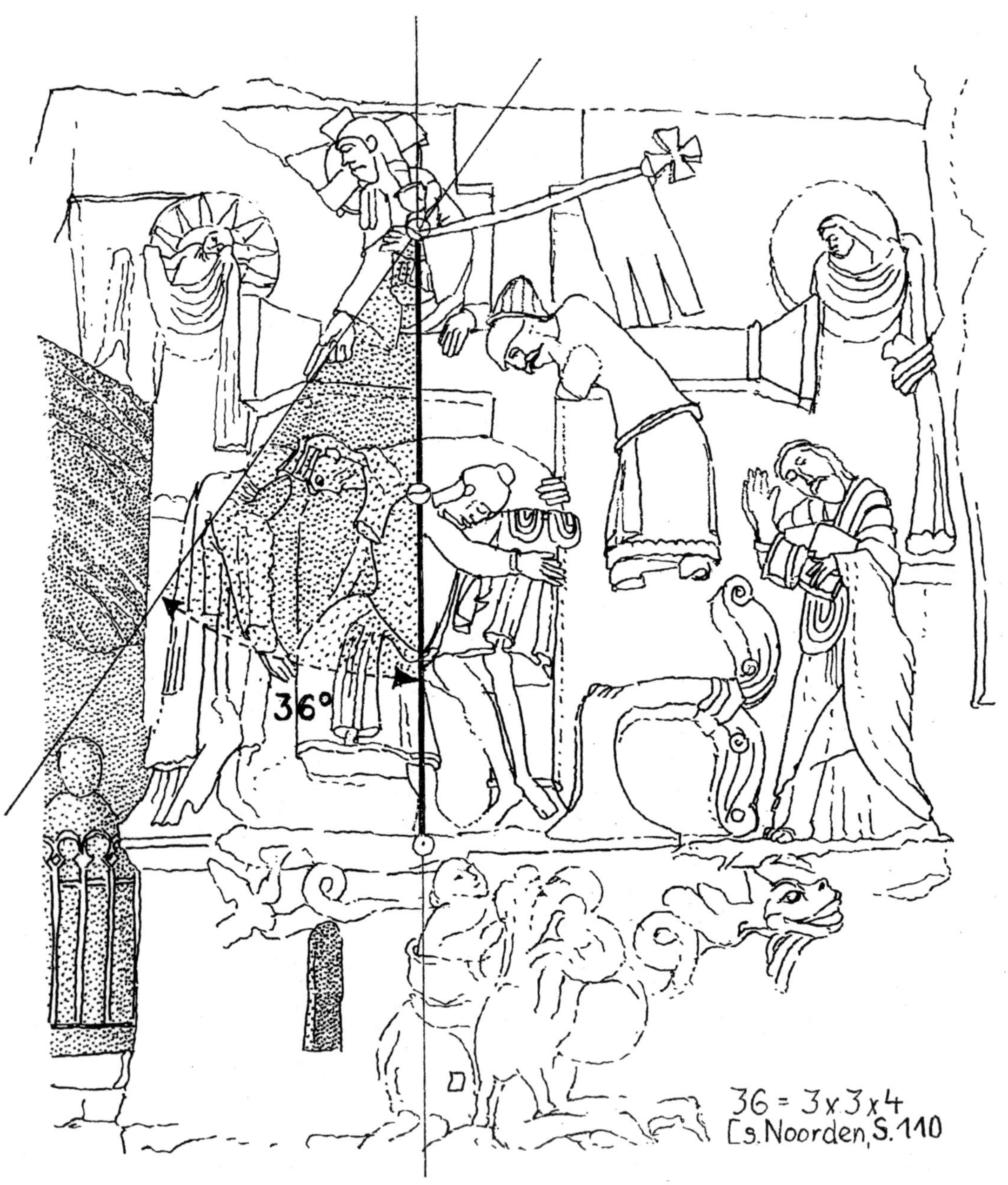

[Abb. 5] *Zeichnung: Das Externstein-Relief mit: die Zeigerichtung der rechten Hand des Heilands hin zum Nacken der „sogenannten Maria".*

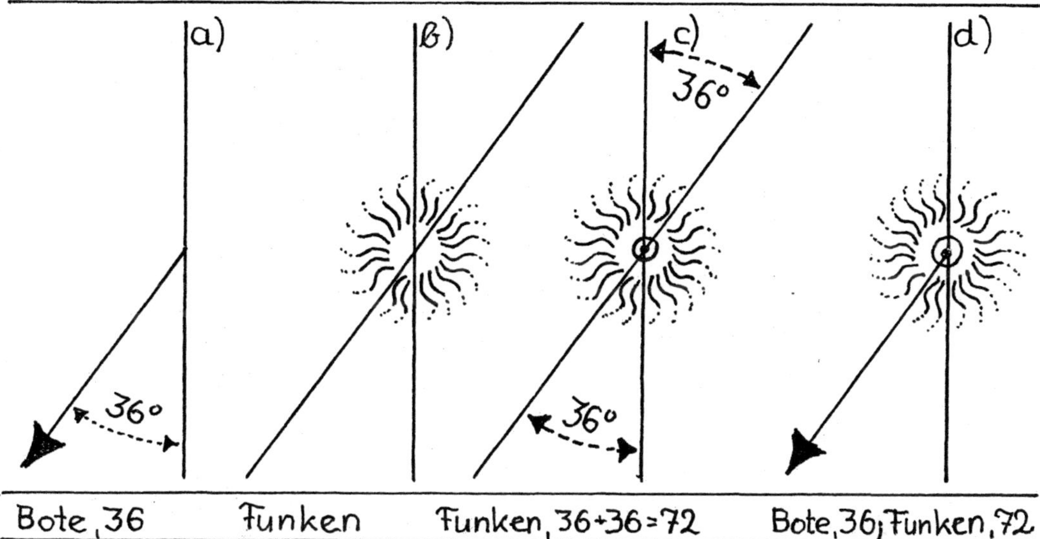

[**Abb. 6**] *Zur Zeigerichtung der rechten Hand des Heilands (mit 36 Grad; 36 = 3x3x4).*

den Heiland (36) durch seine Zeigerichtung gleich einem Strahl hindurch wirke, bzw. dass der Heiland sein Bote sei. [50] Es wird freimaurerisch gesagt, dass im Schnittpunkt zweier Geraden (des die Himmel und Erde verbindende Figur des Hexagrammes) göttliche Funken sprühten [51] was eben ausdrückt, dass hier Gott wirke und am Ort/ Punkt seines Wirkens (im Zentrum jener X-Figur) einen Boten (in der Figur der um 36° von der Senkrechten des Tempels abweichenden Achse) sende. Den strukturellen Unterschied beider (von Gott und Bote) könne man hier darin sehen, dass Gott/ 72 zentriert sei (in der Mitte der X-Figur), während der Bote (in jener Achse) gerichtet sei. (Auch ist ja der Wert 72 bezogen auf den Wert eines Fünftels des Kreisumfanges, also auf den Kreis, bestehend aus Zentrum und Umfang.)

[**Abb. 7**] Seine harmonische Einteilung einer Grenzlinie:

In der großen X-Figur (SO-SW-NW-NO) mit ihrem Mittelpunkt auf der Schulter des Einzuweihenden [Näheres: s.u.] teilt die rechte Hand des Heilandes die Strecke „Mitte der X-Figur – NO" mit ihrem „Punkt T /Transzendieren" ein im Verhältnis von 1 zu 2 (in der Harmonie der Oktave/ des Oktav-Sprunges) [52], mit dessen Sprung-Kraft an dieser Stelle der letzte Schritt des Einzuweihenden (von N/ vom Sarg im Norden gen Süd-Osten/ SO/ zum ewigen spirituellen Leben) unterstützt wird.

Die X-Figur mit der Kurz-Form der rituellen Wege „vom Westen zum Süden", „vom Süden zum Norden", „vom Norden zum Südosten" erfährt im „Punkt T" eine Aktivierung auf diesem schwierigsten Wegabschnitt.

Derart hilft der Heiland dem Einzuweihenden im letzten Schritt zum ewigen Osten/ zum ewigen Leben im Sinne eines von den spirituell Toten auferstandenen und himmelfahrenden spirituell Lebendigen durch die Verleihung der Kraft des Sprunges an

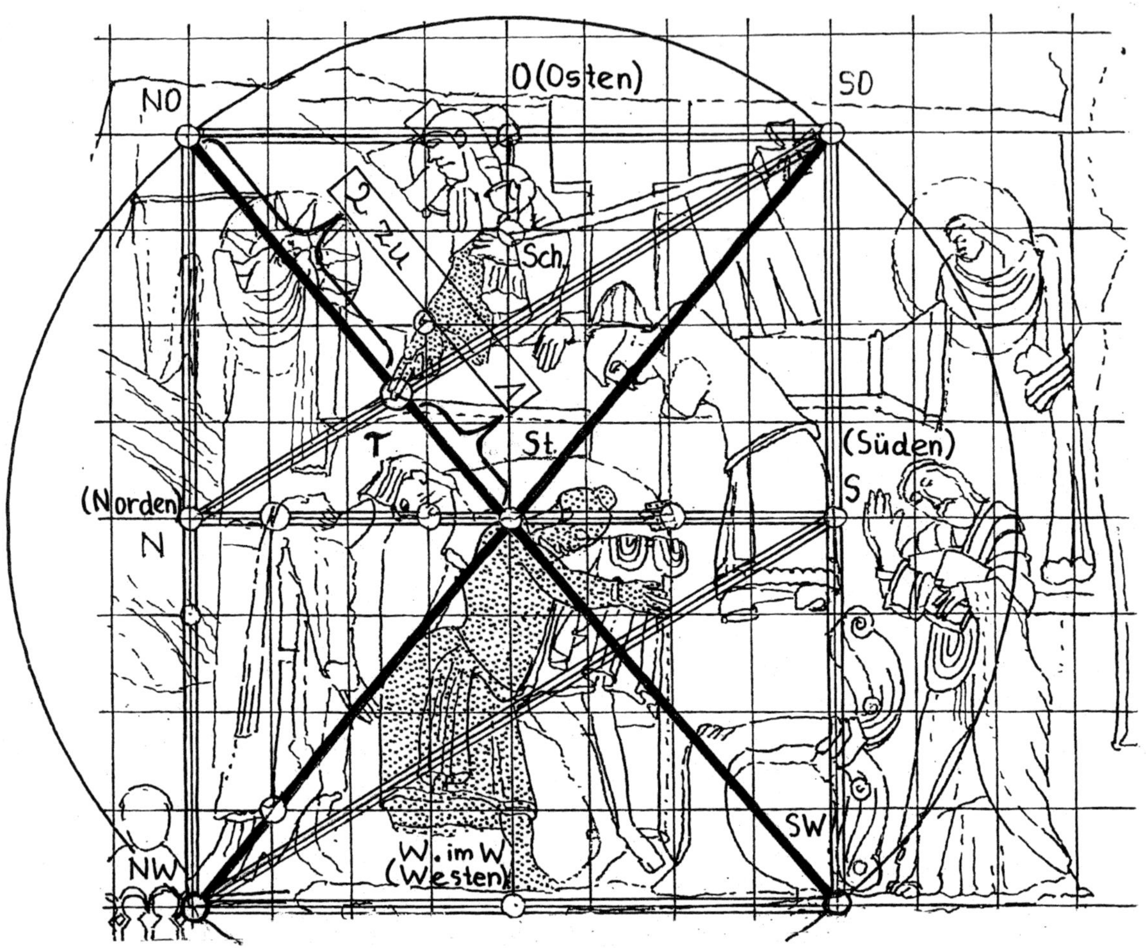

[Abb. 7] *Die große X-Figur mit dem Weg der Wandlung durch die 4 Himmelsgegenden (durch Westen/ das Unfertige, Süden/ die geistige Arbeit, Norden/ der Tod des Körperlichen, Osten/ der Ewige Osten, Himmel) mit dem Mittelpunkt auf der Schulter des Einzuweihenden. Der Punkt T teilt die Strecke „St.-NO" im Verhältnis (der Oktave) von 1 zu 2.*

dieser Stelle des Grenzüberschreitens (beim Transzendierungsort T). – Damit mag auch die nach oben weisende Geste des Täufers (und Schutzpatrons vorliegenden Einweihungs-Wesens) als eines „Steh-auf-Zeichens" den Einzuweihenden angeregt haben.

[Abb. 8] Sein Gebrauch der Klatsche als eines „Memento-mori-Zeichens" (eines Zeichens zum Gedenken an das Sterben) [53] liegt im Gebrauch der Kreuzfahrer-Fahne. Wenn der Heiland die Fahne nach links dreht, trifft das Templer-Kreuz (Tatzenkreuz) dem Mann rechts von der sogenannten „Maria" auf Schulter und Nacken. Damit wird diesem (im heutigen Ritual der Meistereinweihung) bedeutet, dass ihn jederzeit widrige Umstände treffen können und er sterben kann, als Ermahnung, nicht im Bestreben, zur

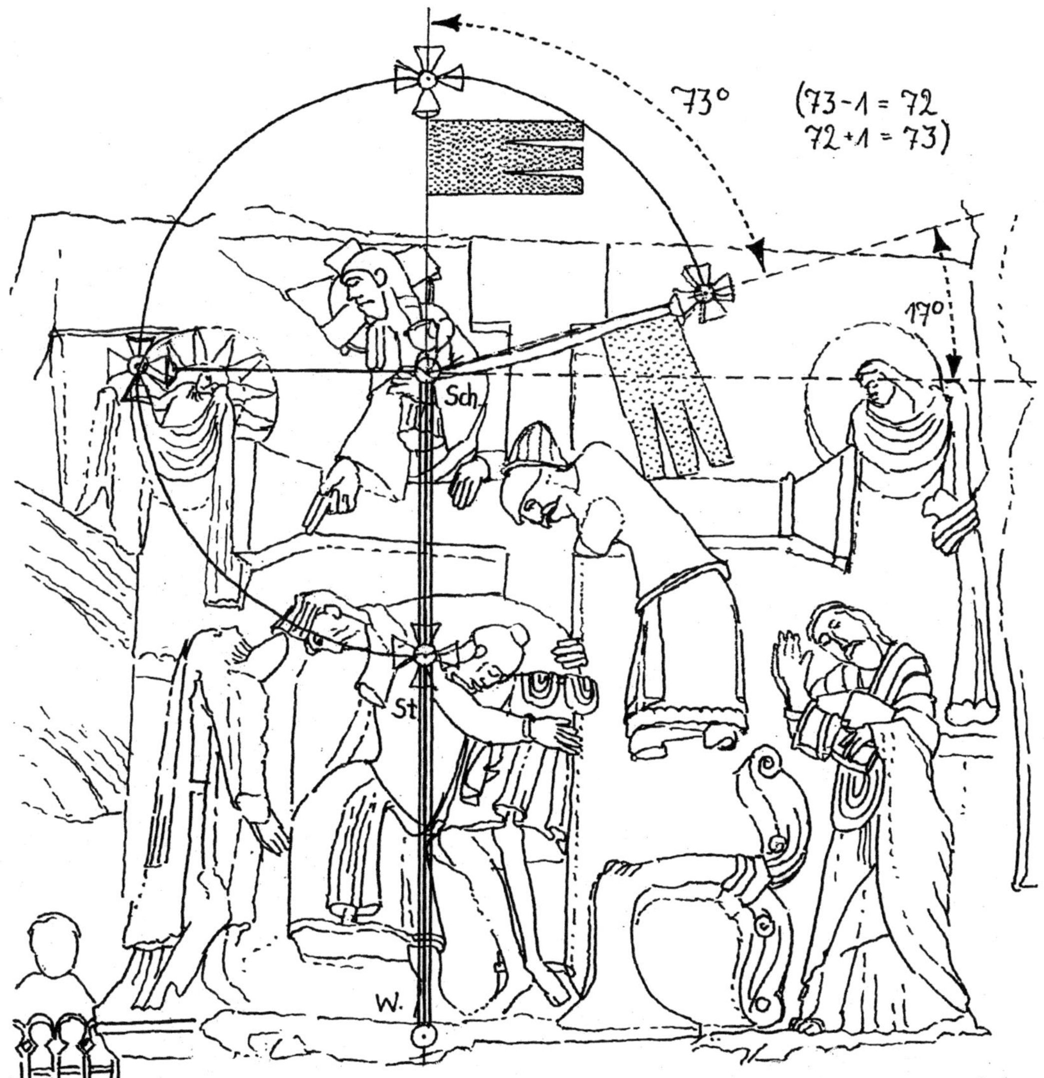

[Abb. 8] *Der Kreis der Kreuzfahrer-Flagge* [s. Gall, S. 28] *mit dem Schlag in den Nacken des Einzuweihenden im Sinne der Ermahnung, auf dem Weg nicht zu ruhen.*

Vervollkommmnung zu gelangen, nachzulassen. Derart hilft der Heiland nicht nur auf dem Weg (hier durch Harmonisierung des Grenzbalkens), sondern er treibt auch an, auf dem Einweihungsweg nicht zu erlahmen und nicht stehen zu bleiben.

[Abb. 9] Seine Schale der Blutmischung [54]: wird ihm von seinem Aspekt seines „Strebens nach Vereinigung mit den Brüdern [55] und mit dem Ewigen Osten [56]" an den Hals gehalten, durch den das Blut des Lebens strömt: Der Heiland, ein vollkommener Christus,

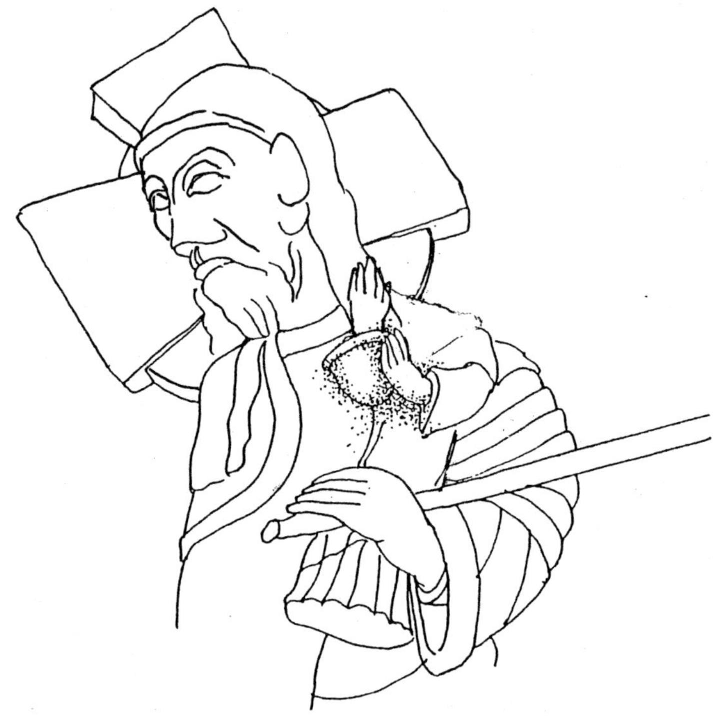

[Abb. 9] *Die an den Hals des Heilands gehaltene „Schale der Blutmischung", durch die sich die Brüder miteinander verbinden.*

- der sich den Suchenden hilfreich zuwendet (s. „3x3x4" **[s. Abb. 5, 6]**)
- und deren Vorankommen/ Weg dynamisiert (durch harmonische Einteilung der Grenzlinie in T nach der Harmonie von „1 zu 2" **[s. Abb. 7]**)
- und vor Stillstand warnt (durch Betätigung der Klatsche **[s. Abb. 8]**),
- trägt seinen Aspekt der Vereinigung mit den neu Eingeweihten (durch rituelle Vereinigung des Blutes in der Schale der Blutmischung **[s. Abb. 9]**) bei sich [57].

Danach nimmt hier der „Heiland mit T" (im heutigen Sprachgebrauch des Freimaurerordens als „Obermeister" [58]) den neu Eingeweihten in den Orden auf als Mitbruder in der „Bruderkette der Lebenden und Toten" (der physisch und spirituell Lebenden und der physisch verstorbenen Spirituellen). Und als Mitbruder im Orden wird der Aufgenommene weitere Stufen des Weges zum Licht gehen, das immer heller und reiner werde (auf den noch auszuführenden „Wegen der 12 Stufen der Wandlung").

[Abb. 10] Im Sinne der Zunahme des hell leuchtenden Lichtes wird der wechselvolle helle und dunkle Mond (die Figur des Mondes, Luna) überwunden werden, darstellbar durch eine Gerade, die die Höhe des Lichtkranzes des Mondes (wo nach oben überwunden wird) mit der tätigen rechten Hand des Heilandes (die den Weg zum ewigen

30

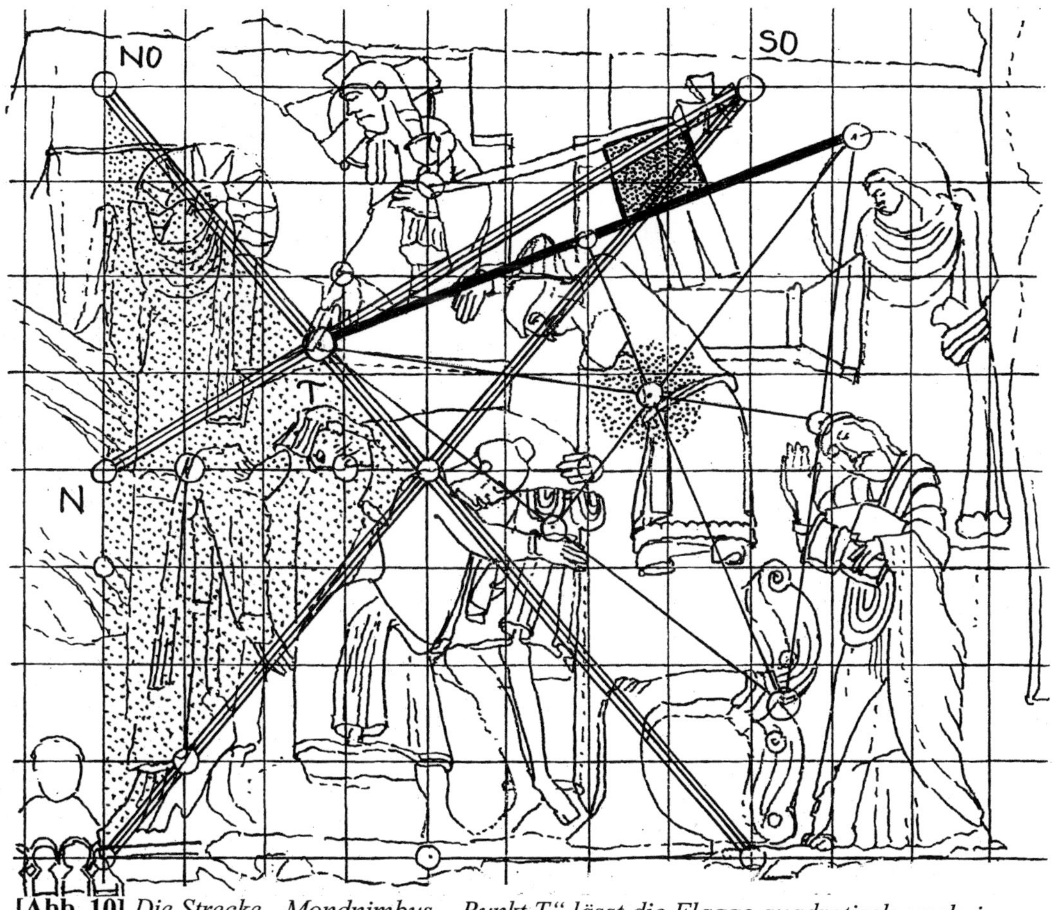

[Abb. 10] *Die Strecke „Mondnimbus – Punkt T" lässt die Flagge quadratisch erscheinen.*

Licht gen SO begünstigt) verbindet. Und diese Gerade teilt von der Kreuzfahrer-Flagge die eingeschnittenen, unteren drei Streifen ab, so dass eine quadratische Grundfigur einer Flagge in vorliegender Darstellung übrig bleibt, die nach der Kreuzfahrerzeit (1095 bis 1270 **[59]**) quadratisch wurde **[60]**. – Derart macht das Relief bereits bei der Analyse/ Bestimmung der dargestellten Personen eine erste <u>Aussage zur Zeit, die hier mit „nach 1270" anzugeben ist</u>.

Der hier dargestellte Heiland ist ein im Hintergrund (des/ eines Einzuweihenden) stehender, spiritueller Akteur, ein Vermittler zwischen der Erde (mit ihren spirituell Toten und mit den zum Spirituellen Strebenden) und dem Himmel (mit seinen im spirituellen, ewigen Leben stehenden Vollkommenen). Das Externstein-Relief wird bereits jetzt erkannt als <u>ein spirituelles Einweihungszentrum,</u> – das noch mehr Botschaften preisgeben wird im Verlauf der verborgen-geometrischen Erforschung dieses (bis auf den heutigen Tag) großen Geheimnisses.

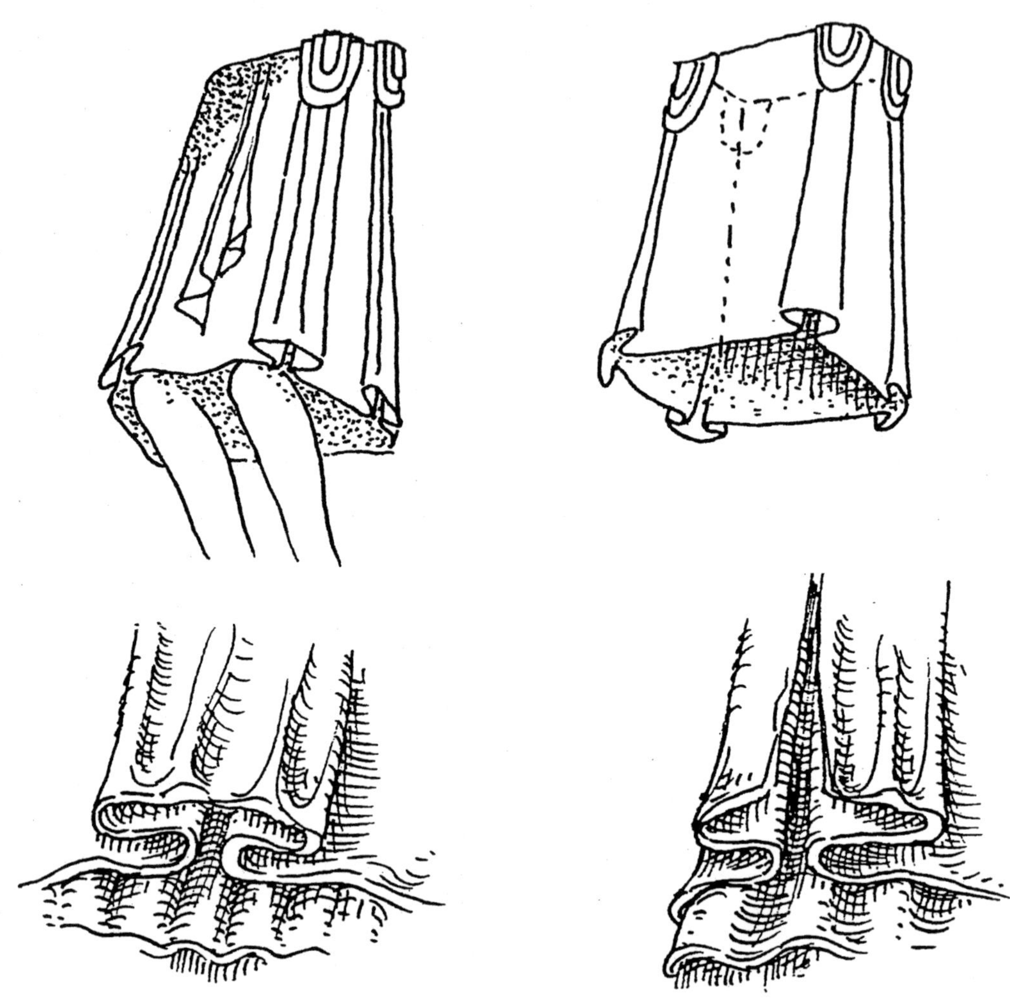

[**Abb. 11**] *Die Falten im Rock der „Bruderschaft" mit den heilen T-Falten (mit der Bedeu-*
tung eines lebenden Weltlichen) – im Gegensatz zu einer aufgerissenen Falte.

[s. Abb. 4, 11, 12) Die Figur der Bruderschaft [vor dem unteren Kreuzbalken]
(ehemals der Gekreuzigte) befindet sich unterhalb jener Figur des Heilandes vor dem
unteren Abschnitt des lateinischen Kreuzes. Diese Figur der Bruderschaft trägt an ihrem
viereckig um den Leib herum gelegten Rock auf zwei Ecken einen kleinen Maurer-Schurz.
Er bedeutet das Fleisch [61], das durch ihn geschützt wird, auch ist er das „Kleid des
Ordens" [62]. Und bei der symbolischen Arbeit verweist er auf das zu bearbeitende
(eigene) Fleisch (sinnlicher Begierden) des Suchenden, dem im Sinne der Überwindung
des Weltlichen seine Dominanz zu nehmen ist.

32

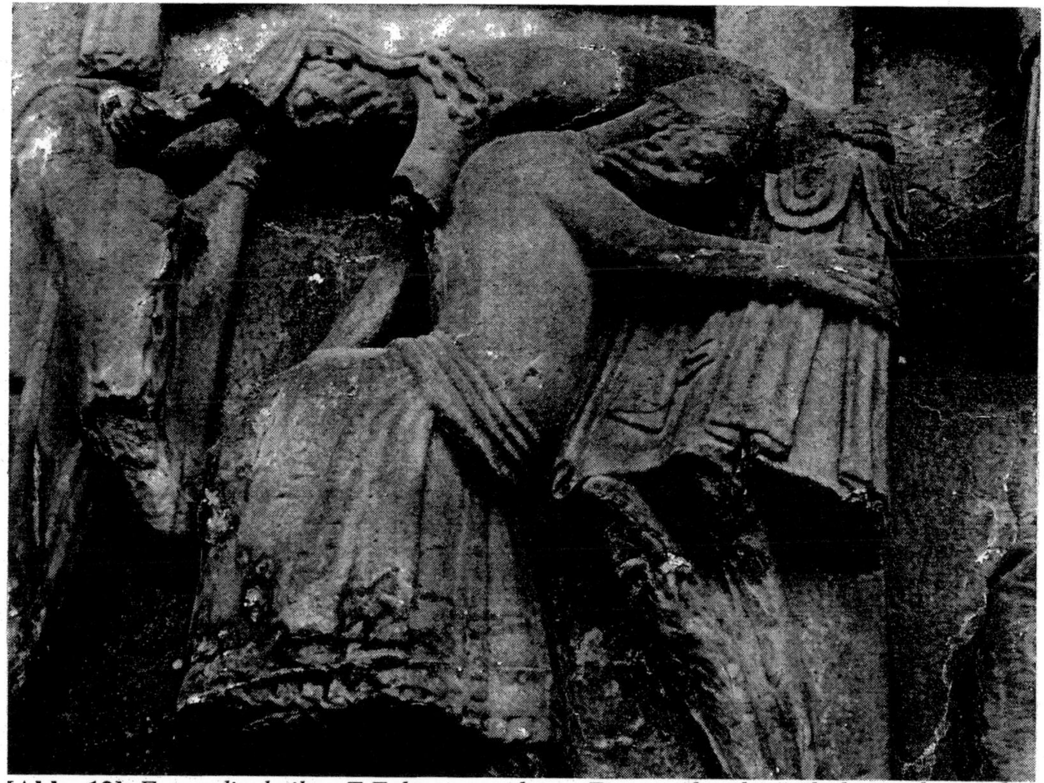

[**Abb. 12**] *Foto: die heilen T-Falten von dem „Einzuweihenden", links, und von der „Bruderschaft", rechts.(heile T-Falte = lebender Weltlicher).*

An den anderen beiden Ecken, die verdeckt sind, wären also auch Schurze anzunehmen, so dass insgesamt von vier Schurzen auszugehen ist. Schurze in dieser Vierzahl verweisen auf die vier Himmelsgegenden, in denen die Maurer über den Erdenball verstreut sind und doch an derselben Sache, am selben Gemeinschaftswerk, dem Tempelbau der Menschheit aus den kubischen Steinen der Vollkommenen (der Heilande), arbeiten [63] . Danach ist die bisher so genannte Figur des „Gekreuzigten" eher eine Figur, die die „Bruderschaft" darstellt. Sie besteht aus den weltlichen Brüdern (angesichts der T-Falten [64]) und aus lebenden Brüdern (angesichts fehlender Risse in den Falten). Deutlich ist zu sehen die rechtwinklige Gestalt der Brüder/ Bruderschaft (wie sie auf der Schulter des sie tragenden Mannes sich darstellt) im Sinne ihrer winkelrechten Arbeit am zu schaffenden Kubus (des überwundenen „rauhen Steines" des rauhen/ triebhaften Wesens des Menschen zum vollkommenen Kubus, zum „kubischen Stein" im Sinne der Unterwerfung des „Bios" unter den „Logos" [65]): Die Bruderschaft steht im rechten Winkel, bzw. sie steht „in Ordnung". Die besondere körperliche Größe der Figur der Bruderschaft mag auf die Menge/ Vielzahl der über den Erdball verstreuten Brüder hinweisen.

33

Der „vom Kreuz Genommene" steht also für die weltlichen (s. T-Form), lebenden (s. die Falten ohne Riss), eingeweihten (im Winkel stehenden) Brüder auf dem ganzen Erdenkreis (vier Schurze), eben für die lebende und arbeitende, weltweite Bruderschaft. – Und der eine im Relief befindliche Einzuweihende, der die Bruderschaft trägt, überschreitet gerade die Schwelle zum „Tempel", der hier geometrisch mit der Achse „W.-St.-Sch." („Weisheit-Stärke-Schönheit") [s.u. mehr] angegeben wird.

Er tritt in den rechten, jenseitigen Raum ein und wird schon vom Vorleuchten des de Molay begrüßt. Diese Seite des Reliefs liegt „links von den Dargestellten" und bedeutet derart altägyptisch die „Seite des Todes" [66]. Der Suchende wird seinen Weg zum „Ewigen Osten/ Ewigen spirituellen Leben" durch den „Tod des Materiellen/ Fleischlichen/ Weltlichen" gehen. C. G. Jung sagt: *„Der Abstieg in die Tiefe* [der Auflösung] *scheint dem Aufstieg* [zur Lichtgestalt der solaren Robe] *immer voran zu gehen."* [67]

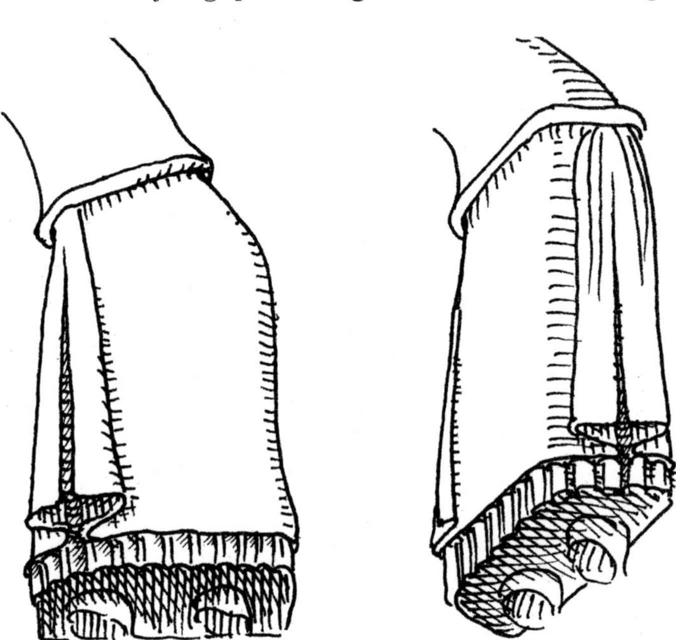

[**Abb. 13**] *Die aufgerissenen T-Falten des Jacques de Molay (aufgerissen = tot).*

[**Abb. 4, 13, 14, 15**] **Jacques de Molay** [auf der gebeugten Irminsul] (ehemals Nikodemus) steht auf der gebeugten Irminsul mit seinem Kopf vor der Mitte des lateinischen Kreuzes. Seine t-förmigen Falten vorne und hinten am Rock sind „aufgerissen" und bezeichnen so einen weltlichen und zugleich toten Mann, der nicht den Schurz der Brüder trägt. Da der Schurz für das Fleisch steht, das ihm ja genommen ist bei seiner Verbrennung infolge des Ketzerprozesses gegen ihn 1314 [68], ist er nun ohne Fleisch und ohne Schurz, nämlich tot. Er ist trotz fehlenden Schurzes als Toter ein

34

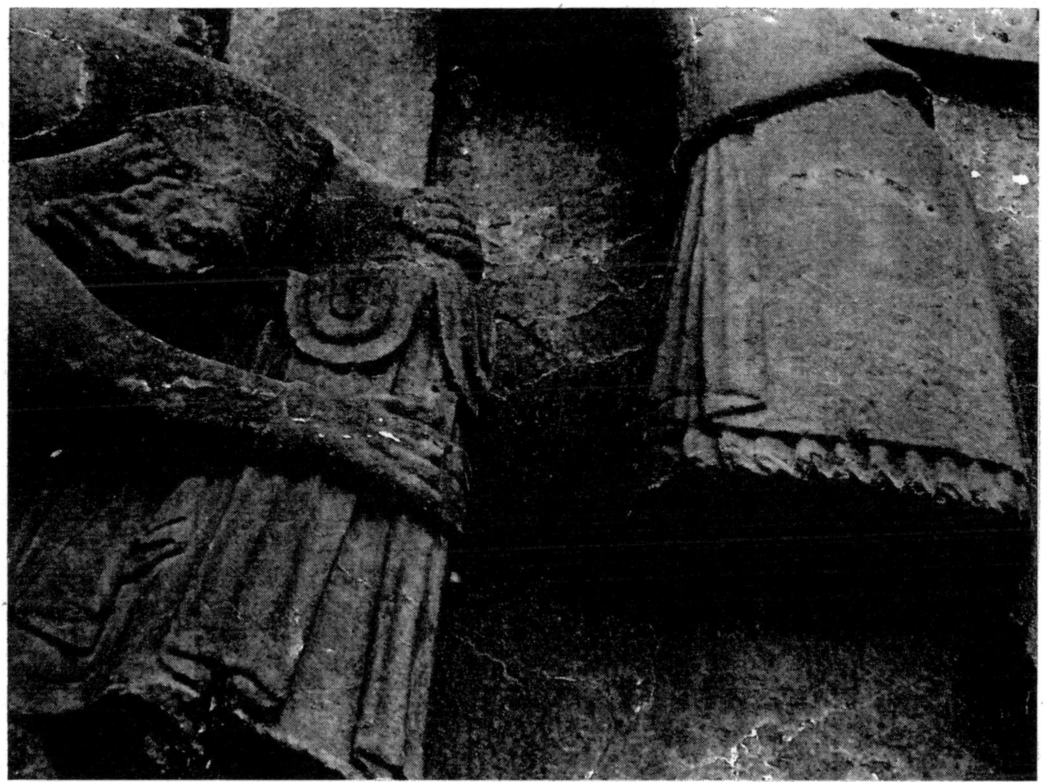

[**Abb. 14**] *Foto: die heile T-Falte der „Bruderschaft" und die aufgerissene T-Falte des „Jacques de Molay". Die weltliche Bruderschaft lebt – im Gegensatz zum verstorbenen Jacques de Molay.*

Mitglied in der rituell „ewigen Bruderkette der Lebenden und Toten". Als Toter (nicht als spirituell Toter, der sein physisches Leben lebt, sondern als toter Spiritueller der ve rstorben ist), im Ewigen Osten ist er für den Fortbestand des Ordens tätig, da er mit seinem Kopf im Zentrum des Kreuzes, also in der Kreuzmitte in dessen fünftem Punkt die Bedeutung der Fünf (der „Versöhnung der Dualität" als eines „geheimnisvollen Kraftzentrums" [69]) realisiert. Er leuchtet dem „eintretenden, um Aufnahme anhaltenden Bruder" vor [70].

Auch wird durch diese Bemerkung von de Molays Tod 1314 die Herstellung des Externstein-Relief in die Zeit „nach 1314" zu legen sein.

[**Abb. 4, 16**] **Der Einzuweihende** [zwischen der sogenannten „Maria" und der echten „Bruderschaft"] (ehemals Joseph von Arimathia) trägt auch keinen Schurz, weilt aber unter den Lebenden, wo er als Weltlicher (mit T-Falte ohne Riss) arbeitet, indem er die Bruderschaft auf seiner Schulter trägt: Er arbeitet (als Anhaltender, als Suchender, als Leidender) und ist noch nicht in den Orden aufgenommen, er hat also noch nicht seine

35

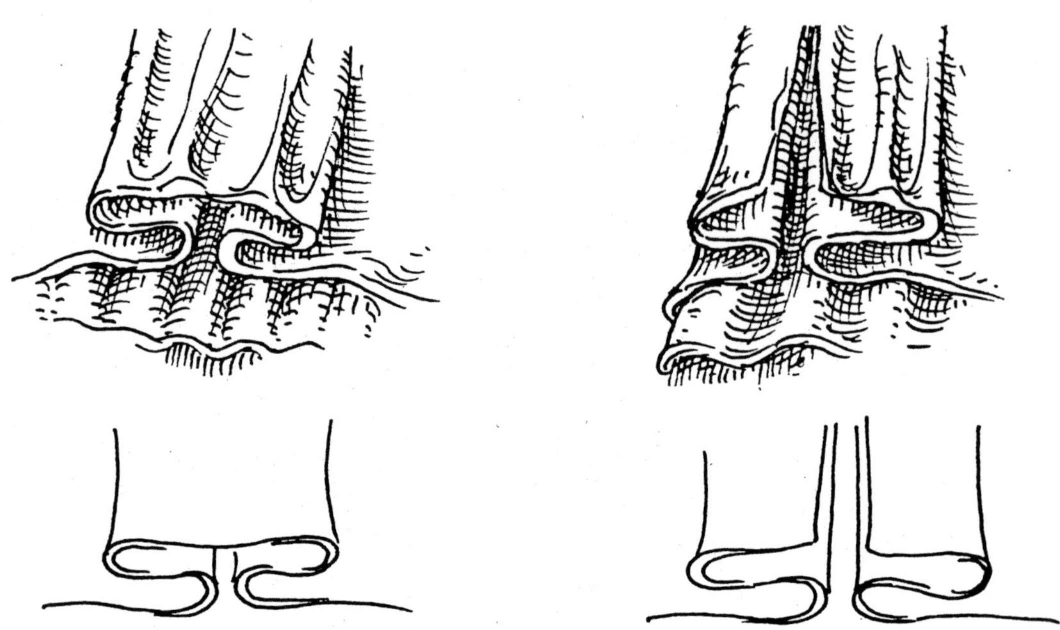

[Abb. 15] *Zeichnung: heile T-Falte von lebenden Weltlichen und aufgerissene T-Falte von toten Weltlichen. (Heilige haben pfeil-förmige Falten* [s. Lipffert, S. 98 und 97])*.*

neue Bekleidung empfangen, zu der auch der Schurz gehört **[71]**: Er ist gerade/ zur Zeit ein Anhaltender, da er um Einlass bittet (was die Verborgene Geometrie noch genauer beschreiben wird). Er trägt den Orden der älteren Brüder auf seinen Schultern, denn durch seinen Eintritt trägt er zum Fortbestand des Ordens bei. Und ihm wird dabei geholfen durch das Vorbild des letzten Großmeisters der Templer (1297-1314), Jacques de Molay, der ihm hier aus dem Osten/ aus dem Jenseits mit seinem Licht (aus der „Position 5") vorleuchtet. **[72]**

    [Abb. 17] Der Einzuweihende gibt sich von Anfang an brüderlich in der Weise, dass er im Kreuzgriff mit seinen Armen und Händen die Bruderschaft (den symbolischen Körper der Bruderschaft) umfasst. Mit diesem Kreuzgriff tritt er in die (sich aus vielen Kreuzgriffen zusammen setzende) Bruderkette der Bruderschaft ein.

    Er hat noch keinen Schurz und trägt an seinem Rock eine T-Falte ohne Riss. Der Dargestellte ist also ein weltlicher, lebender Suchender und nimmt nun die gesamte „Bruderschaft" auf seine Schulter, indem er (durch die „Blutmischung") gelobt, für sie einzutreten **[73]** .

    Die „Witwe" als Mutter der Ordenskinder [Im Bild links am Rand] (ehemals die Gottesmutter des christlichen Kreuzabnahme-Bildes) steht zur Linken des lateinischen Kreuzes, dem Täufer Johannes, dem Schutzpatron der Steinmetzgilde, gegenüber gestellt. Auf ihre heidnisch-nordischen Wülste und Ringe an Hals und Arm wurde schon von Niedhorn hingewiesen (s.o.). Angesichts des templerischen Personals dieses Bildes

36

(„Johannes, der Schutzpatron der Steinmetzen", dann „ein Heiland/ ein Christus", dann „die Bruderschaft des Ordens" und „der letzte Großmeister des Templer-Ordens Jacques de Molay" und ein „Einzuweihender") kann es sich bei der bislang als der „kirchen-christlichen Maria" bezeichneten Frau nur um die „Witwe", nämlich um die verwitwete Mutter des salomonischen Tempelbaumeisters Hiram handeln (bzw. in neuerer Zeit, nach 1649, um die Witwe König Karls I. von England, Henrietta von England), die für den Templer-Orden steht **[74]**. Der „Templer-Orden" in Gestalt dieser „Witwe" behütet also die Ordensbrüder und schmiegt diese Brüder, nach Goethe, so sanft an ihre Wange. – Auch hier liegt (im vorliegenden Zusammenhang) keine kirchen-christliche Darstellung vor, zumal die „Witwe" einen nordischen Halsschmuck trägt.

<u>Summe:</u> Es sieht so aus, als wenn sich ein templerisches/ maurerisches/ rituelles Gedankengebäude in die herkömmliche Form eines Kreuzabnahme-Bildes hinein begeben habe, um in dieser Form alle Blinden (die Einweihungsrituale nicht kennen/ nicht erkennen) zu narren und so die Zeit zu überdauern. – Eben das ist bis heute gelungen. Das >Externstein-Relief< ist kein >Kreuzabnahme-Relief<, es ist ein >Einweihungsbild<, bzw. eine >Ordens-Arbeitstafel< als Vorlage für eine geistige Besinnung und Bearbeitung der Ordenslehre, die nach vorausgehender Einweihung mit ihrer Hilfe und Anschauung erfolgen konnte.

Auch die frühe (spekulative) Freimaurer-Gesellschaft im England Cromwells hat sich in bestehende (operative) Baukorporationen eingenistet, um nicht durch Neugründungen einen Argwohn zu wecken, um aber dennoch - eher still - aktiv zu werden (und um „die Potentaten jener Zeit" zu vertreiben). **[75]**

Die soweit vorgetragenen Detail-Beobachtungen am Bildgegenstädlichen (teilweise mit geometrischen Zusätzen) haben bereits die Deutung eines „kirchen-christlichen Kreuzabnahme-Reliefs" zerstört/ destruiert. Wenn erst anhand der rituellen Verborgenen Geometrie rituelle Abläufe (und deren Vorbereitungen und Ergebnisse) aufgezeigt werden, wird das Bild des „kirchen-christlichen Kreuzabnahme-Reliefs" vollends verdrängt werden, – um ein anderes frei zu legen, das einer „ur-christlichen/ ur-religiösen Arbeitstafel".

3.4 NEUERE AUSSAGEN (INTERNET, ZEIT-SCHRIFT)

<u>Von ca. 1999 aus dem Internetz:</u> Nach Wolf-Dieter Schröppe sei, bezogen auf Johannes Mundhenk *„eine vorchristliche Vergangenheit der Externsteine"* auszuschließen **[76]** Weiter berichtet er aber von einer Gesteinsuntersuchung der Feuerstellen in den Hauptgrotten (um 1995), die eine letzte hohe Feuertemperatur vor 3000 Jahren erbrachten mit der Folgerung und Erkenntnis des Vorhandenseins der Hauptgrotte in jener vorchristlichen Zeit (und entsprechend mit einer Bedeutung aus jener Zeit), wonach die Forschungen *„zum Thema Externsteine fast verstummten".* **[77]**

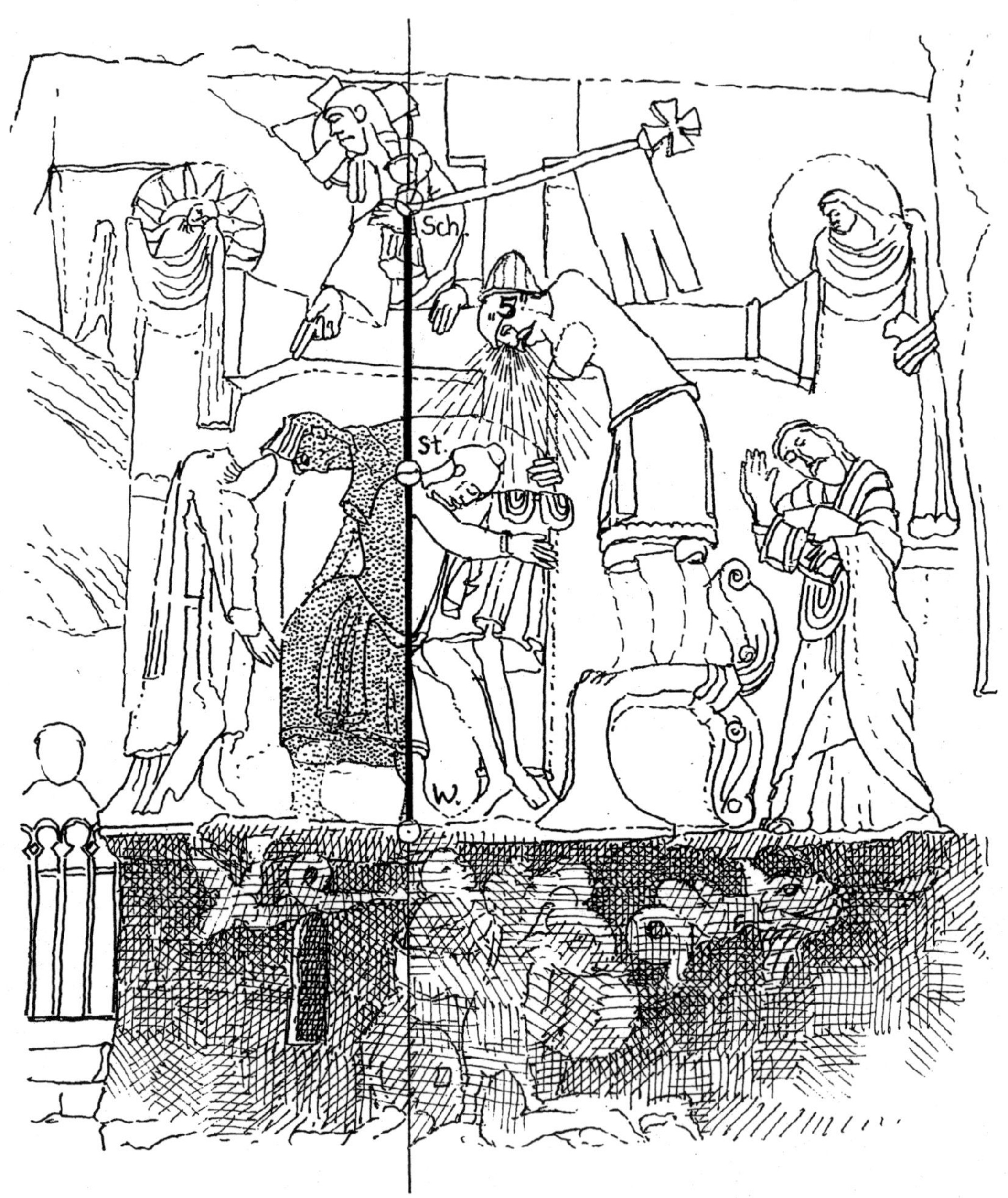

[Abb. 16] *Zeichnung: Es leuchtet der Jacques de Molay aus der Postion der Kreuzmitte (Position „5") dem in den Tempel (Achse W.-St.-Sch.) eintretenden Einzuweihenden vor.*

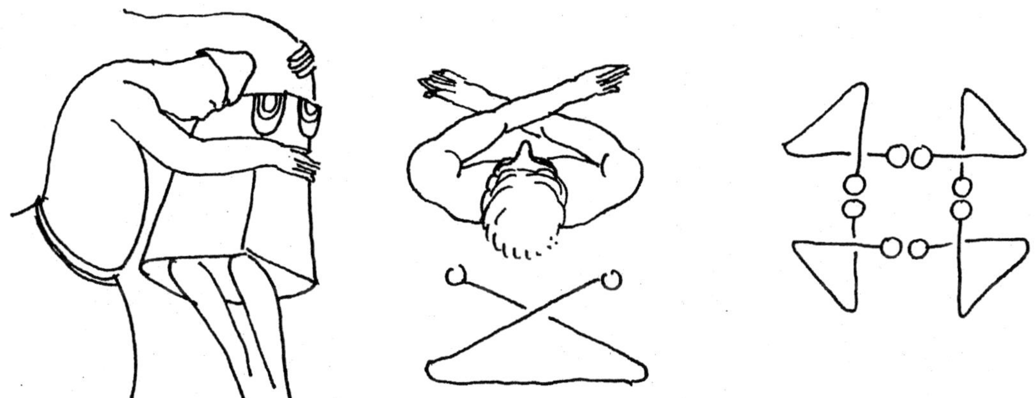

[**Abb. 17**] *Der Einzuweihende umfängt die „Bruderschaft" im Kreuzgriff mit beiden Armen.. Mehrere Brüder, die sich im Kreuzgriff anfassen, bilden die Bruderkette.*

Wahrscheinlich war ein (spekulativ angedachtes) heidnisches Heiligtum an diesem Ort unerwünscht, hingegen ein (vermutetes) kirchen-christliches Bildwerk sehr wohl erwünscht.

Zum Namen des auf der gebeugten Säule stehenden „Nikodemus" schreibt Schröppe: *„>Er gehört der griechischen Sprache an und ist aus zwei Teilen zusammengesetzt: aus nikan, das heißt siegen, überwinden, und aus demos, das heißt Volk.< Sein Name kennzeichnet den >überwundenen, besiegten Volksglauben<. So steht Nikodemus folgerichtig auf dem gebeugten Sinnbild des alten Volksglaubens, der Irminsul."* [78] Danach scheint Schröppe einer literarischen (auf Bibeltexte fußenden) Interpretation zuzustimmen, ohne den Ansatz einer dem Werk (im bildgegenständlichen Detail und in geometrischen Bezügen) nachfolgenden Deutung erkennen zu lassen.

Auch könnte eine andere deutende Übersetzung von „nikan" und „demos" lauten: „das Volk überwindet" im Sinne von „das Volk überwindet die Zerstörung der Irminsul". Das „Erkenntnis leitende Interesse" bei diesem Forschungsbeitrag Schröppes scheint auf Seiten eines „überwundenen sächsischen Volksglaubens" zu stehen , nicht aber auf Seiten einer „überwundenen Zerstörung des sächsischen Volksglaubens". Die verborgen-geometrische Untersuchung des Werkes selbst (die also werk-immanent und nicht literarisch-assoziativ geführt wird) mag hier Klarheit schaffen. (s.u.)

Des Autoren Veröffentlichungen zum   „templerischen Einweihungsbild des Externstein-Reliefs" (1992 bis 2005) [79] waren zu ihrer Zeit anscheinend noch nicht beachtet worden [80]) Vorliegende Monographie soll Abhilfe schaffen. Auch kann diese Monographie die seit 1984 durchgeführten Forschungen und Veröffentlichungen zur neuen „Kunst-Wissenschaft" einer im „Kunstbild" enthaltenen „Königlichen Kunst", eines Einweihungsgeschehens, mit ihrem neuesten Stand, hier bezogen auf das Externstein-Relief, präsentieren.

<u>Neuere Aussagen von 2012 aus einer Zeitschrift</u>: In neuester Zeit stellt Elke Moll (im Zusammenhang mit der bezweifelten Existenz Karls des Großen) Überlegungen an zur Frage, ob Bedeutungszahlen, aus dem Relief umgewandelt in *„Jahreszahlen aus dem Relief für Karls Lebenschronologie übernommen worden"* sind, oder ob nach einem für Karl aufgestellten *„Jahreszahlen-Schema [...] dann später dieses Relief geplant worden"* sei. **[81];** Den letzteren Fall lehnt Moll ab. Im ersteren Fall würde nach ihrer Ansicht dann das Relief an den Externsteinen vor Karl, also in heidnischer Zeit, entstanden sein, was aber nach allgemeiner Lesart eines „Kreuzabnahmereliefs" (mit dargestellter kirchen-christlicher Abnahme vom Kreuz) eigentlich in an diesem Ort herrschender christlicher Zeit entstanden sein müsste und nicht davor in vorkarolingischer, heidnischer Zeit.

Sofern Moll meint, dass ein christliches Relief in christlicher Umgebung (nach Karls Missionierung) entstanden sei und dass aus seinen Maßen und Zahlen Karls Lebensdaten konstruiert seien für seine rückdatierte, fiktive Lebenszeit, so muss die Frage aufkommen, wer dann für das real existierende Relief die christlichen Voraussetzungen geschaffen habe, wenn es Karl, den Besieger der Sachsen, nicht in jener vorausgehenden Zeit gegeben habe. Die Erschaffung des fiktiven Karl aus Maßen und Zahlen eines vor seiner Zeit real existierenden Reliefs geht nicht, wenn nur er die Voraussetzungen für ein christliches Relief vor seiner (angeblich konstruierten) Zeit erschaffen haben soll. Wenn aber ein anderer die nötigen christlichen Voraussetzungen geschaffen haben soll, so ist der fiktive oder nicht-fiktive Karl nicht mehr der Große und der Besieger der Sachsen, sondern ein einfacher Nachkomme.

Nur so genau führt Moll ihren Gedanken nicht aus und es bleibt Spielraum für weitere Spekulationen um ein angeblich „christliches Kreuzabnahme-Relief", das – und es kommt noch erschwerend hinzu – kein „Kreuzabnahme-Relief" ist, sondern ein ur-religiös-templerisches Einweihungs-Relief (allerdings mit Anspielungen auf andernorts existierende Kreuzabnahme-Reliefs), das nach bisher soweit vorgetragenem Stand a) nach +1270 und b) nach +1314 entstanden sein muss.

Und schon deshalb kann das Relief nichts zu tun haben mit bei Moll nicht näher genannten Angaben aus dem Relief für eine spekulative „Erschaffung von Karls Lebenszeit und Lebensdaten" in zeitnahem Bezug zu Karls möglicherweise erdachten Lebensdaten.

Schon hier wird die Wichtigkeit einer umfassenden Berücksichtigung der besonderen Qualitäten des Externstein-Reliefs – eben auch der verborgen-geometrischen und der rituellen – ersichtlich. Jedenfalls sind seine angeblichen mittelalterlich-kirchenchristlichen Qualitäten bereits jetzt offensichtlich nicht zu finden, bzw. abzulehnen.

Eine Umstellung von einer literarischen Deutung eines Kunstbildes (eines Bildes mit verborgen-geometrisch dargestellter Königlicher Kunst der Einweihung und Umwandlung/ Transmutation des Menschen) zu einer werk-immanenten (die dem Werk innewohnenden Aussagen beachtenden) Deutung kann erst zu dessen näherer Kenntnis führen und gängige (schablonenhafte) literarische Auslegungen übersteigen.

3.5   VERSUCH EINER DERZEITIGEN SUMME:

Wenn auch in der „Externstein-Forschung" die Annahme eines Kultplatzes in der Zeit vor Christi Geburt uneinheitlich gesehen wird, so ist doch auffällig die Annahme eines christlichen Reliefs (einer Kreuzabnahme) in an jenem Ort geltender christlicher Zeit mit zugehörigen christlichen Aktivitäten/ Kulthandlungen/ Wallfahrten dort. Durch die bisherige Festlegung des Reliefs auf eine christliche Kreuzabnahme konnte die Entstehungszeit des Reliefs auch nur an christliche Aktivitäten in dem Land (Christianisierung, Klostergründungen) gekoppelt werden, ohne andere Ereignisse für ausschlaggebend zu halten.

Nun aber ist nach der vom Autor vorgenommenen neuen Deutung der Gestalten des Reliefs der Horizont offen für anders lautende, versteckte und offenkundige Deutungen, die nicht an das Primat einer kirchen-christlichen Bedeutung etwa eines lateinischen Kreuzes (mit Einschluss kirchen-christlicher Dogmen und Wertungen etwa einer „Schuld" oder des „Bösen") gebunden sind. Die Bestimmung des Reliefs als eines aus templerischem Ideengut geschaffenen Einweihung-Bildes (eines so genannten templerischen Einweihungs-Bildes) eröffnet neue historische und ideengeschichtliche Sichtmöglichkeiten.

4.   DIE VERBORGEN-GEOMETRISCHE ANALYSE DES EXTERNSTEIN-RELIEFS

Mit einer Anwendbarkeit der Methode der Verborgenen Geometrie, mit ihrer Hilfe also schlüssige (sinnvolle, vollständig aufgehende, wiederkehrende, widerspruchsfreie) Aussagen zu gewinnen, werden einige Konsequenzen deutlich. Der Sinn und Gebrauch des Reliefs, sowie die Autorenschaft und die Datierung des Reliefs werden neu bestimmt.

4.1   ZUM RASTERGITTERFELD:

[Abb. 18]

4.11   Die drei mal drei Werte

4.111 Die Werte des Meisters: der Tempel (W.-St.-Sch.):

Der Wert und Ort „Stärke/ St." (Überwindung des Körperlichen) liegt auf der Schulter des „Einzuweihenden". Er tritt von links nach rechts in den „Tempel" ein. Er trägt damit auch auf seiner Schulter die große X-Figur mit dem Mittelpunkt, der im Zentrum des Einweihungsweges (NW-S-N-SO) steht, welcher den bevorstehenden Umkehr-Weg in den „Ewigen Osten" (nach „rechts oben", nach SO) in „verkürzter Form des Zick-zack-Weges" darstellt. **[s. Abb. 7]**

Der Wert und Ort „Weisheit" (W., Erkenntnis des Diesseitigen und des Jenseitigen) liegt unter dem linken Fuß des „Einzuweihenden". Diesseitig sieht er alles auf der Erde Befindliche (das Personal des Templer-Ordens). Jenseitig sieht er den Basilisken, der die (nach Niedhorn) Elite der Sachsen, Priester und Krieger, fest umschlungen hält:

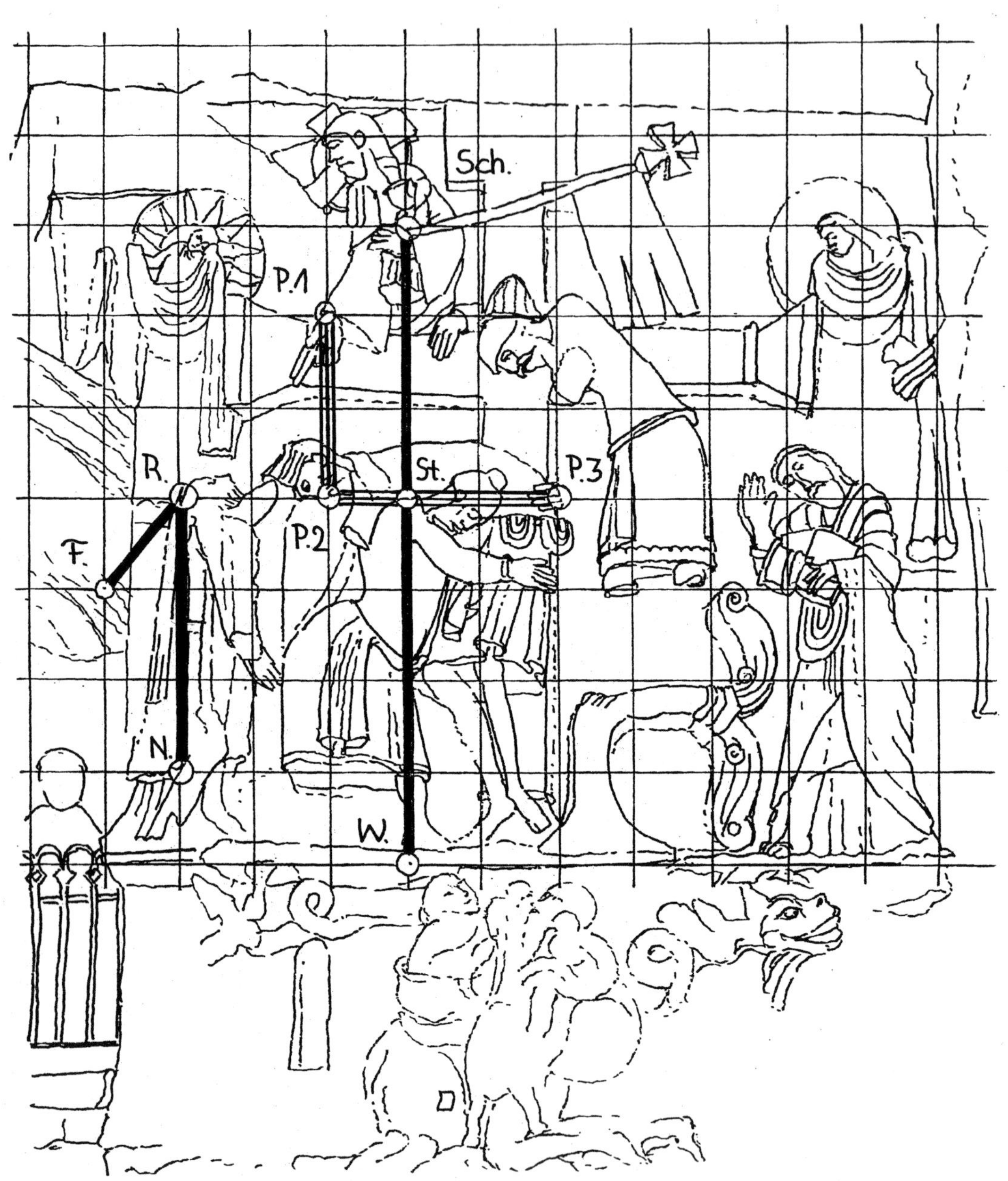

[**Abb. 18**] *Die „drei mal drei Werte" (W., St., Sch. – N., R., F. – P.1, P.2, P.3) bilden das Rasterfeld (hier 9 mal 11 Felder), das den Figuren eine Zahl (eine Zahlenbedeutung) gibt.*

42

Dort, wo bei den Kainskindern der Erkenntniswille zum Geistigen im Feuer im Erdinneren leuchtet, wird hier ein Bild des Gewürgtwerdens der sächsischen Elite durch den Würgenden gezeigt. Er, der Basilisk, ist *„im Mittelalter als phantastisches Mischwesen (Hahn mit Schlangenschwanz […]) beschrieben; von tödlicher Macht durch Hauch oder Blick. Sinnbild für Tod, Teufel, den Antichrist oder die Sünde; oft dargestellt unter den Füßen des siegreichen Christus“.* [1] <u>Demnach scheint das „Gewürgtwerden“ hier mit einem „Feuer (des Einzuweihenden und späteren siegreichenVolleingeweihten) des Erkenntniswillens eines Gewürgtwerdens“ zusammern zu hängen.</u> Diese lexikalische Aussage vom „bösen Basilisken“soll in die Bezüge des Bildes übersetzt werden:

<u>Als Sinnbild ist der Basilisk die Darstellung der Kraft,</u> die als eine teuflische und böse Kraft [2] jene Sachsen würgt, deren Aufgabe darin liege, das Vergessen der göttlichen Herkunft des Menschen [3] zu bestrafen. Wenn schon bei der Darstellung der Irminsul, des gebeugten Weltenbaumes der Sachsen, die Fremdeinwirkung einer Zwangschristianisierung allgemein erkannt wird, so wird es beim Basilisken nicht anders sein. Wenn dann weiterhin gesehen wird, dass das Würgen durch den Basilisken auf eine „Bestrafung sündhafter Sachsen“ gerichtet sei, so wird deutlich, dass die Sünde der Sachsen im erzwungenen „Sich-Entfernen und Vergessen ihrer Herkunft von (ihrem!) Gott“ bestehe. Die Bestrafung wird also von jener Seite ausgeführt, die die Ursache für jene zu bestrafende Sünde ist. Jene Sachsen sind also in eigener Sicht nicht sündig, sonder in fremder Sicht der Verursacher des Grundes für die Bestrafung. Nur müssen die Sachsen trotzdem diese Qual des Gewürgtwerdens erleiden. Sie werden also doppelt gepeinigt, im Empfinden ihres Gerechtigkeitssinnes und am Körper.

Und weiterhin werden sie als nun Sündhafte und auch sündhafte Bestrafte aus der Menschengemeinschaft ausgeschlossen (was auch in den oben vorgetragenen zeitgenössischen Deutungen des Reliefs anklang) gemäß dem Bibelwort *„Tut von euch selbst hinaus, wer da böse ist“* [4].

Und dieses Gemenge aus Anschuldigung (als Grund für die Bestrafung), Bestrafung (als Folge der Anschuldigung) und Ausschluss (als Reinhaltungsgebot der Anklagenden und zugleich Bestrafenden) führt die gequälten Sachsen „unter die Erde“, „in den Bereich des Dunklen“, in ihre seelische Lage der „Verdunkelung“ und zu „Unerlösten“, die sich nicht selbst helfen können. Sie mögen möglicherweise ihre isolierte Lage innerlich akzeptieren und zu selbstzerstörerischen Ansichten und Verhaltensweisen übergehen.

Dieses Bild ruft geradezu nach einem Erlöser dieser Sachsen in ihrer „Unerlöstheit“. Der einzuweihende Suchende hat bereits den Blick „ins Jenseitige“ (unter die Erdoberfläche bei W.) gerichtet, wo im Dunkel das seelische Drama von religiöser Unterdrückung und deren Abwehr oder Billigung abläuft. Der Einzuweihende regt den Interpreten zu dem gleichen Blick an, dass er bei seinem Streben zum Licht (zur geistig-seelischen Freiheit von weltlichen Anhaftungen) die andere Seite des Dunklen, der Unterdrückung und Verhinderung des Geistigen auch sehen möge. Der Einzuweihende (und dessen Interpret) stehen erst am Anfang des Weges, erfahren hier bereits ihre Aufgabe und müssen ihre Arbeit leisten in der Hoffnung auf ein gutes Ergebnis.

Damit wäre bei einer Hilfe für die Sachsen deren möglicherweise negative Selbsteinschätzung, die von jenem Dogma (der auszuschließenden, gottfernen Sachsen) herrührt, zu überwinden. Diese Sachsen brauchen die Erkenntnis ihrer „Gutheit im ur-religiösen Sinne" der ihnen hier (verborgen-geometrisch vermittelt) entgegen zu bringenden Sicht jenes Einzuweihenden. Sie brauchen die Erkenntnis der Schlechtheit jener Dogmen. **[Anm. 1/ 4]**

Die möglicherweise eigenzerstörerische Absicht und Wirkkraft der heidnischen Sachsen (ihr Aspekt des Basilisken) ist also vom Einzuweihenden im Verborgenen des Jenseitigen erkannt, wie auch erkannt ist, dass den Sachsen geholfen werden muss, dass sie „ihren Basilisken" überwinden (in ur-religiöser Art der Überwindung der Schlange Apep **[5]**) durch Wandlung in eine positive Sicht auf ihren nicht jenem „Dogma der bösen Heiden" unterstehenden Eigenwert.

Der Einzuweihende erfährt also beim Schritt in den Tempel von der noch (unterirdisch) im Verborgenen liegenden Aufgabe, im Dunkeln liegende verinnerlichte und selbstzerstörerische (von Dogmen herrührende) fremde Wirkkräfte umzuwandeln in lichte, eigenverträgliche und eigenförderliche Kräfte.

Die Wandlung des Basilisken, des negativen Aspektes, angeblich verdammungs-würdig heidnisch zu sein, wird am Ende des Einweihungsweges von dem dann Eingeweihten vollzogen werden. Der dann erreichte positive Aspekt der dann gelebten Eigenwertigkeit mag schlussendlich das Ziel und der Gewinn der angebotenen ur-religiösen Einweihung sein. Diese Arbeit der Wandlung des Basilisken/ der Schlange Apep, wird vollbracht, wie es in der Beschreibung von dessen Bedeutung heißt: *„vom siegreichen Christus"* **[6]**, eben von dem hier vorgestellten Einzuweihenden/ Chrestus (mit e), bzw. von dem dann Volleingeweihten/ Christus (mit i). **[7]**

Im noch zu suchenden „ur-religiösen Einweihungs-Tempel an den Externsteinen" wird also gleich zu Beginn der Arbeit (noch vor einer Einweisung in einen Weg der Selbstveredelung) die Aufgabe der „Erlösung von kirchen-christlich bedrückten Unerlösten" vorgestellt, die Aufgabe der Heilung Leidender (wahrscheinlich durch das Erheben der Unerlösten aus deren Dunkelheit in die Höhe des überstrahlenden, hellleuchtenden, himmlischen Lichtes Atmas., (Es wird sich zeigen).

<u>Der Wert und Ort „Schönheit/ Sch."</u> (Übergegensätzlichkeit) liegt auf der linken Hand des Heilands über dem Kreuzquerbalken, in der er einmal die Kreuzesfahrer-Flagge und zum anderen den Aspekt der Blutmischung hält, womit beide Seiten des Ordens, der innere Bund der Gottsucher und der weltliche Arm der Selbstbehauptung zusammen kommen (an diesem Punkt der Übergegensätzlichkeit), innere und äußere Stärke. Die Strecken W.-St. und St.-Sch. stehen im Verhältnis von 4 zu 3 zueinander und bilden so den symbolischen, den inneren Tempel (aus der weltverhafteten 4 + der himmelstrebenden 3).

[s. Abb. 16, 18] In diesen Tempel (W.-St.-Sch.) tritt der profane Suchende/ Anhaltende/ Leidende ein, der ein „Einzuweihender" ist (der St. auf seiner Schulter trägt), von links (vom diesseitigen Bildteil kommend) nach rechts (in den jenseitigen Bildteil gehend).

4.112 Die Werte des kontemplativen Lehrlings (N.-R.-F.):

Der Wert und Ort „natura/ N." (die Natur des Menschen) liegt auf dem Schnitt einer aufrechten Falte mit einem waagerechten Gewandsaum, auf dieser Vierzahl. Die Vierzahl (etwa der vier Himmelsrichtungen/ Himmelsgegenden) entspreche der Natur des Menschen, der dem Irdischen/ Materiellen verhaftet sei, der sich auch seiner Vergänglichkeit gegenwärtig sein soll und entsprechende Mühe auf sein Werk der Wandlung seiner Schlange Apep/ seines am Behindernden (Materiellen/ Egoistischen/ Ideologischen) festhaltenden Aspektes.

Der Wert und Ort „religio/ R." (Kultus, Heiligkeit) liegt auf der Schulter der „Witwe", auf die beim Einzuweihenden die „Klatsche" geschlagen wird zur Ermahnung an die Aufgabe, sich gegen das Vergessen der göttlichen Herkunft zu wenden, so anscheinend - auch bei der „Witwe".

Der Wert und Ort der „fortitudo/ F." (Kraft aus der Erkenntnis von N. und R.) liegt außerhalb des Bildes, in der Petrusgrotte, ohne genauere Kennzeichnung, spekulativ gesehen an einem Ort der Dunkelheit (im vor das Relief gesetzten Kultraum/ Haus): Diese Kraft müsse sich erst aus dem Dunkeln hervor tun (im folgenden Weg, bzw. im Ergebnis des Weges).

Der Lehrling soll also aus der Betrachtung der (der Materie verhafteten) Natur und der (auf das Göttliche bezogenen) Besinnung seine Kraft schöpfen. Da der Ort für dieses besinnliche Kraftschöpfen in der möglicherweise dunklen Petrusgrotte (Nische) liegt, mag der Lehrling dort (oder in der angrenzenden Kuppelgrotte) einen geeigneten Ort finden, dem heutigentags im Freimaurer-Orden die „dunkle Kammer" entsprechen mag, in der der Aufzunehmende/ der Einzuweihende, eine erste Besinnung hält, so dass in ihm der Wunsch nach dem Licht heranreifen möge.

4.113 Die Werte des arbeitsamen Gesellen (P.1-P.2-P.3):

Der Wert und Ort „1. Polarität/ P.1" (actio-reactio, Aktion-Reaktion) liegt auf dem Handgelenk der rechten vorgestreckten Hand des Christus/ des Heilandes. Christus wendet sich (in der Richtung von Sch. nach F.) dem Nacken (dem Tor Gottes für Gottes Energie-Einstrahlung, vermittelt über seinen Boten) der „Witwe" (dem Orden) zu. Dieser Zuwendung (actio) mag eine Antwort folgen (reactio), etwa in einer offenen Annahme (wie auch später der Einzuweihende dieser Hand am Ort „Transzendieren/ T" folgen mag [s.u.]).

Der Wert und Ort „2. Polarität/ P.2" (natura naturata, geschaffene Natur im Gegensatz zur schaffenden Natur) liegt auf dem Mund der „Bruderschaft", auf den das Siegel Salomos gedrückt wird (um den Mund nach außen zu verschließen, damit das Gottes-Wort innen gesucht wird). Der Bruder und hier erwartungsgemäß der Geselle ist derart geschaffen, dass er in sich das Gottes-Wort sucht unter der Voraussetzung, dass er es dort finden könne, dass er innerlich voll des Göttlichen sei.

Der Wert und Ort „3. Polarität/ P.3" (natura naturans, hervorbringende Natur im Gegensatz zur hervorgebrachten Natur) liegt auf der linken Hand des „Einzuweihenden". Sie formt (mit der anderen Hand zusammen) den Kreuzgriff, mit dem er in die Bruderkette eintritt und sich an die Kreuzgriffe der Brüder neben ihm anschließt. Die

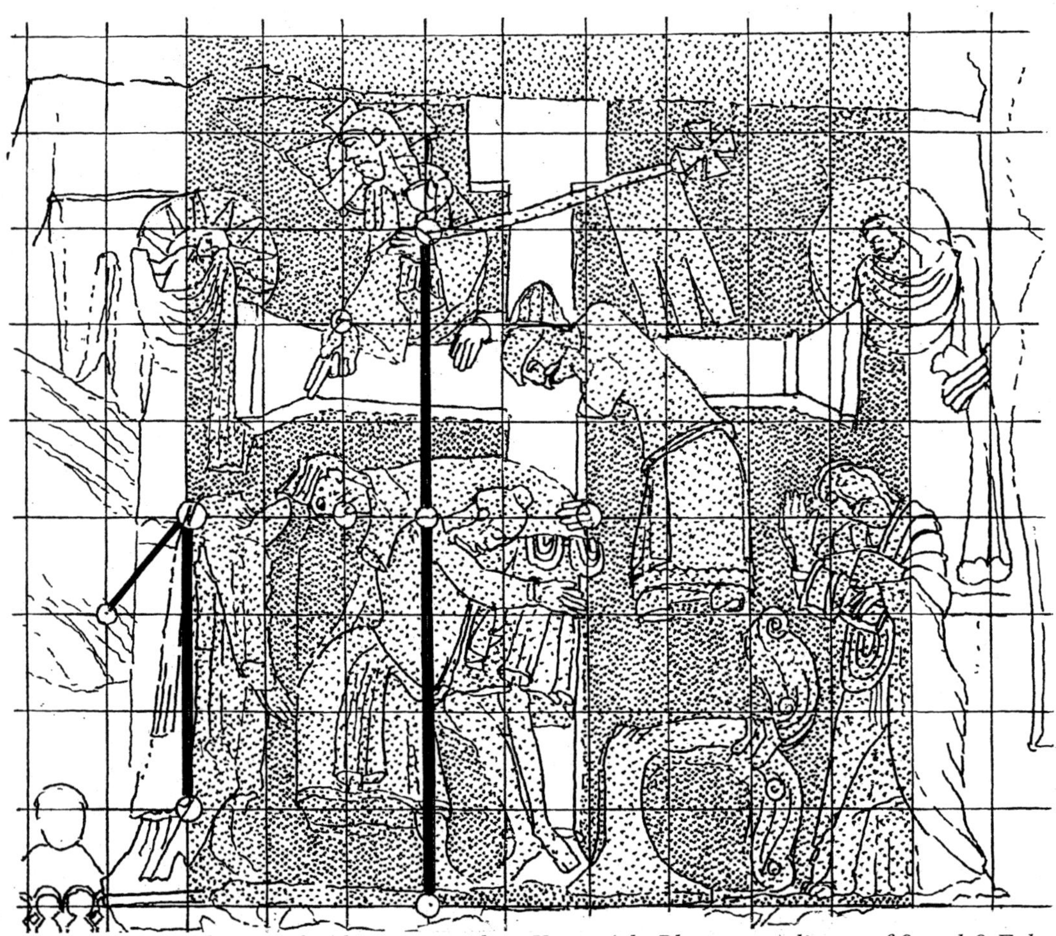

*[**Abb. 19**] Das lateinische/ lang gestreckte Kreuz (als Phänomen) liegt auf 9 mal 9 Feldern und ist damit (in der geometrischen Bedeutung einer Quadratzahl) ein quadratisches (gleicharmiges) Kreuz (und kein lateinisches/ gestrecktes/ kirchen-christlich-römisches Kreuz). Seine Bedeutung hängt von der Sicht ab, ob sie auf die Erscheinung oder auf die zugrunde liegende Geometrie/ Bedeutung gerichtet ist.*

hervorbringende Natur des Gesellen schafft eine Erweiterung der Bruderkette **[8]** (und eine Vergrößerung des Ordens) **[s. Abb. 15]**.

    <u>Soweit</u> sagen die „3 mal 3 Werte": Der Einzuweihende tritt in den Tempel Gottes ein (in W.-St.-Sch.). Er hat in den Werten des Lehrlings seine Erdverhaftung (N.) und seinen offenen Himmelsbezug (R.) bemerkt in einer kraftgebenden Erkenntnis dieses Zusammenhanges in der dunklen Kammer, in der seine Lichtsuche angeregt werde **[9]** (F.), und dann hat er in den Werten des Gesellen seine Antwort auf die Zuwendung durch den Heiland gegeben (P.1) durch seine Suche Gottes innen (P.2) und durch seinen Eintritt in die Bruderkette des Ordens (P.3) **[s. Abb. 15]**.

46

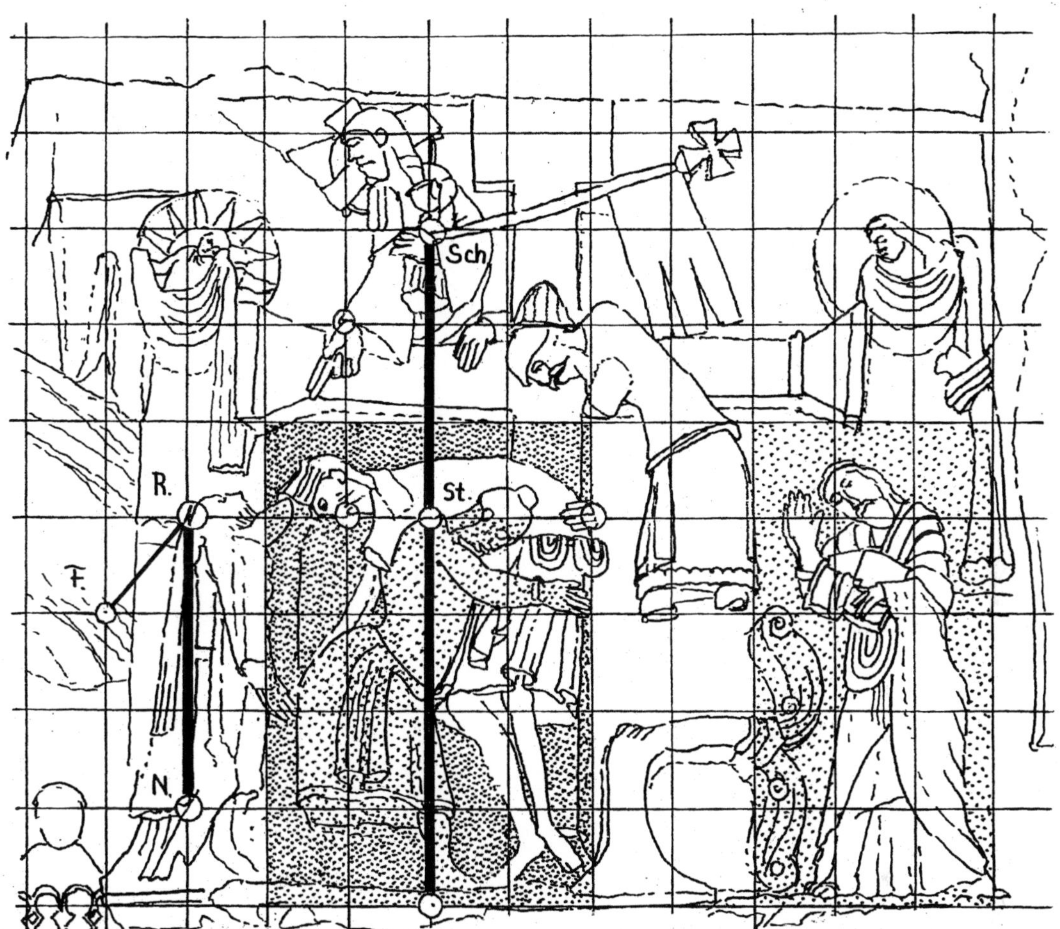

[Abb. 20] *Die Gestalt der „Bruderschaft" liegt auf 5 mal 4 Feldern und bedeutet mit ihrem Wert „20" die „Zählgrenze", etwas Beschränktes, eine weltliche Person.*

4.12 Bedeutungsverleihungen durch die Anzahl der Raster-Felder:

Das Rasterfeld aus den „3 mal 3 Werten" hat links des Tempels W.-St.-Sch. (im diesseitigen Teil) vier Rasterfelder in der Breite (4). Es ist die Zahl des begrenzten Weltlichen und des unendlichen Teilens, des endlosen Zergliederns ohne Zentrierung, eher eine Zahl des Additiven. Und rechts des Tempels (W.-St.-Sch.) im jenseitigen Teil hat der Raum in der Breite sieben Felder (7). Es ist die heilige Zahl der Vereinigung von Welt (4) und Himmel (3), von weltverhafteten (4) und himmelstrebenden/ gottsuchenden (3) Menschen (4+3).

Das Externstein-Relief liegt nun in der Breite auf 11 und in der Höhe auf 9 Rasterfeldern, mithin auf 99 Feldern, was bedeuten mag, dass der vor diesem Relief (bzw. vor dieser Arbeitstafel) arbeitende Suchende seine Ganzheit, seine „weltlich-himmlische

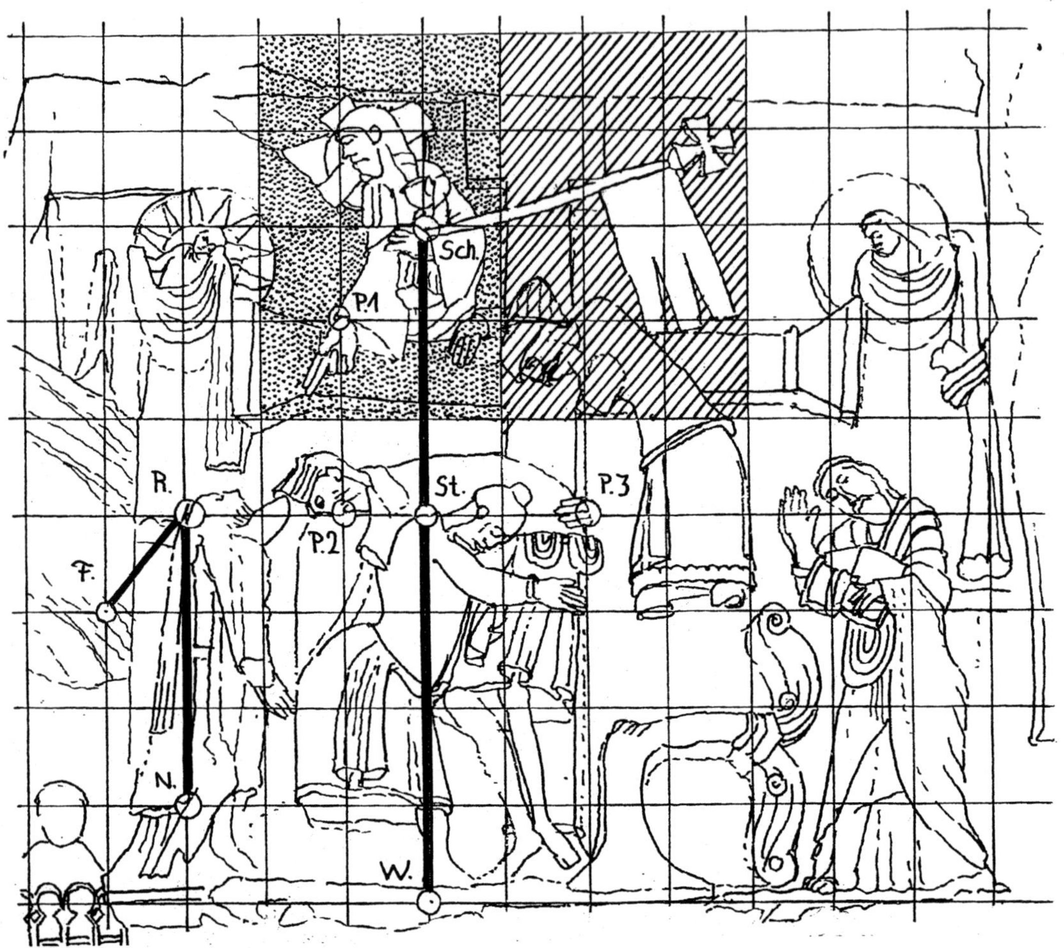

[Abb. 21] *Der Heiland oberhalb des Kreuzquerbalkens liegt mit seinem Körper mit der hilfreichen rechten Hand auf 12 Feldern und mit der Flagge ebenso auf 12 Feldern (er hat also einen himmlischen und einen weltlichen Bereich), und der Wert „24" bedeutet die „Große Harmonie" zwischen Himmel und Erde.*

Ganzheit" im Sinne der Zahl 1 der vorhandenen Zahl 99 hinzufügen mag, um die große Einheit der Zahl 100 herzustellen (99+1 = 100).

[s. Abb. 18] <u>Der Einzuweihende</u>, der in den Tempel eintritt, verlässt also den profanen Bereich der Vierzahl der Erde und betritt den heiligen Ort der additiv-integrativen Siebenzahl, bestehend aus den Prinzipien der erdenhaften Vier und der geistigen Drei **[10]**. Er ist auf dem Wege, aus einem dominant weltlichen ein spiritueller Mensch zu werden.

[Abb. 19] <u>Das lateinische Kreuz des Kirchenchristentums</u> findet auf dem Rasterfeld seinen Platz auf „9 mal 9" Feldern, womit ihm als Grund das Quadrat

48

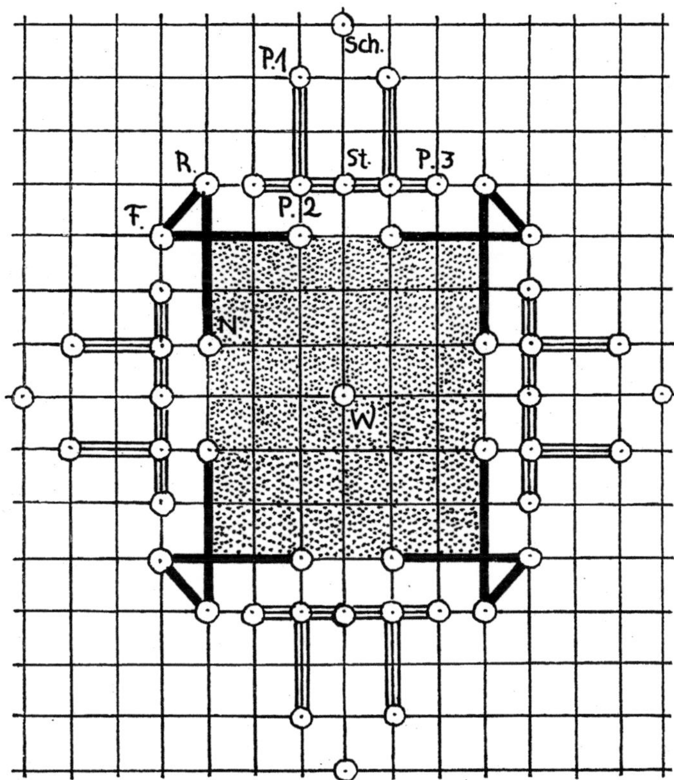

[Abb. 22] *Die zur „Kleinen Raute" gespiegelten 3 mal 3 Werte des Rasterfeldes bilden vier (unverbundene) Kreuzgriffe und vier (verschlossene) Lichtschächte, sowie keine Aussage im inneren Bereich „In-mir". Es ist eine negative Ausgangslage für eine Einweihung mit dem Ziel, einen „Vollkommenen in der Bruderkette" mit einer „Verbindung zum Himmel" hervor zu bringen.*

zugewiesen wird. Das rechteckig erscheinende Kreuz ist somit verborgen-geometrisch kein rechteckiges Kreuz, sondern ein quadratisches, bzw. ein gleicharmiges, wie es das Templerkreuz ist. Es zeigt sogar die tatzenförmige Verbreiterung der Kreuzarme zu ihren Enden hin **[s. Abb. 25]** **[Anm. 2/ 4]**.

[Abb. 20] Die Bruderschaft findet ihren Platz auf „5 mal 4" Feldern (wie auch der Einzuweihende), womit sie der Zahl 20 zugeordnet ist, die von der Zählgrenze spricht **[11]**, welche eine Beschränkung des einfachen (weltlichen) Menschen darstellt und damit dieser Gestalt keine Heiligkeit (etwa eines gekreuzigten Christus) zutraut.

[s. Abb. 20] Johannes der Täufer findet seinen Platz auf „5 mal 3" Feldern. Die Zahl 15 ist eine Mondzahl **[12]** und passt so zu Johannes dem Täufer, der sagte, dass der Heiland zunehmen müsse, er aber abnehmen müsse, welches ebenso dem Mond widerfahre **[13]**. (Diese Gestalt des Täufers wäre also in einem kirchen-christlichen Bild, das Maria und den Apostel/ Evangelisten Johannes unter dem Kreuz zeige **[14]** fremd.)

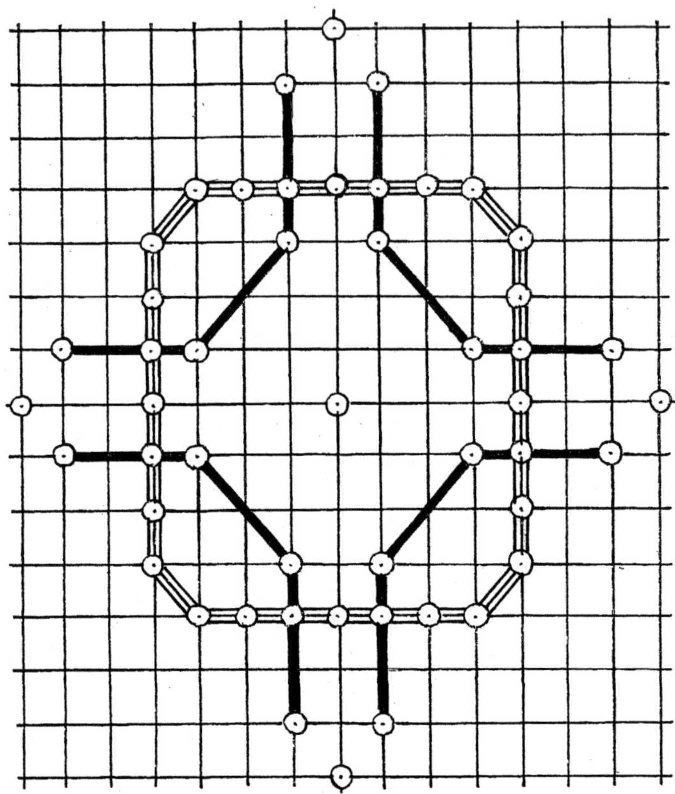

[**Abb. 23**] *Eine freie Gestaltung der „Kleinen Raute" zeigt vier aus einem achteckigen/ gnadenvollen Inneren himmelwärts heraus tretende Lichtschächte.*

[**Abb. 21**] Der Heiland über dem Kreuzquerbalken findet seinen Platz auf „4 mal 3" Feldern, zuzüglich der von ihm gehaltenen Kreuzfahrer-Flagge mit ebenso „4 mal 3" Feldern. Seine Zahl 24 bedeutet die Große Harmonie zwischen Himmel und Erde [15] Der Heiland als Bote vermittelt zwischen beiden, zwischen oben und unten.

4.13   Zur Kleinen Raute:

[**Abb. 22**] Die Werte/ Punkte des Lehrlings zeigen in der Übertragung ihrer Figur (bestehend aus N.-R.-F.) auf die durch zweimalige Spiegelung an der Senkrechten und an der Waagerechten des dreieckigen Feldes der 3x3 Werte gewonnenen Raute die vier Brüder im Kreuzgriff, wie sie eine gemeinsame Mitte umstehen. Die Figur der drei Werte des Gesellen (P.1, P.2, P.3) zeigen einen Schacht, der zum höchsten Wert „Schönheit" hinführt, der aber zugleich in seiner aufwärts strebenden Richtung abgesperrt ist und so den freien Zugang zum Himmel verhindert. Es wird dieses Problem einer unterbrochenen Beziehung zur Höhe, verbunden mit einer unterbrochenen Beziehung unter den Menschen (zu dem Über-mir und zu dem Neben-mir) dargestellt.

50

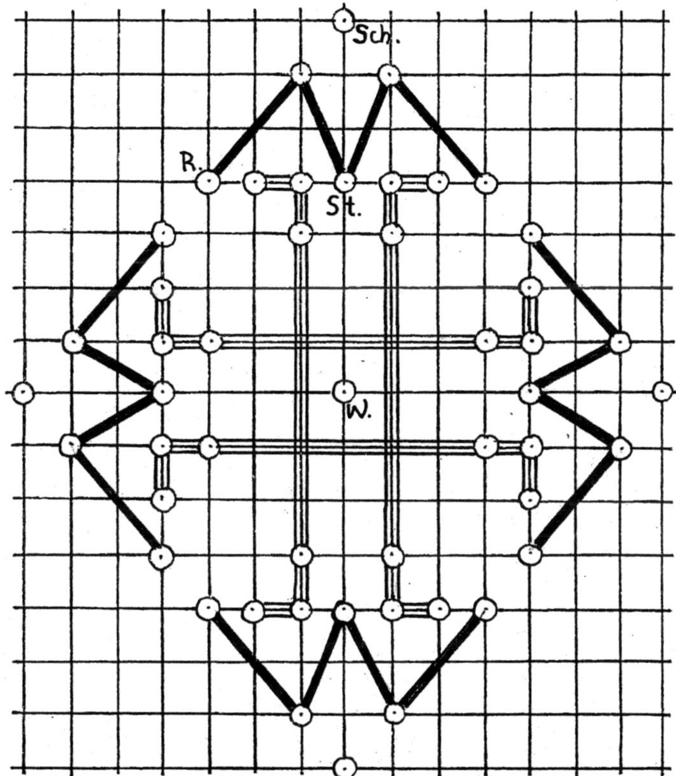

[**Abb. 24**] *Eine weitere freie Gestaltung der „Kleinen Raute" zeigt über einem struktu-*
rierten Inneren (mit nach innen durchgezogenen Schächten) den Horizont (M) mit der
über ihm aufsteigenden Sonne als „Wert Schönheit/ spirituelle Sonne/ 7. Prinzip Atma".

[**Abb. 23, 24**] In einer freien Ausfüllung der 3 und 3 Werte/ Punkte werden die
vier zur Höhe führenden Schächte geöffnet, bzw. wird am Horizont (als M-Figur) der
Sonnenaufgang (des Wertes „Schönheit") erkannt.

[**Abb. 25**] Weiterhin ist in freier Anordnung der Punkte das Templerkreuz in den
Bereichen „In-mir" und „Wege in der Welt" zu sehen mit dem göttlichen Dreieck im
Bereich „Über-mir", gewissermaßen mit dem Orden „in mir und neben mir" unter dem
überleuchtenden Gott. [**s. Anm. 2 /4**]

4.14 Zu den Handgriffen:

[**Abb. 26**] Der Einzuweihende ist durch seinen Meistergriff mit dem Kreis um
MG/ Meistergriff mit Radius MG-Sch. verbunden mit der rechten oberen Ecke des Buches
im Arm von Johannes dem Täufer. Der Einzuweihende soll seinen Weg zum Süd-Osten
(nach „rechts oben") gehen, seinen Weg in den „Ewigen Osten". Und zu diesem Weg regt
ihn Johannes der Täufer mit seiner erhobenen Hand im Sinne des „Steh-auf" an, während
der Heiland mit seinem Handzeichen den Oktavsprung in den Osten durch die

51

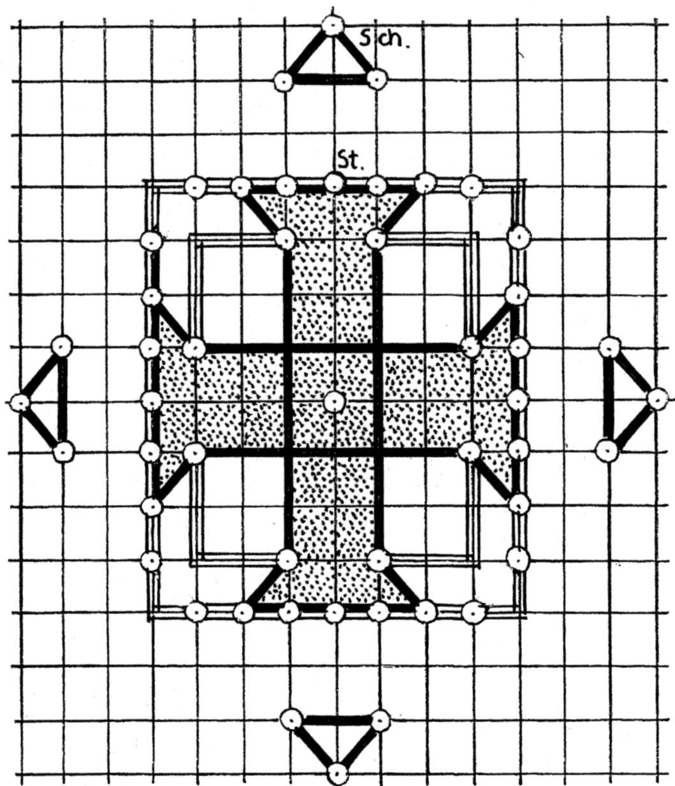

[**Abb. 25**] *Eine weitere freie Gestaltung der „Kleinen Raute" zeigt (im Bereich „In-mir") das „gleicharmige"/„quadratische" Kreuz mit Verbreiterungen an den Kreuz-balken-Enden in der Art der „Tatzen" des Templerkreuzes (im Bereich der „Wege in der Welt"), überstrahlt vom göttlichen Dreieck (im Bereich „Über-mir").*

harmonische Einteilung der letzten Grenze auf diesem Weg, der Strecke St.-NO, durch das Aufstellen des Transzendierungs-Punktes T [**s. Abb. 7**] nicht nur anregt, sondern auch kraft-voll (durch die von ihm gesetzte Stelle des Sprunges) unterstützt.

Das „Steh-auf" ist eine in der Freimaurerei (nach dem christlichen Schwedischen System) wie auch nach der Bibel gebräuchliche Ansprache an eine in einem Einweihungs-prozess befindliche Person, um ihre eigene Aktivität anzuregen. Der oder die Einzuweihende möge sich aus angeordnetem Niederknien oder aus Unwissenheit und Trägheit oder aus einem schicksalhaften Fall aufrichten und erheben zu Selbstbewusstsein und zu einer mutigen Fortsetzung eines Weges. So ist es etwa nachzulesen bei dem Suchweg der Hagar in der Wüste [1. Mose 21; 18], bei der Flucht nach Ägyptenland [Matth. 2; 13], ebenso bei der Rückkehr aus Ägypten [Matth. 2; 20].

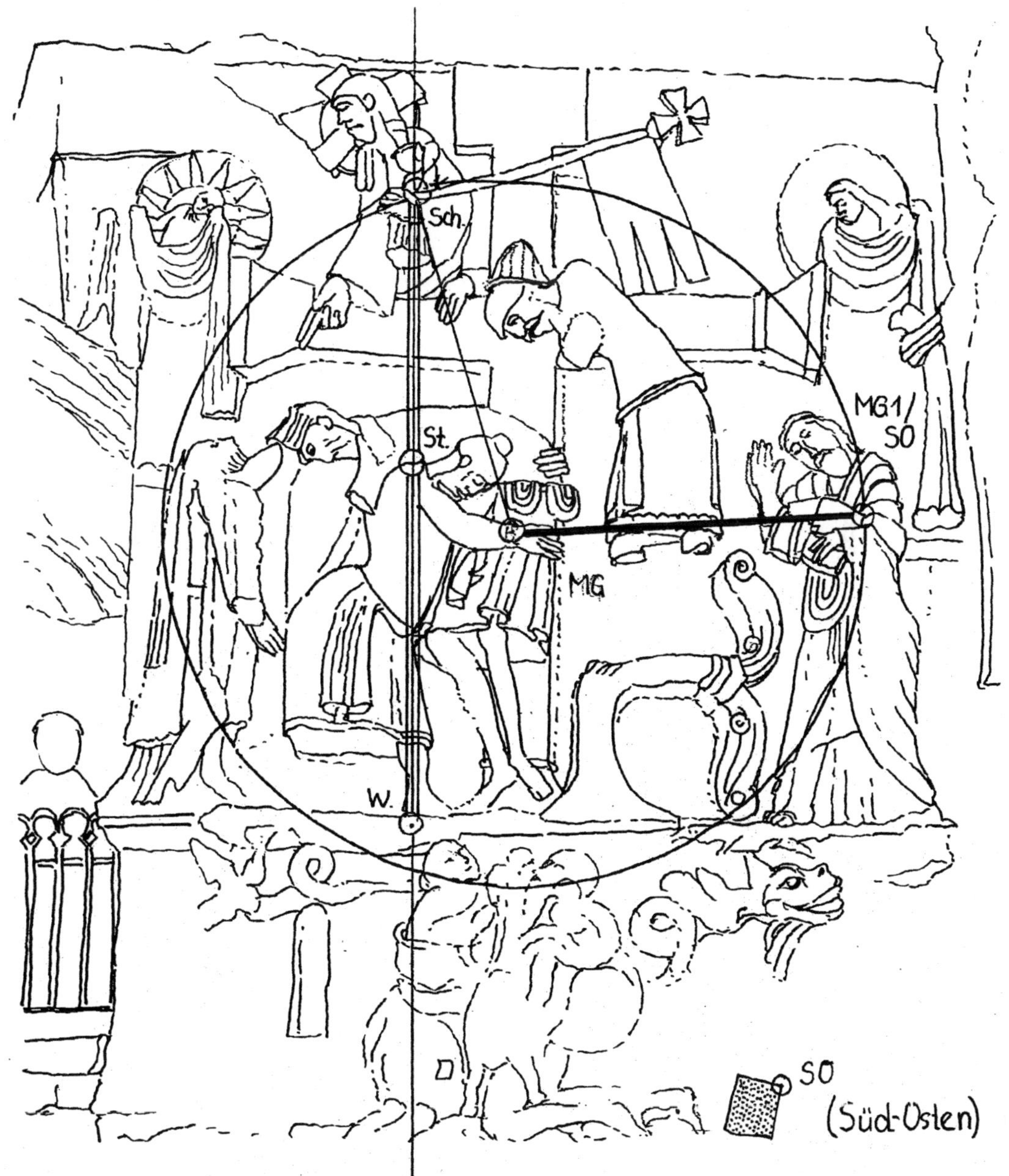

[Abb. 26] *Der Einzuweihende ist im Meistergriff bezogen auf die rechte obere (= süd-östliche) Ecke des „Buches" von Johannes dem Täufer und bedeutet die Aufgabe des Strebens gen Süd-Osten zum Ewigen Osten (in den Himmel).*

4.2   ZUM MAGISCHEN DREIECK MIT DEN NULL-PUNKTEN (P01, P02):

[Abb. 27] Der Wert „Gott/ G" liegt auf dem Wert „Schönheit" (G auf Sch.). Der Wert „Gewissen/ 2. Aufseher/ A2" (es senkt sich von oben in mich hinein, Senkrechte, Werkzeug: Lot) liegt auf der Spitze der erhobenen Hand des Täufers Johannes. Der Wert „Vernunft/ 1. Aufseher/ A1" (sie prüft den ebenen Baugrund, Waagerechte, Werkzeug: Lotwaage) liegt (entsprechend zum gleichseitigen Dreieck) an markanter Stelle am Gürtel des Einzuweihenden.

Die Dreiecks-Halbierende des magischen Dreiecks durch den „Wert und Punkt G" überquert außerhalb des magischen Dreiecks den markanten Ort „Hals/ Kehlkopf des Basilisken" in „Punkt Null 1" (P01). Von hier aus beginnt die erste Reise der Wandlung des Einzuweihenden. Die Dreiecks-Halbierende des magischen Dreiecks durch den „Wert und Punkt A2" überquert außerhalb des magischen Dreiecks den markanten Ort „Übergang der senkrechten Kante des Reliefs zum Deckengewölbe der Petrusgrotte" in „Punkt Null 2" (P02). Von hier aus beginnt die zweite Reise der Wandlung des Einzuweihenden.

4.3   ZU DEN REISEN DER WANDLUNG:

4.31   Die erste Reise der 12 Stufen der Wandlung (von P01 bis P12/P01):

[Abb. 28] Von P01 ausgehend liegt die Bedeutung der 1 (Einheit, Ganzheit) gleich abständig auf dem Nacken des Einzuweihenden (dem Ort für das Eintreten der Kraftein strahlung Gottes/ 1; P1A) und auf der Mitte des magischen Dreiecks (wo SEIN Wort bei IHM ist; P1B auf M) mit mittig P1.

Von P1 ausgehend liegt die Bedeutung der 2 (Zweiheit, Unterschied, Erkenntnis, Gegensatz, Polarität, Zwist, Trennung) gleich abständig auf dem Knoten des herab hängenden Tuches der Luna, welcher Knoten dieses Tuch in zwei Abschnitte einteilt, in einen kürzeren und einen längeren (Zweiteilung; P2A) und auf dem Mund der linken, priesterlichen Sachsengestalt (wo das Siegel Salomos aufgedrückt wird zur Ermahnung, Gott innen zu suchen, außen gegen innen; P2B) mit mittig P2.

Von P2 ausgehend liegt die Bedeutung der 3 (Dreiheit, Vereinigung) gleich abständig auf dem rechten Mundwinkel des Einzuweihenden (wo Salomos Siegel aufgedrückt wird, zur Ermahnung an die innere Such Gottes/ 3; P3A) und auf der Mitte des magischen Dreiecks (SEIN Wort; P3B auf M) mit mittig P3.

Von P3 ausgehend liegt die Bedeutung der 4 (Vierheit, Mannigfaltigkeit, Vielheit, Irdisches, Weltzahl 4, am Boden) gleich abständig auf dem Berührungspunkt von Palmenblatt und Boden (am Boden; P4A) und unter dem rechten Fuß/ Schuh (?) der „Witwe" (am Boden; P4B) mit mittig P4.

Von P4 ausgehend liegt die Bedeutung der 5 (Pentagramm, Leben, Liebe, Licht) gleich abständig auf dem rechten Handgelenk des Johannes (hier greifen sich die Hände

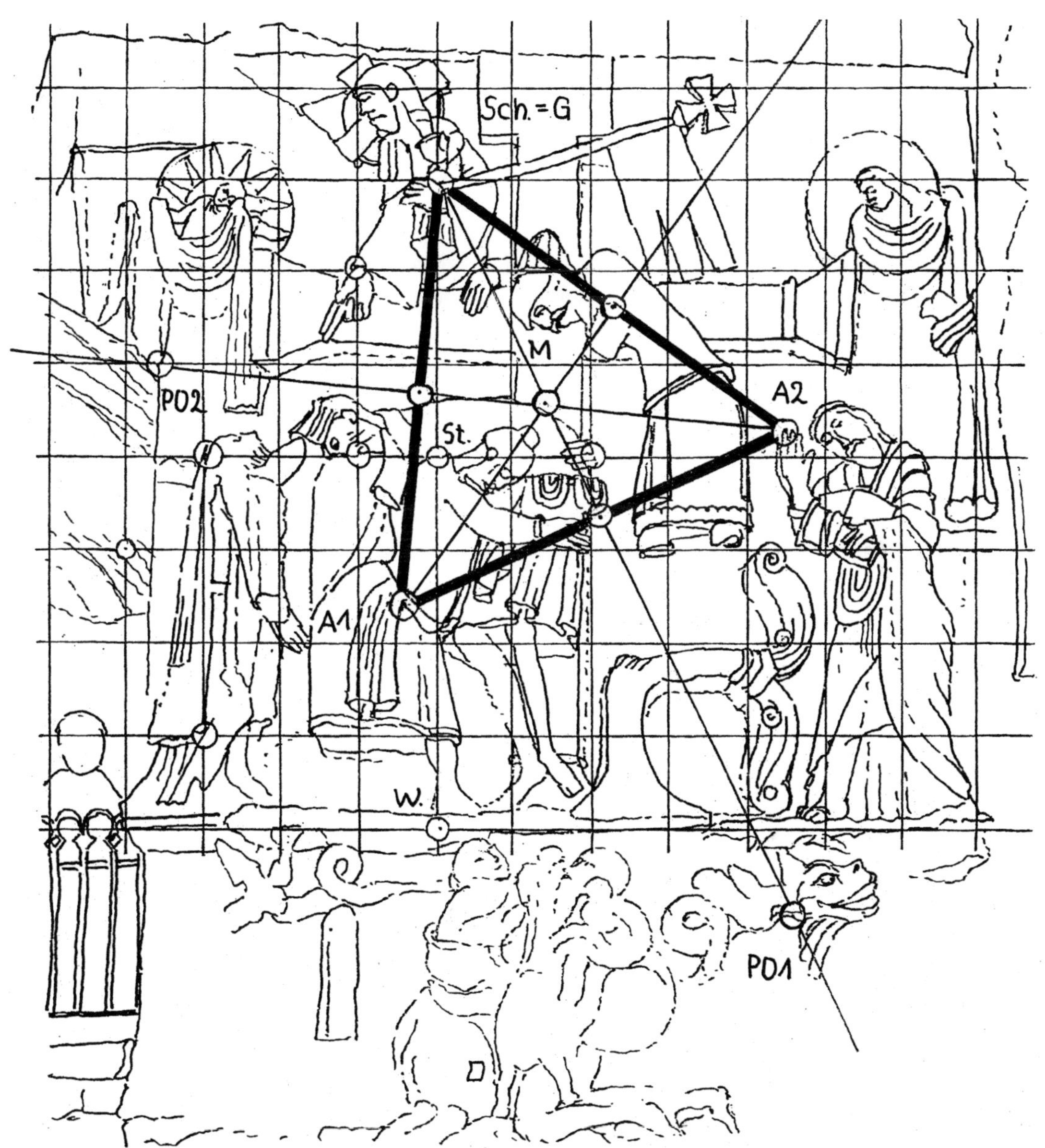

[**Abb. 27**] *Das magische Dreieck, in dem das „Wort Gottes bei IHM" ist, liegt mit „Gott/ G" auf „Schönheit/ Sch.", mit „Gewissen/ Senkrechte/ 2. Aufseher/ A2" auf der rechten Hand von Johannes dem Täufer, mit „Vernunft/ Waagerechte/ 1. Aufseher/ A1" auf dem Gürtel des Einzuweihenden. Mit P01 (Punkt Null eins) und P02 (Punkt Null zwei) außerhalb des magischen Dreiecks sind die Anfänge der Reisen zur Suche des in die Welt ausgesandten Gotteswortes bestimmt.*

im Meistergriff, um den Einzuweihenden aus dem Sarg der Überwindung ichhafter Ansprüche aufzurichten zu Leben, Liebe, Licht; P5B) und auf dem linken Ohr der Gestalt der „Bruderschaft" (sie hört Gottes Wort von Leben, Liebe, Licht; P5A) mit mittig P5.

[**Abb. 29**] <u>Von P5 ausgehend</u> liegt die Bedeutung der 6 (Hexagramm, Oben-unten-Beziehung) gleich abständig auf der T-Falte des „Einzuweihenden" (unten; P6A) und auf dem Ende des Flaggen-Stockes (oben; P6B) mit mittig P6.

<u>Von P6 ausgehend</u> liegt die Bedeutung der 7 (additive, trennbare Vereinigung von 4+3, das 7. Prinzip des Menschen, Atma) gleich abständig auf dem Mund der „Witwe" (das Siegel Salomos wird auf den Mundwinkel gedrückt zur Aufforderung, ihn nach außen zu verschließen und Gott innen zu suchen, Atma; P7A) und auf dem Wert „Schönheit" (4+3; P7B auf Sch.) mit mittig P7.

<u>Von P7 ausgehend</u> liegt die Bedeutung der 8 (Gnade) gleich abständig auf dem „Ort 8" (P8A auf Ort 8) und auf der linken Schulter des Jacques de Molay (Gnade des Überwindens des Körperlichen auf einem Wert gleich jenem von „Punkt St."; P8B) mit mittig P8.

<u>Von P8 ausgehend</u> liegt die Bedeutung der 9 (Transzendieren) gleich abständig auf der Abzweigung des rechten Daumens von dem Handteller des Heilands (er übersteigt die Vierzahl der anderen vier weltbezogenen Finger, die Fünfzahl der geistigen Zentrierung und Überwindung des Materiellen [16]; P9A) und auf dem „Ort 9" (P9B auf Ort 9) mit mittig P9.

[**Abb. 30**] <u>Von P9 ausgehend</u> liegt die Bedeutung der 10 (der Höchste) gleich abständig auf dem Zentrum des Templer-Kreuzes am oberen Ende des Flaggenstockes (ein Zentrum steht für Gott [17]; P10A) und auf der Mitte des magischen Dreiecks (SEIN Wort bei IHM; P10B auf M) mit mittig P10.

<u>Von P10 ausgehend</u> liegt die Bedeutung der 11 (der eingeborene Sohn, Bote, Logos) gleich abständig auf dem Nacken des Johannes (hier ist das Tor Gottes [18] für die Krafteinstrahlung Gottes, überbracht durch den Boten/ Logos [19]; P11A) und auf dem Nacken der „Bruderschaft" (desgl.; P11B) mit mittig P11.

<u>Von P11 ausgehend</u> liegt die Bedeutung der 12 (im Höchsten, multiplikative/ untrennbare Vereinigung, 3x4, 4x3) gleich abständig auf der Mitte des Templerkreuzes (Zentrierung; P12A) und auf dem Knoten des Tuches der Luna (Vereinigung des unteren, längeren mit dem oberen kürzeren Abschnitt, Vereinigung von 4+3, Atma; P12B) mit mittig P12.

4.311 Zu den geometrischen Figuren des Weges (nach P01):

[**s. Abb. 28, 29**] Am Anfang der Reise stehen die beiden Stürze (nach P2 und nach P4), der erste, gedankliche auf Jacques de Molay gerichtet, der zweite, existenzielle auf die Bruderschaft gerichtet: das gedanklich Unsichere und dann das existenziell Unsichere betreffend. Die Sternreise [20] (P5-P6) verläuft oberhalb der Hüfte der „Bruderschaft" zur Möglichkeit, diese zu betrachten [s.u. 2. Reise mit P12B/P02]. Der weitere Umkehr-Weg aufwärts (P5, P6-P7-P8-P9) führt zum höchsten Ort des Transzendierens (P9).

[**s. Abb. 30**] Dann folgt die Annäherung an den Vereinigungspunkt (P12) auf dem Lichtschein/ Nimbus der wechselvollen Luna.

56

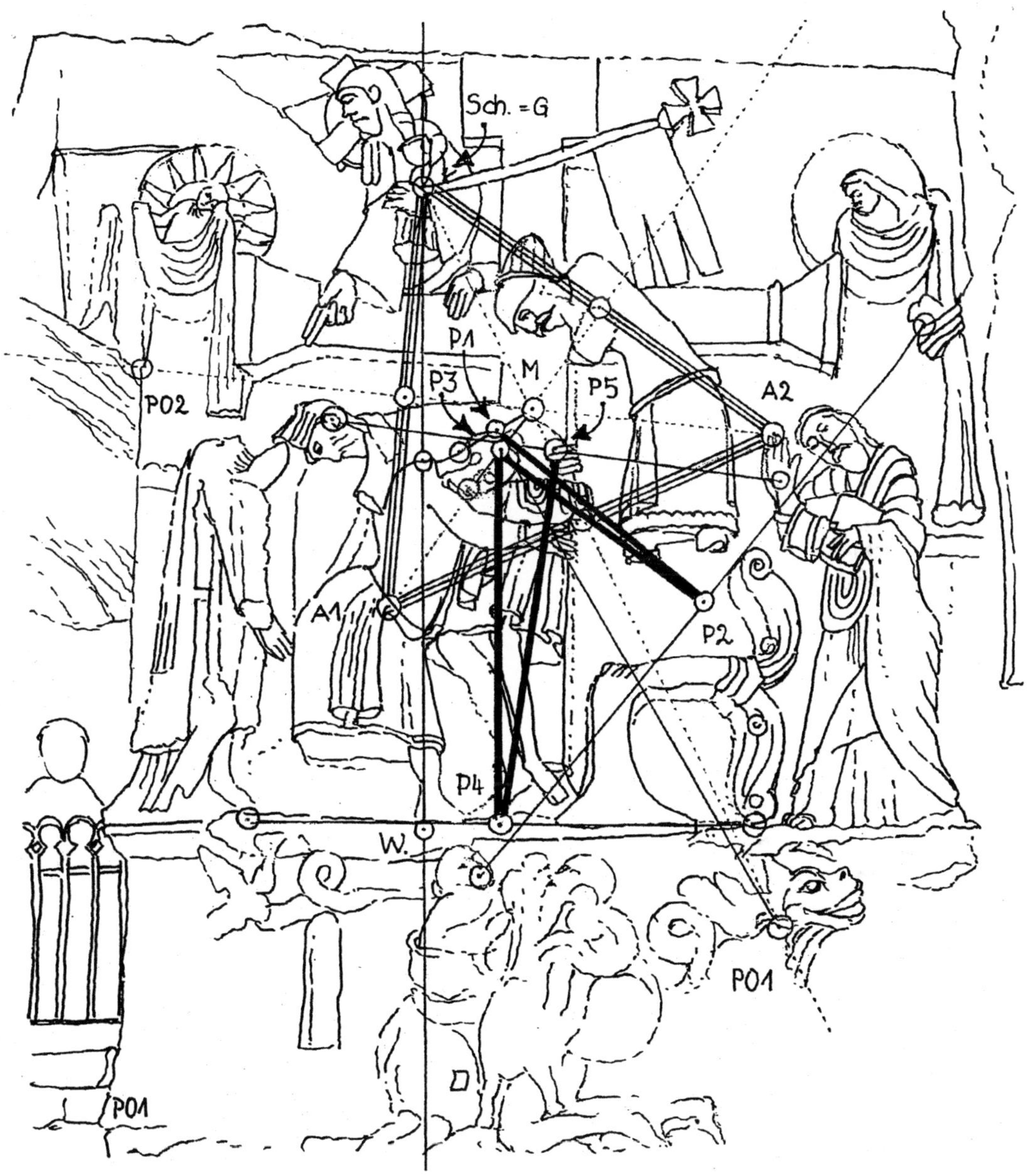

[Abb. 28] *Der Anfang der Reise (ab P01) mit dem „Fall ins unzureichende/ weltliche/ zerteilende Denken" (nach P2) und mit dem „Fall ins unzureichende/ vergängliche Körperliche" (nach P4) mit Aufrichtung zu „Leben, Liebe, Licht" (nach P5).*

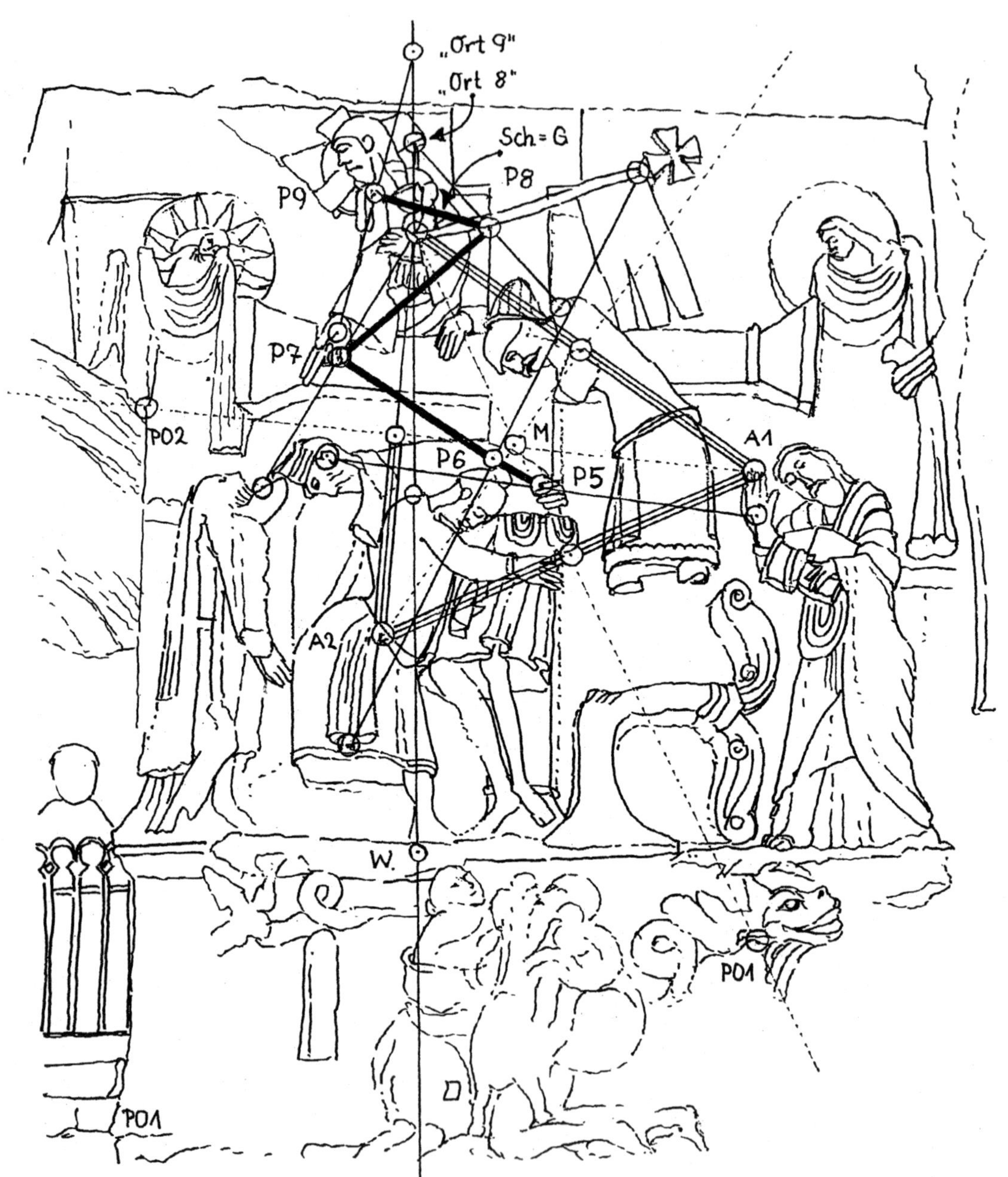

[**Abb. 29**] *Die Reise („nach P01" = von P01 ausgehend) im Umkehrschritt (P5-P6-P7-P8-P9) zum „Punkt Transzendieren" (P9), hier auf dem Kehlkopf (Sprechorgan) des Heilands.*

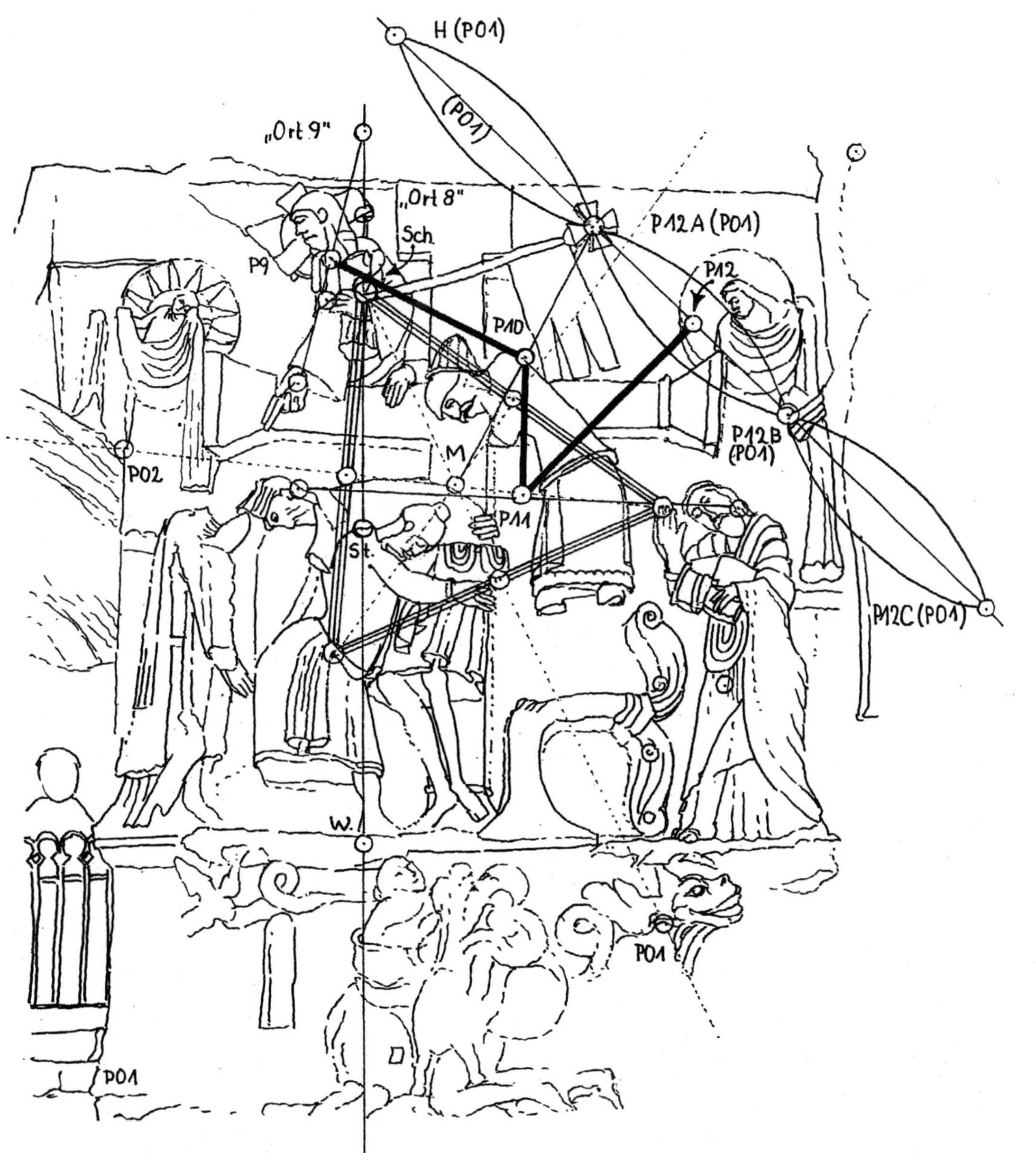

[Abb. 30] *Die Reise („nach P01" = von P01 ausgehend) im Umkehrschritt (P9-P10-P11-P12) zum Vereinigungspunkt „in Gott" (P12), mit dem gefundenen Energiestrahl (H/P01 – P12A – P12B – P12C), der außerhalb des Reliefs in den Felsen einstrahlt.*

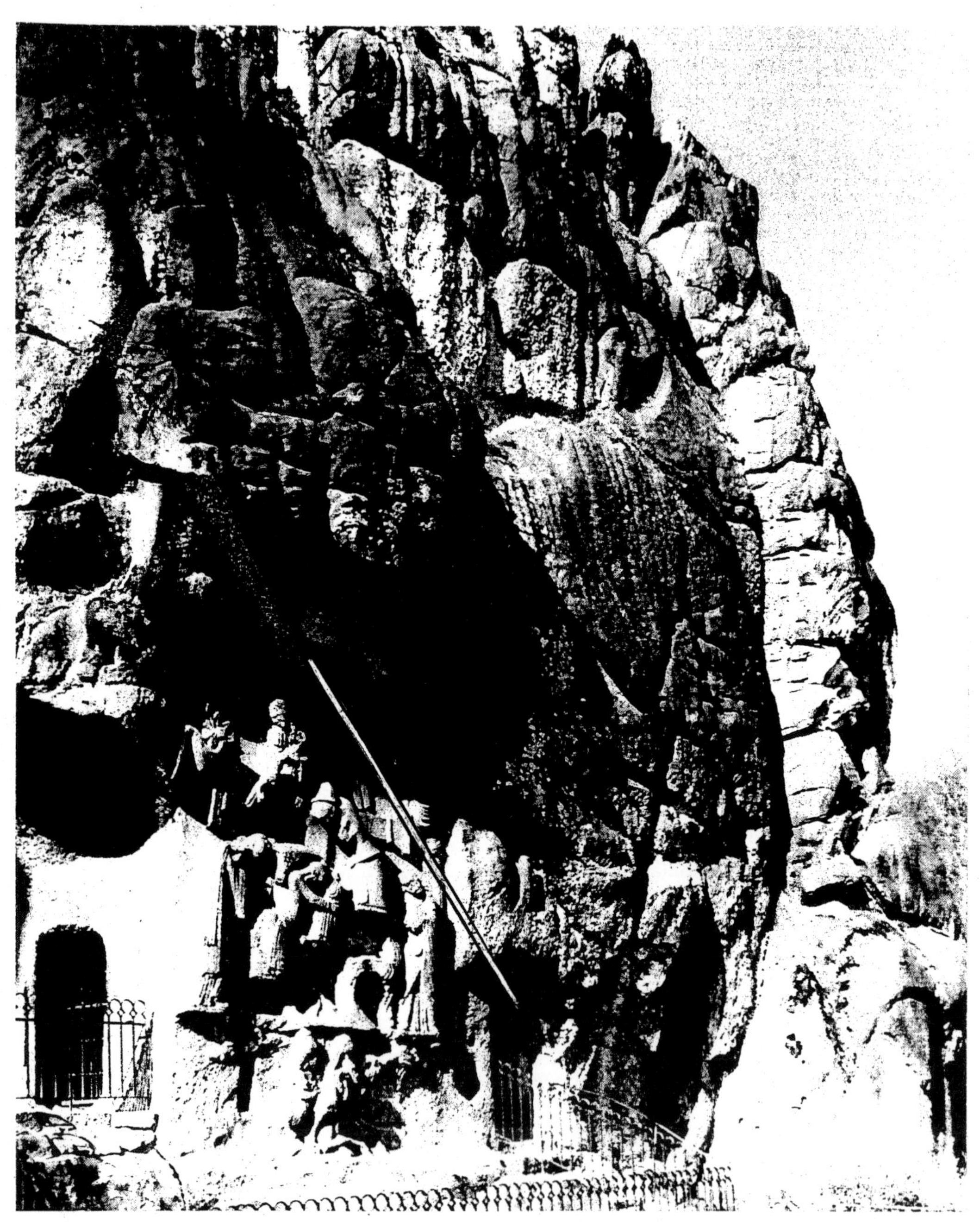

[Abb. 31 a)] *Foto: Angabe des Energiestrahls (nach P01), der in Höhe des „Buches" in den Türsturz des Grottenzuganges fällt.*

60

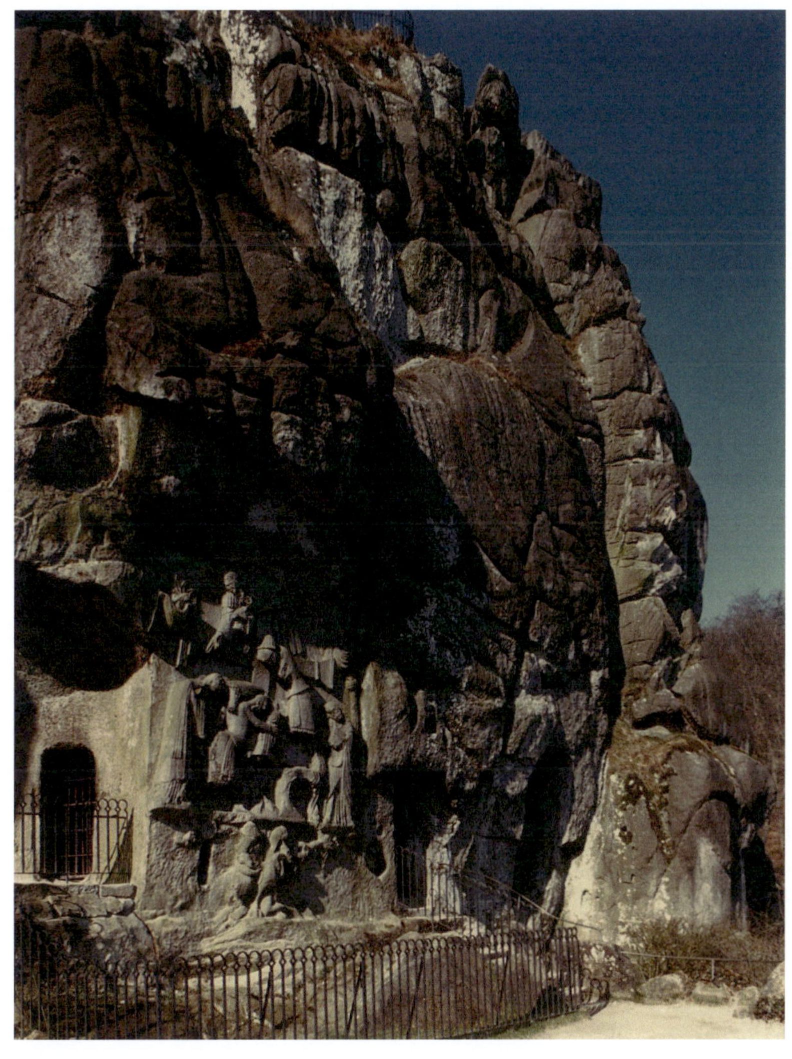

4.312 Zur solaren Robe und zum Lichtschacht (nach P01):

[s. Abb. 30; 31 a,b,c] Die Lichtschwingung (H-P12A-P12B-P12C) überschreitet den rechten Bildrand des Reliefs und zielt in den „Tür-Sturz" des Einganges zur Hauptgrotte rechts neben dem Relief, möglicherweise zur energetischen Aufladung jener, die diesen Eingang/ Ausgang durchschreiten. – Hier können rituelle Beziehungen zwischen Relief und Hauptgrotte vermutet werden, etwa derart, dass der Einzuweihende seine Sternenreise (P5-P6 und weiter bis P9) nicht vor dem Relief, sondern hinter dem

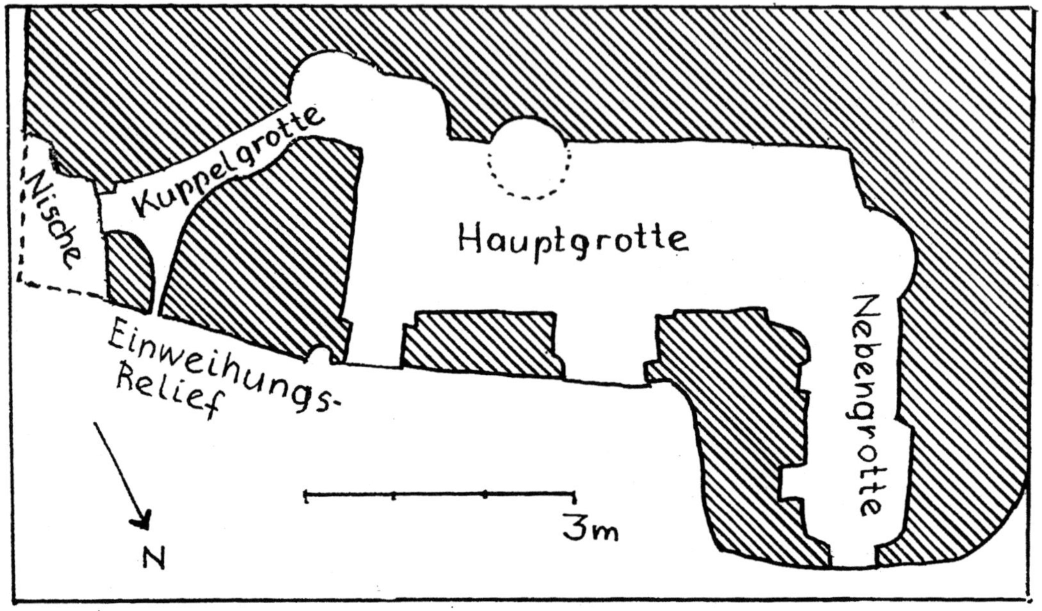

[Abb. 31 c)] *Grundriss von Nische („Petrusnische" genannt), Kuppelgrotte, Hauptgrotte und Nebengrotte („Sakristei" genannt) am Felsen 1 mit Lage des Reliefs am Felsen 1.*

Relief durch die Nische (Petrusnische) und die Kuppelgrotte und die Hauptgrotte (eben durch die Dunkelheit dieser Räume) ausführt, um dann bei den höchsten Werten (P10, P11, P12) wieder hervor zu treten in den Raum vor dem Relief, um dabei von einem helleren/ verbesserten Licht überstrahlt zu werden.

[Abb. 32] Die solare Robe umfasst Körper und Kopf von Johannes dem Täufer, dann das obere Blatt der Irminsul, den Körper des Jacques de Molay und die Gestalt der Luna. Diese Gestalten vertreten das Wechselvolle, das Jenseitige und das Zerstörte. Es ist Vergehendes und Vergangenes.

4.313 Zum Baukran (nach P01):

[Abb. 33] Die Länge des Lichtschachtes in den Bereichen von „Luft" und „Erde" verhält sich zur Strecke „Templerkreuz – Hand des Heilands" wie ca. „1,62 zu 1". Wenn beide Strecken in P12C/ A zum Baukran (A-B-C) errichtet werden, so wird erkannt, dass unter der Seilumlenkrolle (C) ein zu erhebendes Gut, das nieder gebeugte Palmblatt, den Erdboden berührt. Die im ersten Einweihungsweg gefundene Kraft-Einstrahlung (H/P01-P12C) vermittelt die Proportion und den Baukran zur Aufrichtung der Irminsul. Sie möge also kraft vorliegender Energie-Einstrahlung (im Lichtschacht) und deren Umwandlung in aufrichtende Kräfte (durch den Baukran) in ihren ehemals aufrechten Stand zurückkehren. Die Irminsul ist also nicht nur ein Zeichen ihrer Zerstörung angeblich durch die Franken (in bildgegenständlicher Sicht), sondern sie ist weiterhin ein Zeichen der heilenden Arbeit an ihrer Aufrichtung durch die Templer (in verborgen-geometrischer Sicht). Damit steht

62

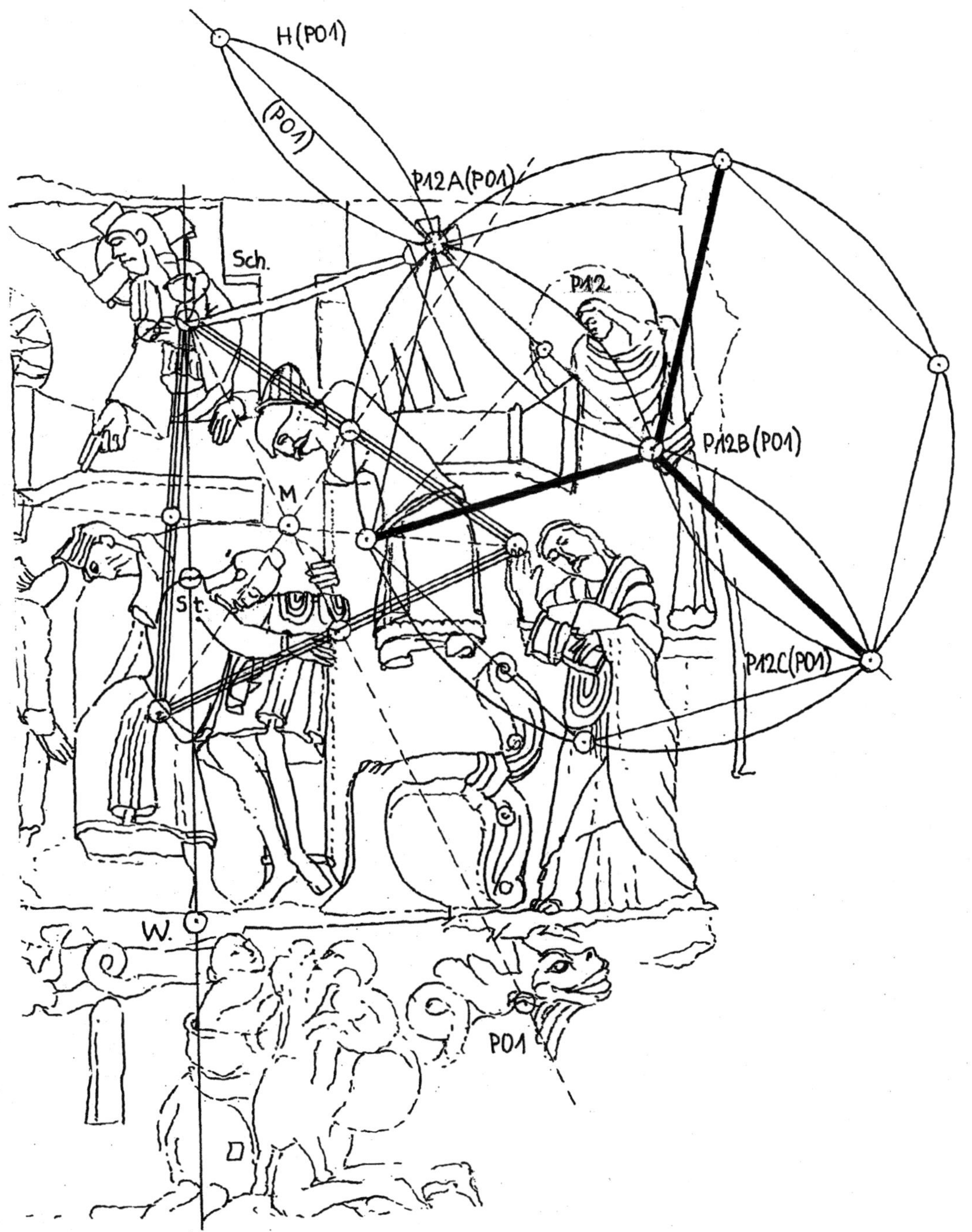

[Abb. 32] *Der Lichtschacht und die solare Robe/ der Lichtkörper (nach P01).*

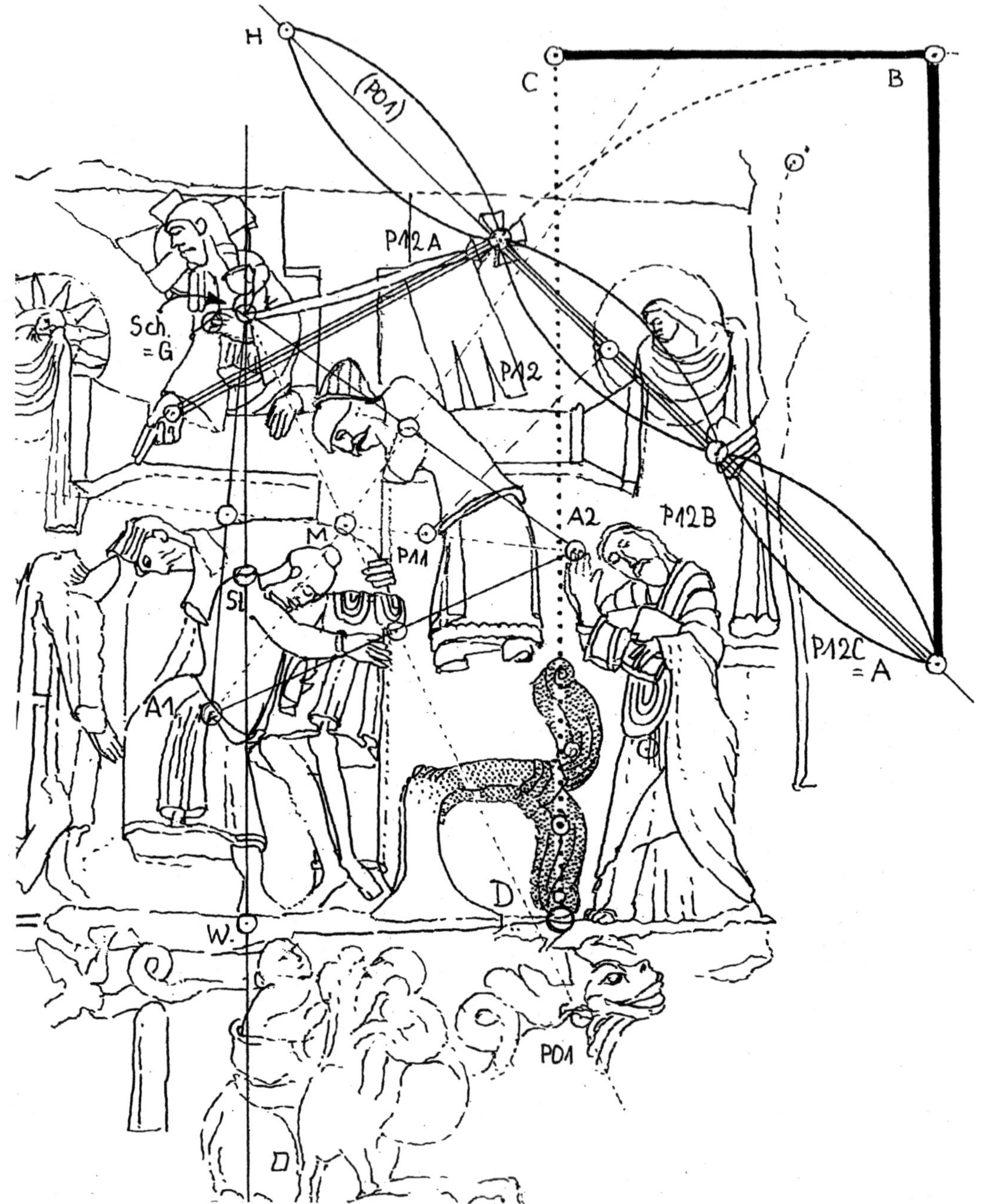

[Abb. 33] *Als ein Ergebnis der Einweihung erhebt der Baukran A-B-C (nach P01) die geknickte Irminsul (in D) zur aufrechten Irminsul. Er erhebt die gebrochene Lebenskraft der zwangs-christianisierten Sachsen zu neuem Leben (zu Leben-Liebe-Licht)*

dann (nach geistiger Bearbeitung) in diesem Relief eine aufrechte Irminsul neben einem seines kirchen-christlichen Wertes beraubten lateinischen Kreuz. Die nun aufrechte Irminsul steht neben dem nun quadratischen, gleicharmigen Kreuz.

Die rechte Hand des Christus/ des Heilands hat also nicht nur in den Nacken „der Witwe/ des Ordens" Energie gesandt und die letzte Grenzlinie vor dem Erreichen des „Ostens" mit „Punkt T" eingeteilt zugunsten des „Oktavsprunges", sondern nun auch noch geholfen, den „Baukran" zur Aufrichtung der „Irminsul" aufzustellen.

4.32   Die zweite Reise der 12 Stufen der Wandlung (von P02 bis P12/P02):

[Abb. 34]   Von P02 ausgehend liegt die Bedeutung der 1 (Einheit, Ganzheit) gleich abständig auf der Mitte des magischen Dreiecks (P1B auf M) und auf dem Auge des Jacques de Molay (auf einem Auge vor der Kreuzmitte, also in der Position von einem rundum sehenden Zentrum im Sinne einer Einheit von „Kreismitte und Kreisumfang"; P1A) mit mittig P1.

Von P1 ausgehend liegt die Bedeutung der 2 (Zweiheit, Unterschied, Erkenntnis, Gegensatz, Polarität, Zwist, Trennung) gleich abständig auf der Stelle, an der beide Palmblätter auseinander fallen (Zweizahl; P2A) und auf der t-förmigen Gewandfalte am Rock des „Einzuweihenden", wo beide Faltenteile zusammen treffen (Zweizahl; P2B) mit mittig P2.

Von P2 ausgehend liegt die Bedeutung der 3 (Dreiheit, Vereinigung) gleich abständig auf der Mitte des magischen Dreiecks (wo SEIN Wort bei IHM ist; Gottes Zahl 3 **[21]**; P3A auf M) und auf dem dritten der in drei Schürze eingeteilten Schurz von Johannes dem Täufer. (Zahl 3; P3B) mit mittig P3.

Von P3 ausgehend liegt die Bedeutung der 4 (Vierheit, Mannigfaltigkeit, Vielheit, Irdisches, Weltzahl 4, am Boden) gleich abständig unter dem Palmblatt, das den Boden berührt (am Boden; P4A) und unter der linken Fußspitze der „Bruderschaft" (am Boden; P4B) mit mittig P4.

Von P4 ausgehend liegt die Bedeutung der 5 (Pentagramm, Leben-Liebe-Licht) gleich abständig auf dem rechten Handgelenk der „Witwe" (hier wird im Meistergriff der Einzuweihende gegriffen und aus dem Sarg der Überwindung egoistischer Begierden gehoben und aufgerichtet zu Leben-Liebe-Licht; P5A) und auf der Mitte des magischen Dreiecks (wo das Wort Gottes ist, das Leben-Liebe-Licht bedeutet **[22]**; P5B auf M) mit mittig P5.

Von P5 ausgehend liegt die Bedeutung der 6 (Hexagramm, Oben-unten-Beziehung) gleich abständig auf der Mitte des Templer-Kreuzes (oben; P6A) und unter dem einen sichtbaren Fuß des Johannes; unten; P6B) mit mittig P6.

[Abb, 35] Von P6 ausgehend liegt die Bedeutung der 7 (additive/ trennbare Vereinigung von 4+3, das 7. Prinzip des Menschen, Atma) gleich abständig auf dem Auge der „Bruderschaft" (es sieht auf dem gesamten Erdenkreis/ in den vier Himmelsgegenden alles, gottgleich; P7A) und auf dem Wert „Schönheit" (7. Prinzip, Atma; P7B auf Sch.) mit mittig P7.

Von P7 ausgehend liegt die Bedeutung der 8 (Gnade) gleich abständig auf dem „Ort 8" (P8A auf Ort 8) und auf dem Transzendierungsort/ T des magischen Dreiecks

(Gnade der Ausbreitung des wirkenden Wortes Gottes in die Welt hinein; P8B) mit mittig P8.

Von P8 ausgehend liegt die Bedeutung der 9 (Transzendieren) gleich abständig auf der rechten Hand des Heilandes, wo die beiden lang gestreckten Finger die beiden anderen gekrümmten überragen (transzendieren zur Verdeutlichung ihrer Zeigerichtung; P9A) und auf dem „Ort 9" (P9B auf Ort 9) mit mittig P9.

[Abb. 36] Von P9 ausgehend liegt die Bedeutung der 10 (der Höchste) gleich abständig auf der Mitte des magischen Dreiecks (wo SEIN Wort bei IHM ist; P10A auf M) und auf dem Auge der „Bruderschaft" (es sieht im Weltenrund alles, gottgleich; P10B) mit mittig P10.

Von P10 ausgehend liegt die Bedeutung der 11 (der eingeborene Sohn, Bote, Logos) gleich abständig auf dem Nacken der Sonnen-Genie (er bedeutet das Tor Gottes [23] in das der Energiestrahl Gottes vom Sohn als Bote/ Logos gebracht werde [24]; P11A) und auf dem Nacken des Heilands über dem Kreuzquerbalken (desgl.; P11B) mit mittig P11.

Von P11 ausgehend liegt die Bedeutung der 12 (im Höchsten, multiplikative/ untrennbare Vereinigung, 3x4, 4x3) gleich abständig auf der Mitte des Templer-Kreuzes (ein Zentrum; P12A) und auf der linken Hüfte der „Bruderschaft" (welche Hüfte göttlich sei [25]; P12B) mit mittig P12.

4.321 Zu den geometrischen Figuren des Weges (nach P02):

[s. Abb. 34, 35] Zu Beginn der Reise geschehen die Stürze nach P2 (zum gedanklichen Sturz des lateinischen Kreuzes) und nach P4 (zum existenziellen Sturz der Irminsul). Nach der Aufrichtung (P4-P5) folgt die Sternreise (P5-P6), die über beide Stürze hinweg führt zur Möglichkeit, diese aus der Distanz abständig zu betrachten [26]. Danach führt der Umkehr-Weg zum höchsten Ort des Transzendierens (nach P9).

[s. Abb. 36] Die weitere Annäherung an den Vereinigungspunkt (P12) hat die Figur des Kreuzgriffes (P9-P10-P11-P12), der auf diesen letzten Schritten dem „letztendlich einweihenden Gott" [27] vorbehalten ist. Der Vereinigungspunkt P12 liegt auf dem Oberkörper des „de Molay", dem Ort des Luft-Hauches, der Bewegung des göttlichen Geistes.

4.322 Zur solaren Robe und zum Lichtschacht (nach P02):

[Abb. 37] Der Lichtschacht (H-P12A-P12B-P12C) überquert Jacques de Molay, die Bruderschaft und den Einzuweihenden, die also von diesem Lichtstrahl gestärkt werden. Hinzu kommt noch die besondere Bedeutung von P12B auf der Hüfte der „Bruderschaft". Nach der Offenbarung des Johannes sei auf der Hüfte des „Herrn" geschrieben *„Ein König aller Könige und ein Herr aller Herren"* [28], welche Bedeutung nun bei vorliegender Hervorhebung der Hüfte der „Bruderschaft" in dieser Szene zugesprochen werde im Sinne eines/ ihres Anspruches auf Vorrangigkeit (als „König aller Könige...").

Die solare Robe umfasst nun alle Personen dieses Reliefs: den „Heiland" oberhalb des Kreuzquerbalkens, allerdings nur bis zu seinem Mund, ohne die obere Kopfhälfte mit den Augen (also ohne den Anteil des göttlichen, allsehenden Auges), wenn auch mit dem

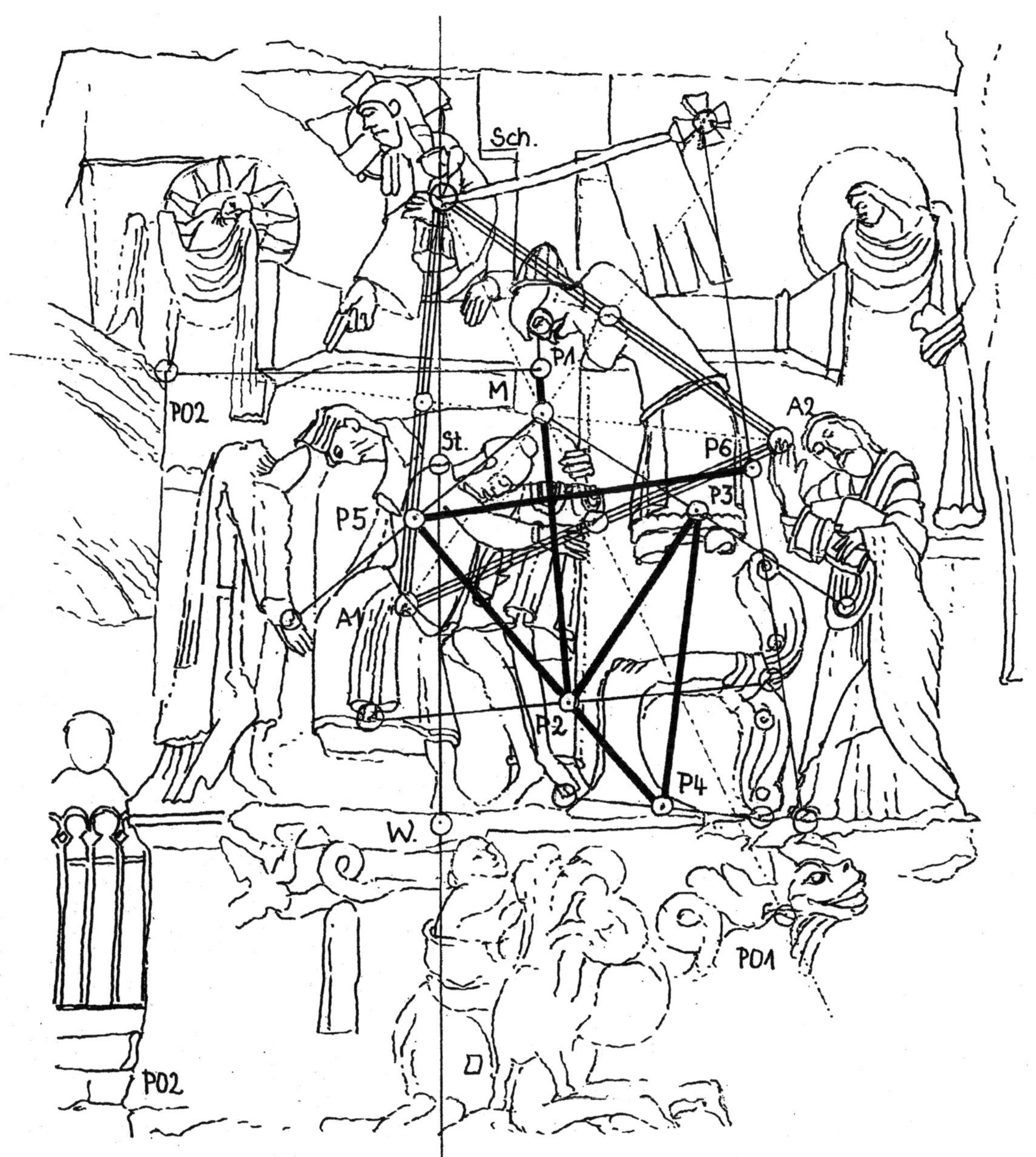

[**Abb. 34**] *Der Anfang der Reise (ab P02) mit dem „Fall ins unzureichende/ weltliche/ zerteilende Denken" (nach P2) und mit dem „Fall ins unzureichende/ vergängliche Körperliche" (nach P4) mit Erhebung zu „Leben, Liebe, Licht" (nach P5).*

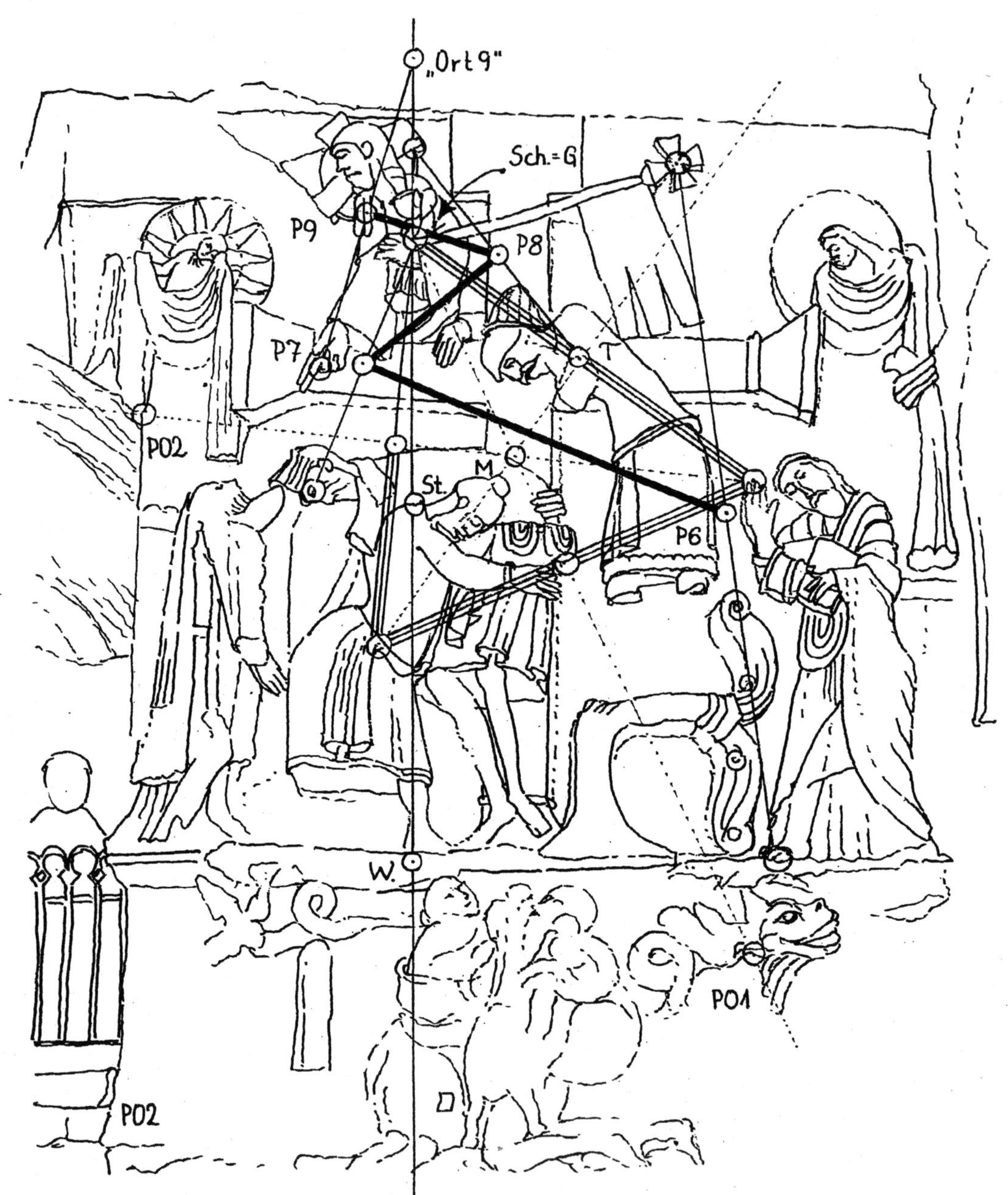

[Abb. 35] *Die Reise (nach P02) im Umkehrschritt (P6-P7-P8-P9) zum „Punkt Transzendieren" (P9), hier auf dem im Luftzug (Pneuma) herab hängenden Haar.*

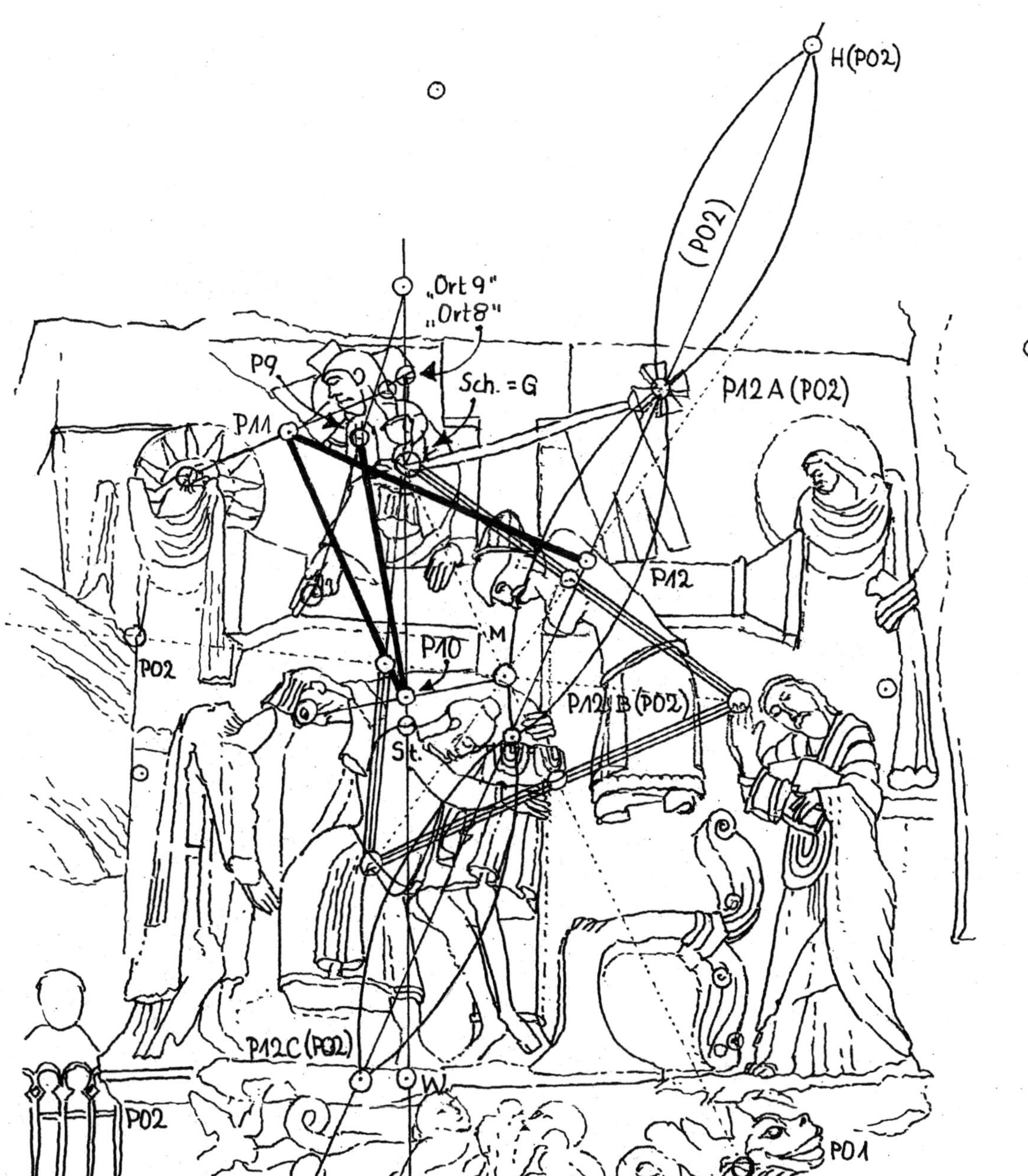

[Abb. 36] *Die Reise („nach P02" = von P02 ausgehend) im Kreuzgriff des letztendlich Einweihenden (P9-P10-P11-P12) zum Vereinigungspunkt „in Gott" (P12), mit dem gefundenen Energiestrahl (H/P02 – P12A – P12B – P12C), der in den dargestellten „Erdboden" (nahe dem Ort „Weisheit/ W.") einstrahlt.*

69

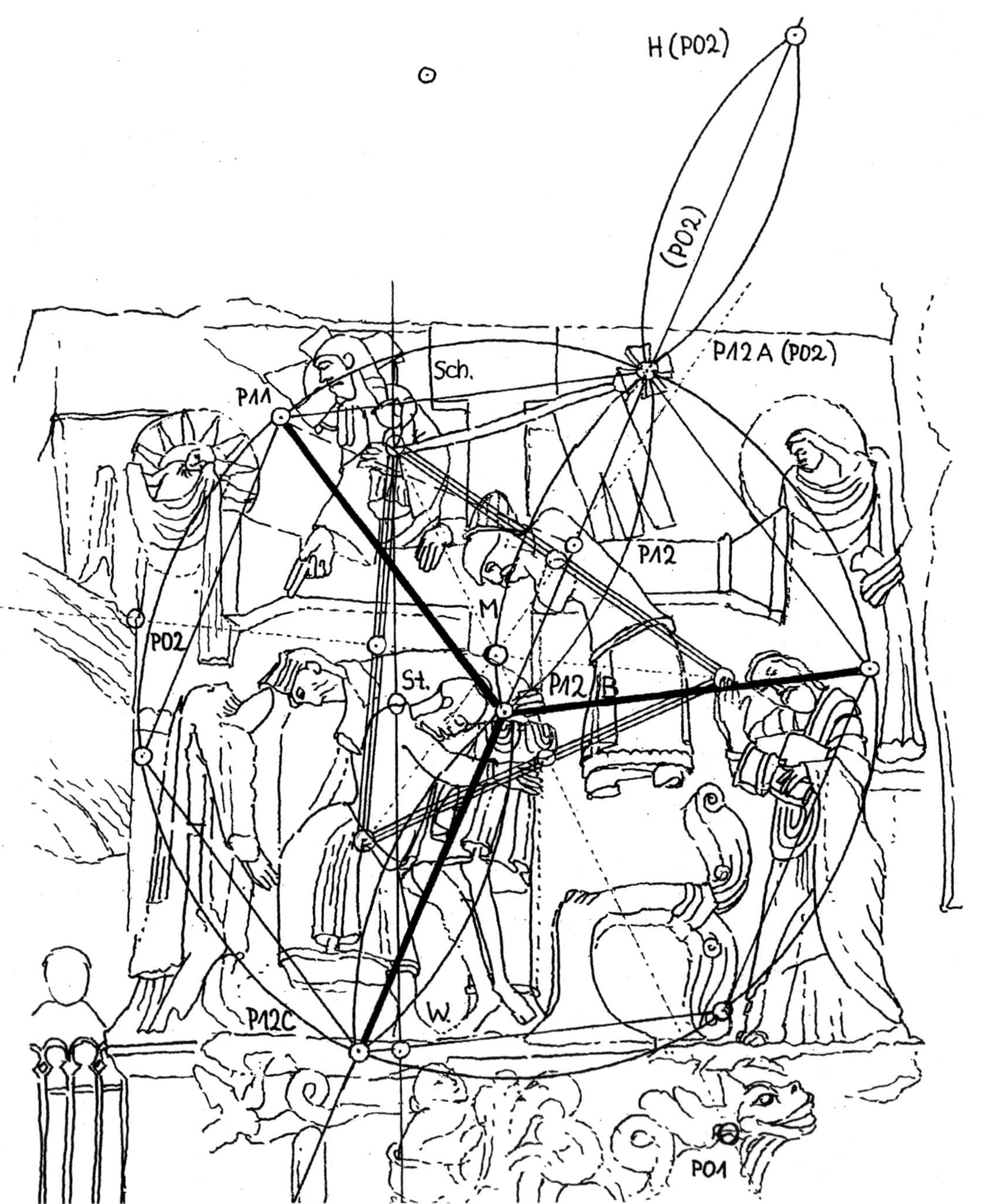

[Abb. 37] *Der Lichtschacht und die solare Robe/ der Lichtkörper, alle im Relief dargestellten Personen umfassend (nach P02).*

70

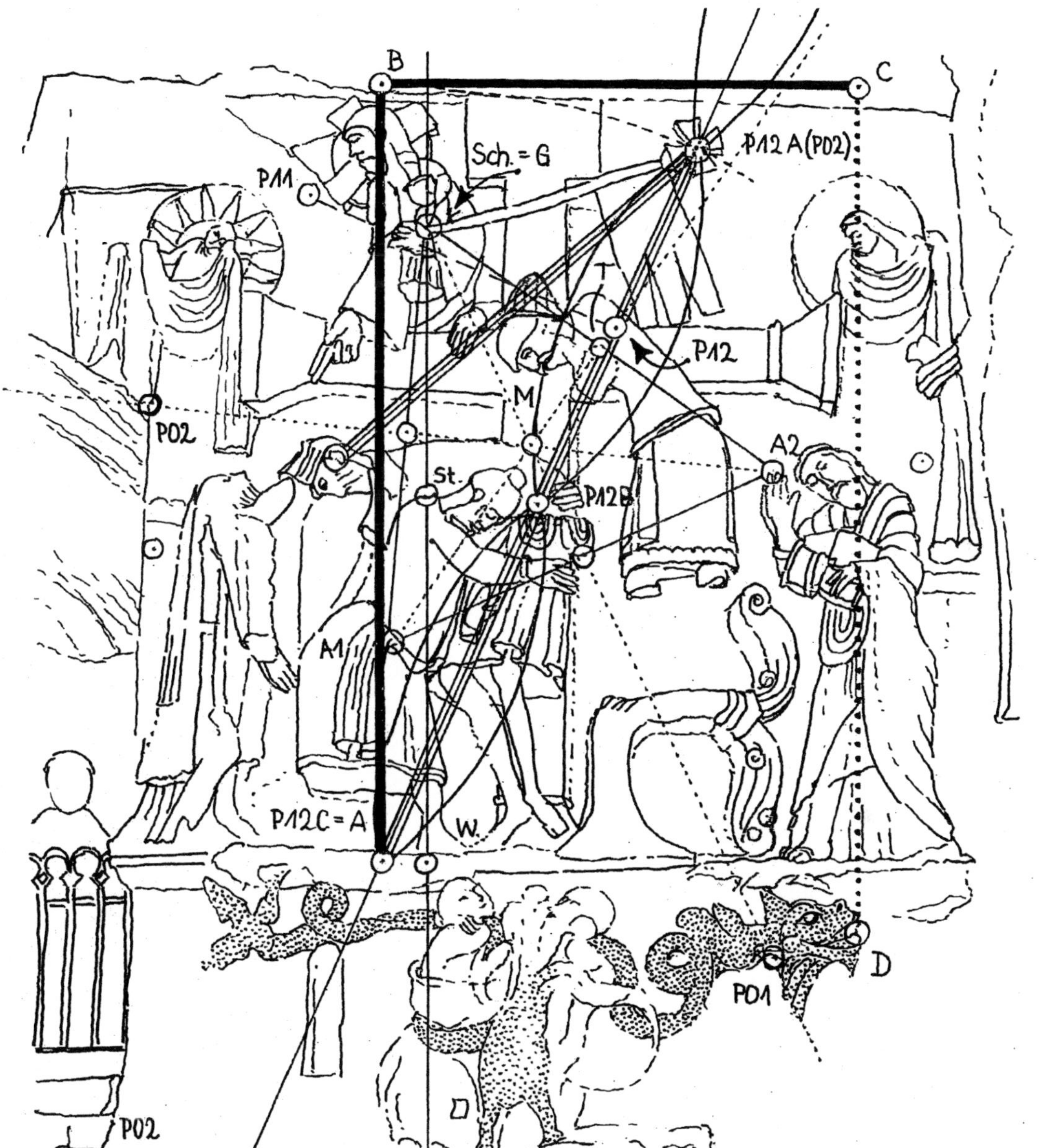

[Abb. 38] *Als ein weiteres Ergebnis der Einweihung erhebt der Baukran A-B-C (nach P02) den würgenden Basilisken (den von den Sachsen verinnerlichten Aspekt ihres angeblichen Böseseins) am Mund/ Wort (in D) zum Licht der Höhe. Er erhebt die fremdgeleitete Selbsteinschätzung als böse Sachsen zu neuem Bewusstsein ihres Eigenwertes (zu geistig-seelischer Selbstbestimmung mit eigenem Mund/ Sprechenkönnen).*

Anteil des Mundes und der Verbreitung des Wortes Gottes, – den vorleuchtenden „Jacques de Molay", hauptsächlich mit seinem Oberkörper im Lichtschacht, dem Organ für den wehenden Hauch/ Geist Gottes, – die „Bruderschaft" mit ihrem Anspruch auf Herrschaft im Knotenpunkt P12B des Lichtschachtes, – den „Einzuweihenden", hauptsächlich mit den Armen und Beinen im Lichtschacht, energetisch unterstützt, für seine Arbeit, – sowie mit der Figur von „Johannes dem Täufer" als Schutzpatron der Steinmetz-Gilden, – und mit der Figur der „Witwe" als Repräsentantin des Templer-Ordens.

Während der erste Lichtschacht (nach P01) noch einen unklaren Auftrag ausführte mit seiner Einstrahlung in den Türsturz der Hauptgrotte (rechts neben dem Relief), welche Einstrahlung ein Geheimnis für den Einzuweihenden zu haben scheint, – betrifft der Lichtschacht (nach P02) das gesamte „Personal" des Templer-Ordens, das hier in ritueller Absicht zu neuem Leben erweckt dargestellt ist.

4.323 Zum Baukran (nach P02):

[**Abb. 38**] Das Verhältnis der Strecken „P12A-P12C" zu „P12A/Templerkreuz-Ohr der Bruderschaft" beträgt ca. „1,62 zu 1". Wenn beide Strecken in P12C/ A zum Baukran (A-B-C) errichtet werden, so wird erkannt, dass unter der Seilumlenkrolle (C) als zu erhebendes Gut der Mund/ das Maul des Basilisken liegt. Er soll also erhoben werden, welches zunächst kaum vorstellbar ist, da es sich ja bei ihm um ein *„Sinnbild für Tod, Teufel, den Antichrist oder die Sünde"* handele. **[29]**

[**s. Abb. 33**]. Wenn die Irminsul erhoben wird, so bleibt sie nicht in ihrer geknickten Form, sondern sie streckt sich, richtet sich auf, wird eine aufrechte Irminsul. Sie wandelt hier also ihre Gestalt, sie bekommt eine andere Gestalt und Bedeutung. Sie wird das, was sie eigentlich war (die Weltenachse und der Lebensbaum der Sachsen).

Ebenso ist es bei dem Basilisken vorstellbar. Wenn er erhoben wird, wandelt er seine Bedeutung und wird das, was er eigentlich war, als seine symbolischen Bedeutungen noch nicht <u>dogmatisch festgelegt waren:</u> als es den Tod auch als „spirituellen Tod" gab, als der Teufel noch der den Jehova störende „Lichtbringer Luzifer" war, als der Antichrist noch nicht als Gegenfigur zu dem „einmaligen Christus der Kirche" und Verhinderer anderer Heilande angesehen wurde, als die Sünde noch nicht als „verbotene Erkenntnis" **[30]** existierte [**s. Anm. 1/ 4.**]. In diesem Sinne wird der „Basilisk" erhoben und gewandelt zu den ursprünglichen Werten eines „physischen und spirituellen Todes, bzw. Lebens", des „konkurrierenden Licht- und Feuerbringers", eines „jederzeit möglichen Christus/ Volleingeweihten", einer „jederzeit möglichen Erkenntnis" vom Zugrundeliegenden.

<u>Die „Erhebung des bedrängenden Basilisken"</u> macht die eigentlichen Werte, die mit seiner zum Dogma erhobenen Symbolgestalt verdrängt wurden, wieder frei. Diese sind **a):** Er kann als der bedrängende Aspekt der Bedrängten gesehen werden, als deren Einschüchterung und Bedrückung: Im neuen Licht der Erhebung mag dieser dunkle Aspekt (als verinnerlichter Angriff von außen) verschwinden (<u>als eine „Erlösung"</u>). **b):** Er kann, nicht als Aspekt, sondern als ein eigenständiges Wesen (als eine Idee), jene festgelegten Bedeutungen (Dogmen: von Tod, Teufel, Antichrist, Sünde) in deren ursprüngliche Spannung ihrer Polaritäten rückverwandeln, die das Potential für eine Bearbeitung haben (<u>als ein Zugänglichmachen für „Reflexion"</u>):

72

- die Sicht auf den „spirituellen Tod und auf die spirituelle Wiedererweckung/ Neugeburt" der Ur-Religion **[31]**,
- die Sicht auf „Dunkelheit und Licht" (anthroposophisch gesehen: der lichtsuchenden Kainskinder mit dem Feuer des leidenschaftlichen Erkenntniswillens᾿ **[32]** und freimaurerisch gesehen: „durch Dunkelheit zu Licht und Wahrheit") **[33]**,
- die Sicht auf die „ur-religiösen Heilande", Christus-Gestalten **[34]**,
- die Sicht auf die „wahre Erkenntnis" der Gnosis: *„Im Erkennen, so definiert der Philosoph, wird das wirkliche Sein der Dinge angeeignet. Erkenntnis im primären Sinne gibt es daher nur von den hinter der Erscheinungswelt stehenden Strukturen aller Wirklichkeit, die Platon Ideen< nennt. "* **[35]**. Diese „Struktur aller Wirklichkeit" sei im Kunst-Bild die Struktur der den Kunstbild-Gestalten zugrunde liegenden geometrischen Figuren/ geometrischen Ideen:

– <u>der Tempel</u> (für den Eintritt in den heiligen, nach oben offenen Raum),

– <u>das magische Dreieck</u> (für das Hören des wirkenden Wortes/ des Verursachenden aller Dinge),

– <u>der Weg der Wandlung mit Umkehr und Kreuzgriff</u> (für das schrittweise Verstehen des geschaffenen Menschseins),

– <u>der Lichtschacht</u> (für die Öffnung des Kontaktes zum Himmel und vom Himmel),

– <u>die solare Robe</u> (für die Wandlung des Menschen in „göttliches Licht und Energie" **[36]**).

– <u>der Baukran</u> (für die Gnade der Erhebung).

Es ist die freigelegte Sprache mit den freigelegten Inhalten der Selbstbefreiung des Menschen von sinnlich-weltlicher und dogmatisch-ideologischer Dominanz. – Diese nun erfüllte Aufgabe erfuhr der Einzuweihende gleich zu Beginn seiner „Arbeit" als Eintretender und Anhaltender (1. bei N.+R.+F.; 2. bei W.).

5.   EINIGE GEOMETRISCHE SUMMEN:

5.1   EINE SUMME BEIDER BAUKRÄNE IM VORLEUCHTENDEN STERN:

[Abb. 39] <u>Zum vorleuchtenden Stern für Irminsul und Basilisk</u>: Die Zusammenschau beider Lichtschächte mit beiden Baukränen zeigt die weitere Besonderheit, dass die Strecke „Templerkreuz – rechte Hand des Christus" gleich lang ist mit der Strecke „Templerkreuz/ P12A (P02) – P12B (P02)". Damit ist eine Beziehung unter beiden Lichtschächten hergestellt:

„P12A (P01)/ P12A (P02) – P12C (P01)" zu „P12A (P02) – P12B (P02)" wie 1,62 zu 1. Beide Lichtschächte bilden also mit den genannten Streckenabschnitten die beiden Elemente des „Baukrans nach P01".

[Abb. 40] <u>Zum „sprunghaften Wachsen der Irminsul</u>: Wenn gesehen wird, dass sich beide Lichtschächte in ihrem oberen Drittel beim Templerkreuz überschneiden

und damit ihre Längen jeweils im Verhältnis von 1 zu 2 unterteilen, so wird deutlich, dass auch die Basis dieser X-Figur (P12C/P02 – P12C/P01) diesem Verhältnis unterliegt:
    „2 mal H/P01 – H/P02 = P12C/P02 – P12C/P01".
Dabei ergibt sich, dass der Ansatz der Knospe der Irminsul genau auf der Mitte der „Basis dieser X-Figur" liegt und im Sinne einer einteilenden Betrachtung dieser Basislänge diese im Verhältnis „von 1 (der gesamten Basislänge) zu 2 (der beiden Basisteile)" unterteilt, womit das Verhältnis der Oktave (von 1 zu 2) gefunden ist mit seiner Bedeutung des „Oktavsprunges", der mit dieser Bedeutung die Knospe anregt, sprunghaft (also vehement) zu wachsen.

[s. Abb. 40] **Zum Aufgang des vorleuchtenden Sternes**: Wenn weiterhin zwischen oberer und unterer Begrenzung der X-Figur vier Verbindungslinien gezogen werden, so dass eine M-Figur entsteht, ist zu erkennen, dass in dieser M-Figur (die für den Horizont/ achet steht) jener „Stern des Templerkreuzes" aufgeht, was bedeutet, dass er in seinem Aufsteigen sichtbar wird.

[Abb. 41] **Zur weiter wachsenden Irminsul**: Wenn um den Knick der zu erhebenden Irminsul ein Kreis durch den Kopf des zu erhebenden Basilisken gezogen wird, so ist dieser erhobene Kopf (nach Überwindung der kirchen-christlichen Dogmen) auf der aufgerichteten Irminsul zwischen beiden Blättern gelegen am Ort ihrer Knospe zu weiterem und neuem Wachstum im Sinne von freier Vitalität (der aufgerichteten Irminsul) und freiem Geist (des gewandelten Aspektes des Basilisken).

5.2   ZUM „KREIS DES BEWUSSTSEINS"

[Abb. 42] Er zeigt den Lernfortschritt des Einzuweihenden aus beiden Reisen. Der Einzuweihende ist bezogen auf den rechten Daumen von Johannes dem Täufer. Der Einzuweihende hat die irdische Vier der vier Finger, die diese Vier anzeigen (der materiellen, körperlichen, ichhaften Begierden) überwunden mit der Zahl des Daumens „5" (in der Bedeutung von Leben-Liebe-Licht) und hat zudem die Zerstörung der Irminsul und die Dogmenbindung des die Sachsen würgenden Aspektes, bzw. der selbstwürgenden Sachsen, aufgehoben.

5.3   ZUM NAMEN DES SACHSEN-GOTTES „E Li":

[Abb. 43] Es ist einmal im gegenständlichen Bild die Form der Flagge (im Sinne des Buchstaben „E") zu sehen, wenn die Flaggenstange nach oben gedreht wird, – und es wird verborgen-geometrisch, wenn der (nach P01 errichtete erste) Baukran zweimal um 90 ° gedreht wird, die Buchstabenfolge „Li" zu erkennen sein.

Die Worte *„Eli, Eli, lama asabthani"* (*Mein Gott, mein Gott, warum hast du mich verlassen*) [Matth.27; 46] sind aus der Bibel bekannt. Dort wird aber „E Li" mit „mein Gott" übersetzt, während der Sprachforscher Erhard Landmann nachweist, dass es sich dabei um den *„Ahnengott E Li aus dem Sternbild des Schlangenträgers (Ophiuchus)"* [1] handele, der der Sachsen-Gott sei. [2]

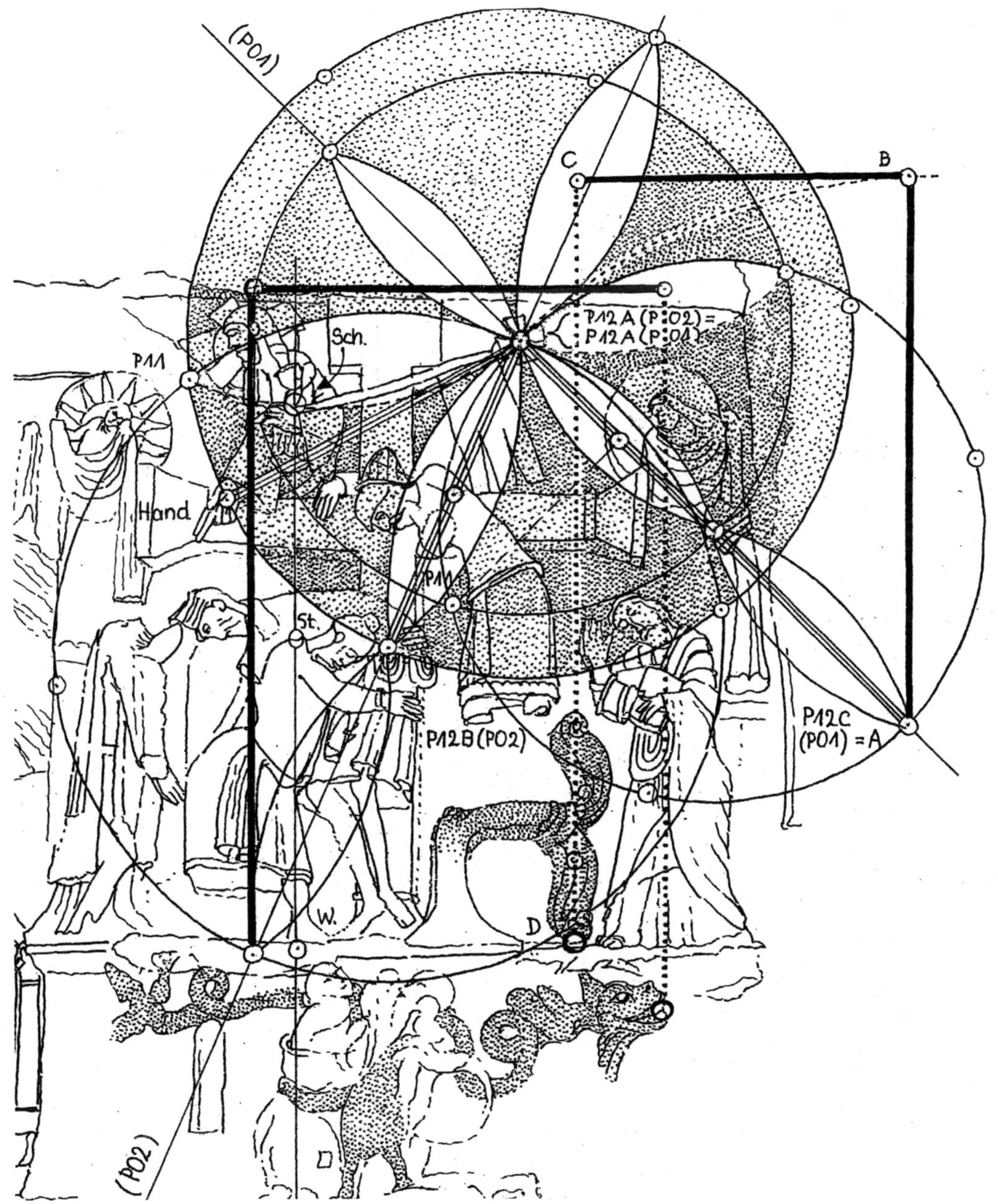

[**Abb. 39**] *Die Erhebung von Irminsul (zum Eigenleben der Sachsen) und Basilisk (zur Eigenwertschätzung der Sachsen) geschieht unter dem vorleuchtenden Stern des Templerkreuzes (das die ur-religiösen Werte bewahrt).*

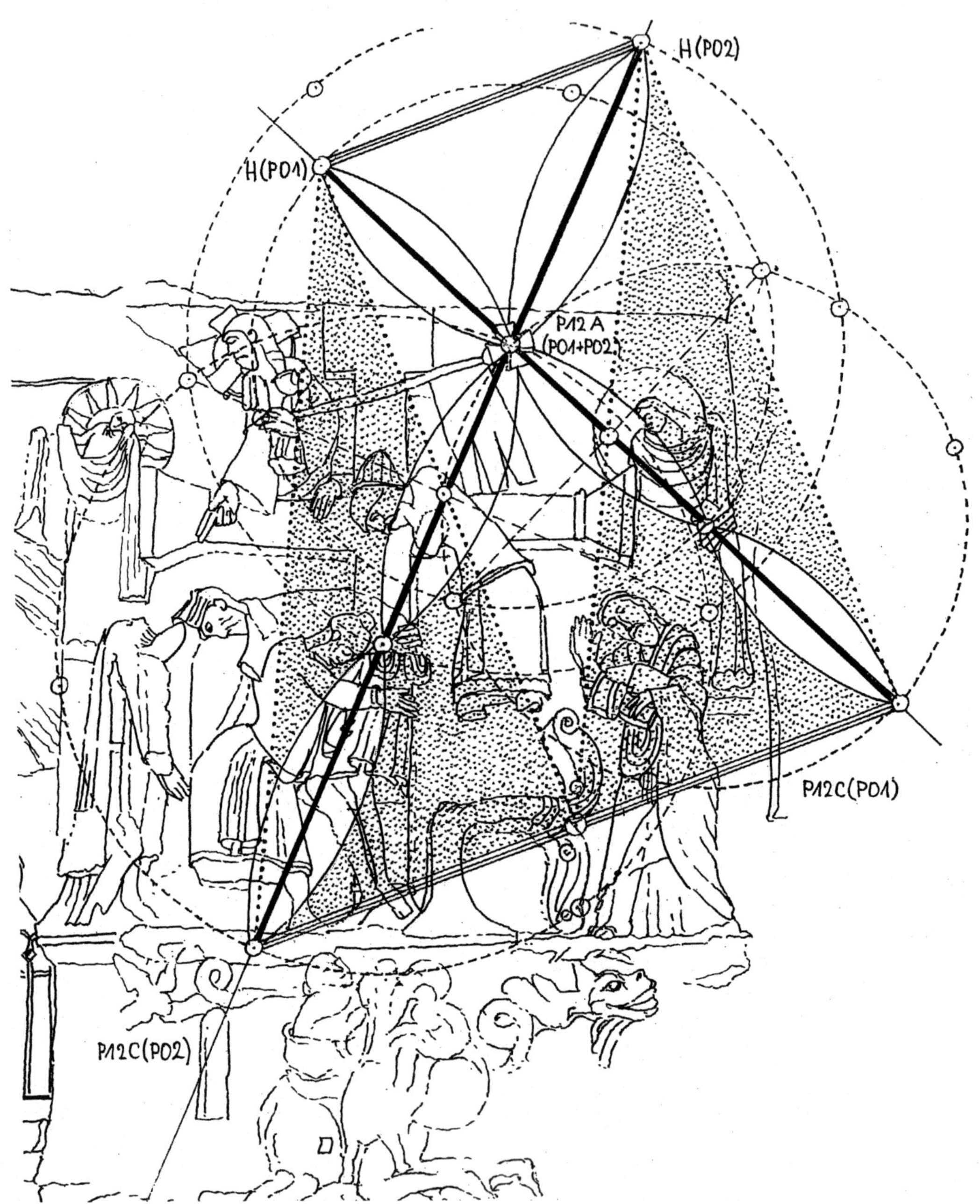

[Abb. 40] *Die große X-Figur beider Lichtschächte markiert den Ort der Knospe der Irminsul mit Betonung des eigenen Wachsens und schafft eine große M-Figur als „Horizont" und Ort des Aufganges der „Sonne des Templerkreuzes"*

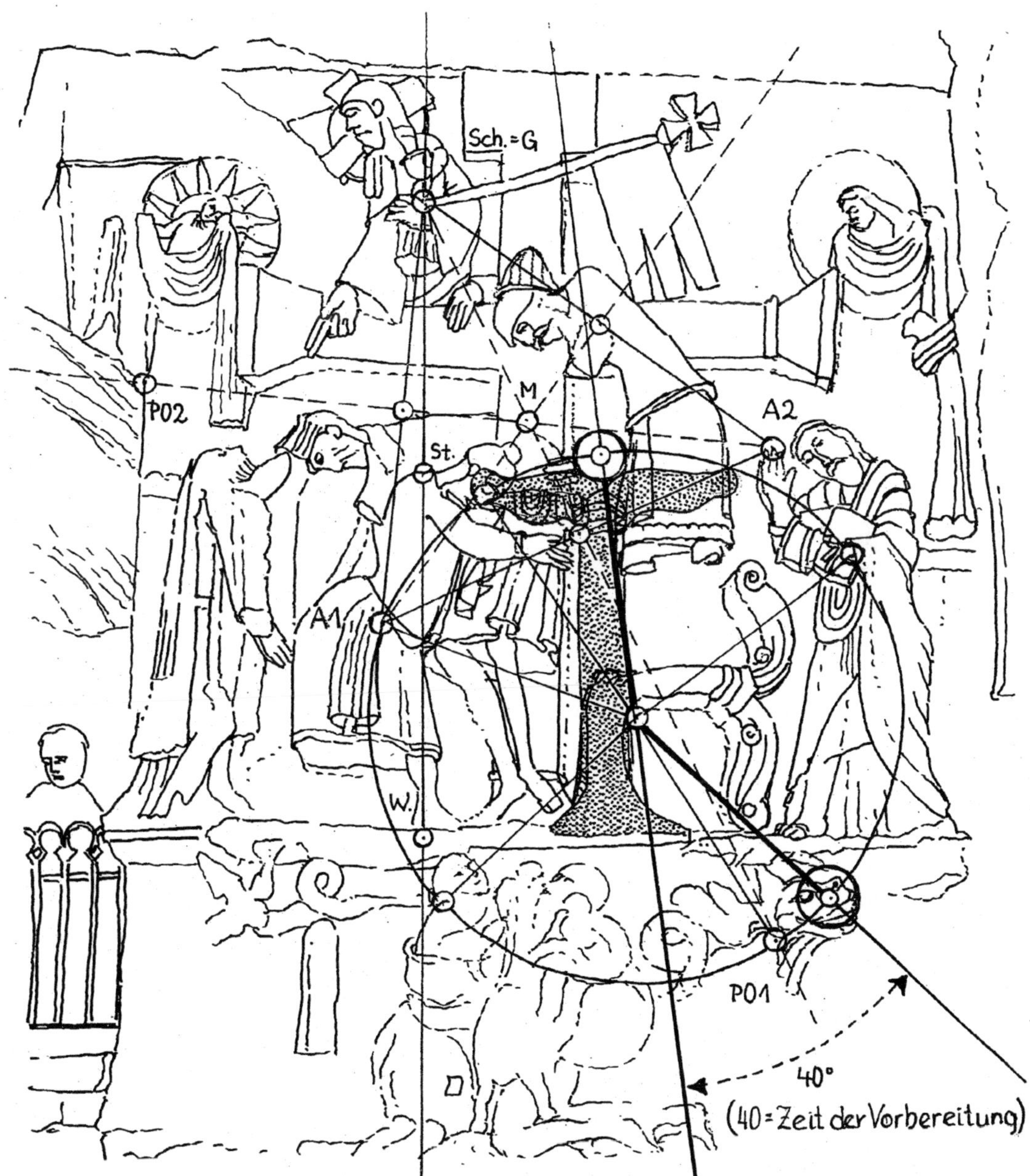

[Abb. 41] *Vom Knick der Irminsul ausgehend verbindet der um diesen geschlagene Kreis den Kopf des zu erhebenden Basilisken mit dem Ort der Knospe der aufgerichteten Irminsul: Aufrichtung und Erhebung führen die beiden zu überwindenden Störstellen himmelwärts. Beide Aktionen erzeugen den Winkel von 40 Grad, der die Zeit der Vorbereitung bedeutet, auf dem Weg zu „Eigenleben" und „Selbstwertschätzung" [s.o. Abb. 33, 38].*

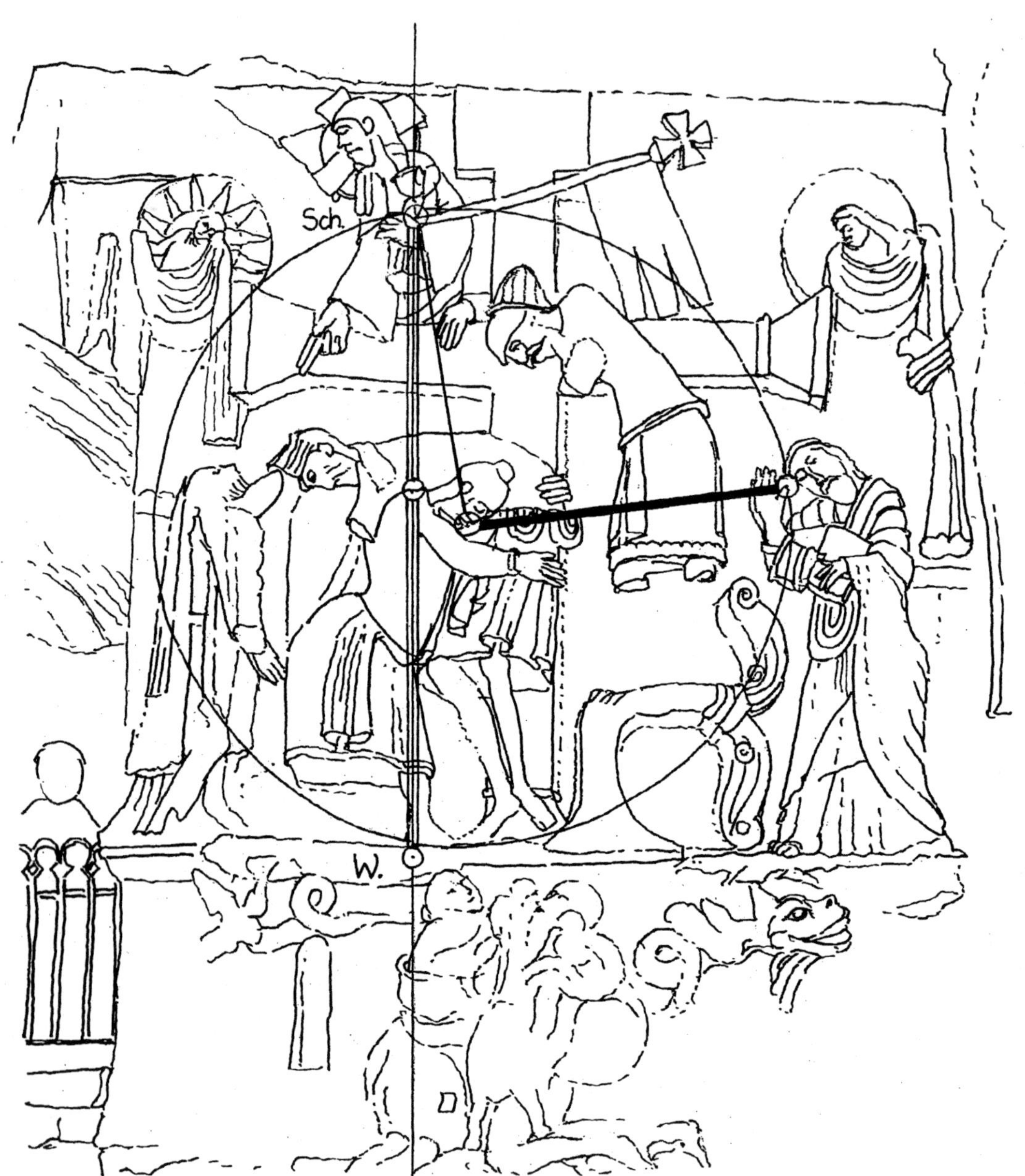

[Abb. 42] *Der „Kreis des Bewusstseins" (um den Mund des Einzuweihenden mit Radius „Mund – Punkt Sch." überquert den Daumen (den 5. Finger) der rechten erhobenen Hand des Täufers Johannes: Damit ist der „Wert der Fünf", die Überwindung der „weltlichen Vier" mit der Überwindung weltlicher Polaritäten (dargestellt in der Figur des Kreuzes) in der „Zentrierung im Übergegensätzlichen der Fünf" erreicht.*

78

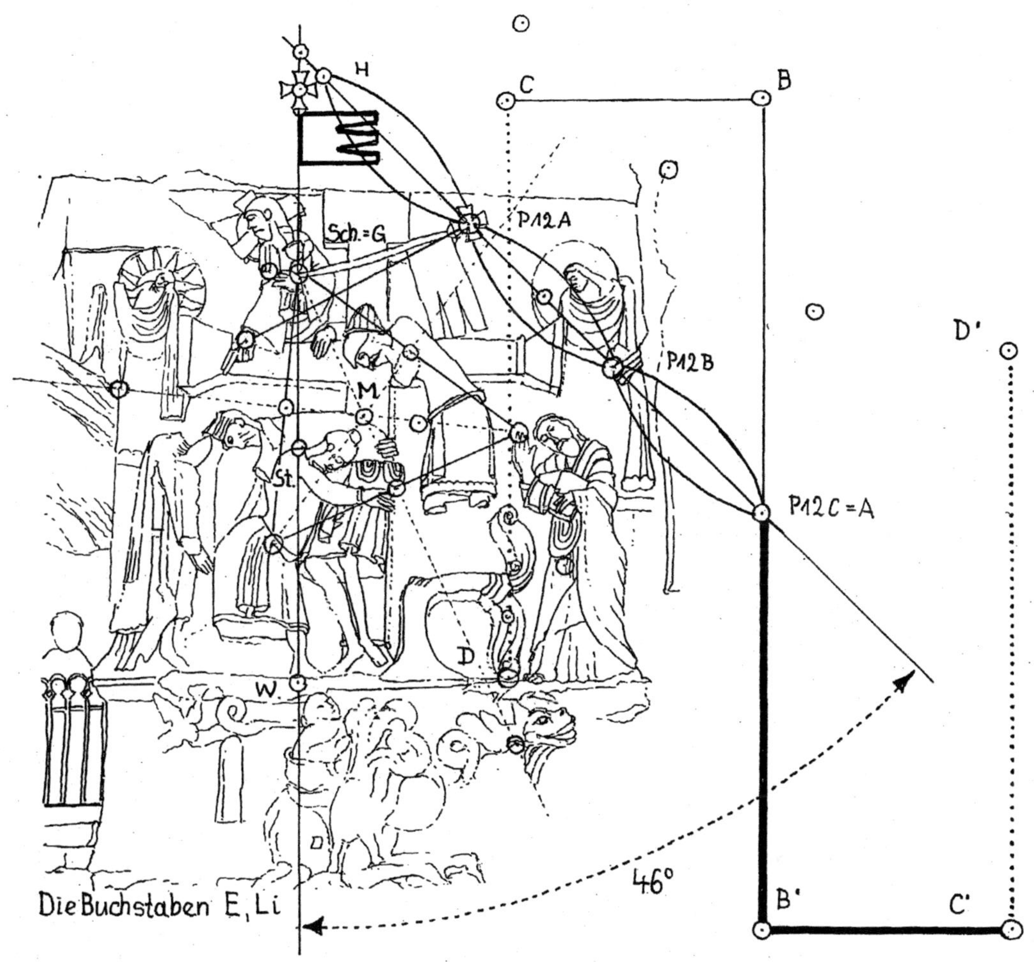

[Abb. 43] *Der Name des Sachsengottes „E Li" erscheint in der Gestalt der hoch gehaltenen Kreuzfahrerflagge (als „E") und in der um den „Punkt P12C (P01)" gedrehten Figur des Baukranes (A-B-C) mit zugehörigem Seil und zu erhebendem Gut D (als „Li"). Der Winkel zwischen der Senkrechten (etwa W.-St.-Sch.) und dem Lichtstrahl (nach P01) beträgt 46 Grad mit der Bedeutung des Tempels [s. Endres, S. 269]: Zu „E Li" gehört sein Tempel hier im „jenseitigen/ rechten Teil des Reliefs" mit den Hilfen für Irminsul und Basilisk. – In einer freien Deutung mag gesagt werden: Über die Kreuzfahrer-Fahrten [über die Flagge mit dem „E"] erfuhren die Templer und Baumeister der Zisterzienser von den 42 Büchern des Thot, so dass nach deren Wissen bauhüttenmäßig [hier durch Kran und Erhebung mit „Li"] das Zerstörte wieder aufgerichtet werden kann. Dank dieses templerischen Wissens wird die Irminsul symbolisch im Externstein-Relief zu neuem Leben geführt.*

5.4 ZUM „BEET MIT DEN VIER SAATKÖRNERN“:

[Abb. 44] Es ist in der Nebengrotte der sogenannten „Sakristei“ (neben der Hauptgrotte) **[3]** als Wandeinritzung ein viergeteiltes Rechteck-Beet dargestellt, das in jedem dieser vier Beete eine kleine Vertiefung im Sinne eines darzustellenden Saatkornes zu liegen hat. In der Verborgenen Geometrie des Reliefs, also in der „bewirkenden Ebene“ der geometrischen Figuren und philosophisch-religiösen Botschaften des Reliefs ist auch ein viergeteiltes Rechteck-Beet zu sehen (das aber keine vier Saatkörner vorzeigen kann).

Hermann Wirth schreibt hierzu: *„In der kleinen Mutterhöhle des Eccestan“* [Anm.: der Externsteine, Fels. 1] befindet sich ein *„kreuzweise geteiltes Viereck“*, darin sind *„die Saatkörner, die in die vier Felder des Rechteckkreuzes gelegt sind, durch Punkte* [kleine Vertiefungen] *angedeutet* […]. *Es sind dies der in der Megalithreligion vollentwickelte Wiedergeburtsglaube.“* […] *„Das Hackbauzeitalter mit dem Gartenacker-beet, dem Feld, hatte diese Schau* [Sicht] *bereits voll entwickelt, daß die Toten in den Schoß der Mutter Erde wie die Saatkörner – zur Wiederauferstehung – gelegt werden.“* **[4]** *„Auch in der Mutterhöhle des Eccestan befindet sich das* [hier folgt das Beet in einer Zeichnung des viergeteilten Feldes mit den vier Samenkörnern] *unter dem* […] *linken Auge des Herz-Hauptes der göttlichen Mutter* […].*“* **[5]**

Mit diesem rechteckigen, viergeteilten Beet in der verborgenen Geometrie des Externstein-Reliefs, das direkt unter dem magischen Dreieck (an dieses angrenzend) liegt, wird nun gezeigt, dass das Beet und die Anschauung der Wiedergeburt aus dem „Wort Gottes“ (aus dem magischen Dreieck) nach Ansicht des Entwerfers dieser Komposition direkt entstanden sind – und dass dieses Beet jener Ritzzeichnung in der Nebengrotte entspricht, dass also die Verborgene Geometrie auf diese Örtlichkeit der Nebengrotte direkt eingeht und auf sie verweist.

5.5 ZUM SIGNET CRANACHS IN DER VERBOR-GENEN GEOMETRIE:

[Abb. 45 a), 45 b)] Weiterhin zeigt die Verborgene Geometrie in ihrer tieferen/ hervorbringenden Ebene oberhalb des viergeteilten Rechteck-Beetes eine „Zickzack-Linie“ (wie eine bewegte Schlange), die einem Signet Cranachs entspricht **[6]** und sich überwiegend im magischen Dreieck befindet, aus dem ja die schaffende Kraft Gottes hervorgeht. Wenn das nach oben gerichtete Schlangenende als Kopf der Schlange angesehen wird, so ist zu erkennen, dass die Schlange sich in das magische Dreieck herein begeben hat, dass also der fleischgewordene Cranach sich mental in seine Herkunft (in das magische Dreieck, in das wirkende Wort Gottes) zurück versetzt hat und dann darin mit seinem Kopf am rechten Transzendierungs-Punkt T des magischen Dreiecks wieder aus diesem heraus schaut zur Welt/ zum Geschaffenen hin, wobei er/ sein Kopf nach „rechts oben“, gen Süd-Osten (Himmel) gewandt ist.

Dieses zickzack-förmige Schlangen-Signet Cranachs ist auch in seinem Holzschnitt „Der Kalvarienberg“ von 1502 [s. Stepanow, S. 25 und Jahn S. 316] zu sehen,

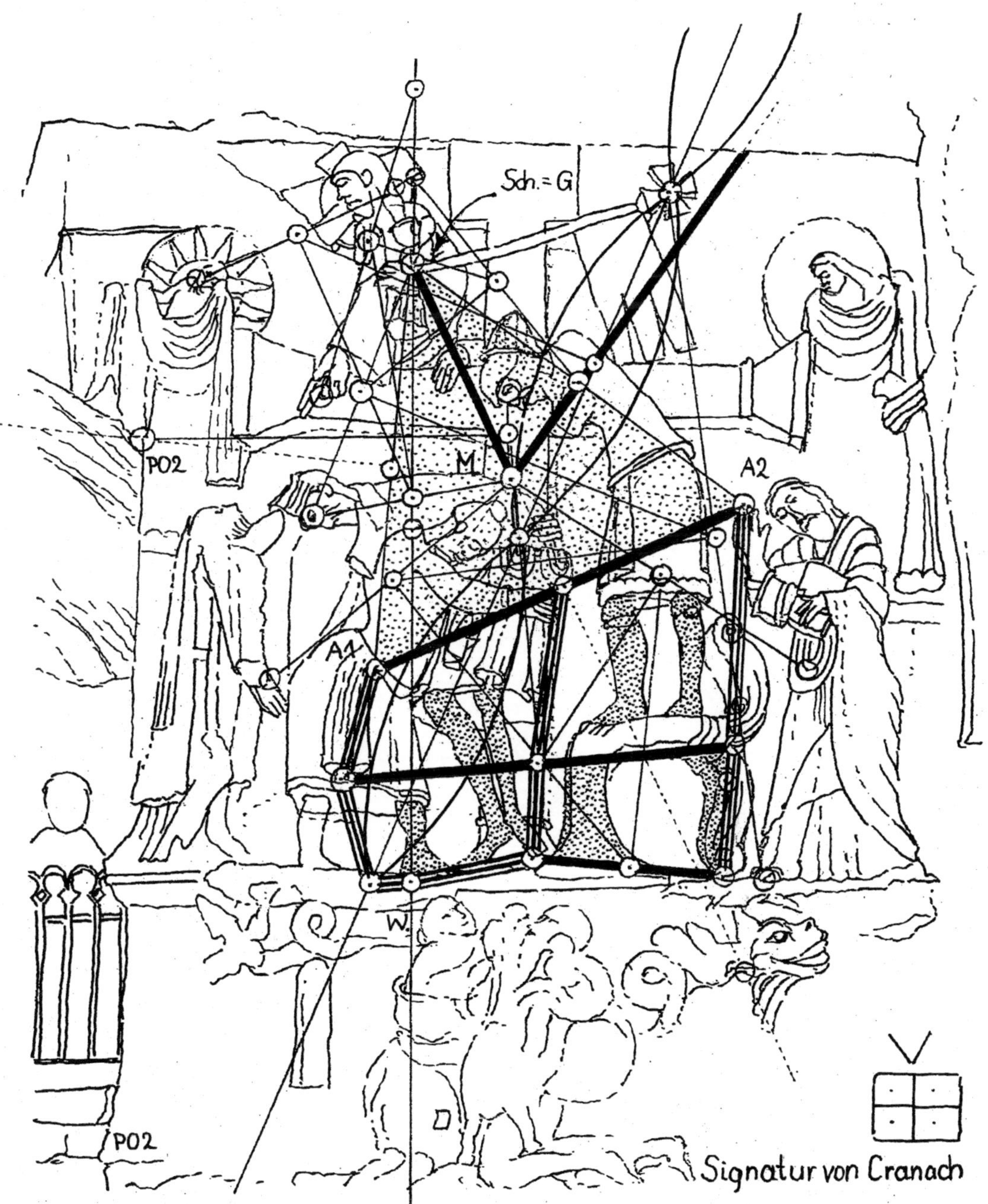

[Abb. 44] *Durch Hervorhebung von Linien der Verborgenen Geometrie (nach P01) wird das „Beet" mit seinen vier Feldern gefunden. Es entspricht dem in die Felswand der Nebengrotte geritzten ähnlichen „Beet".*

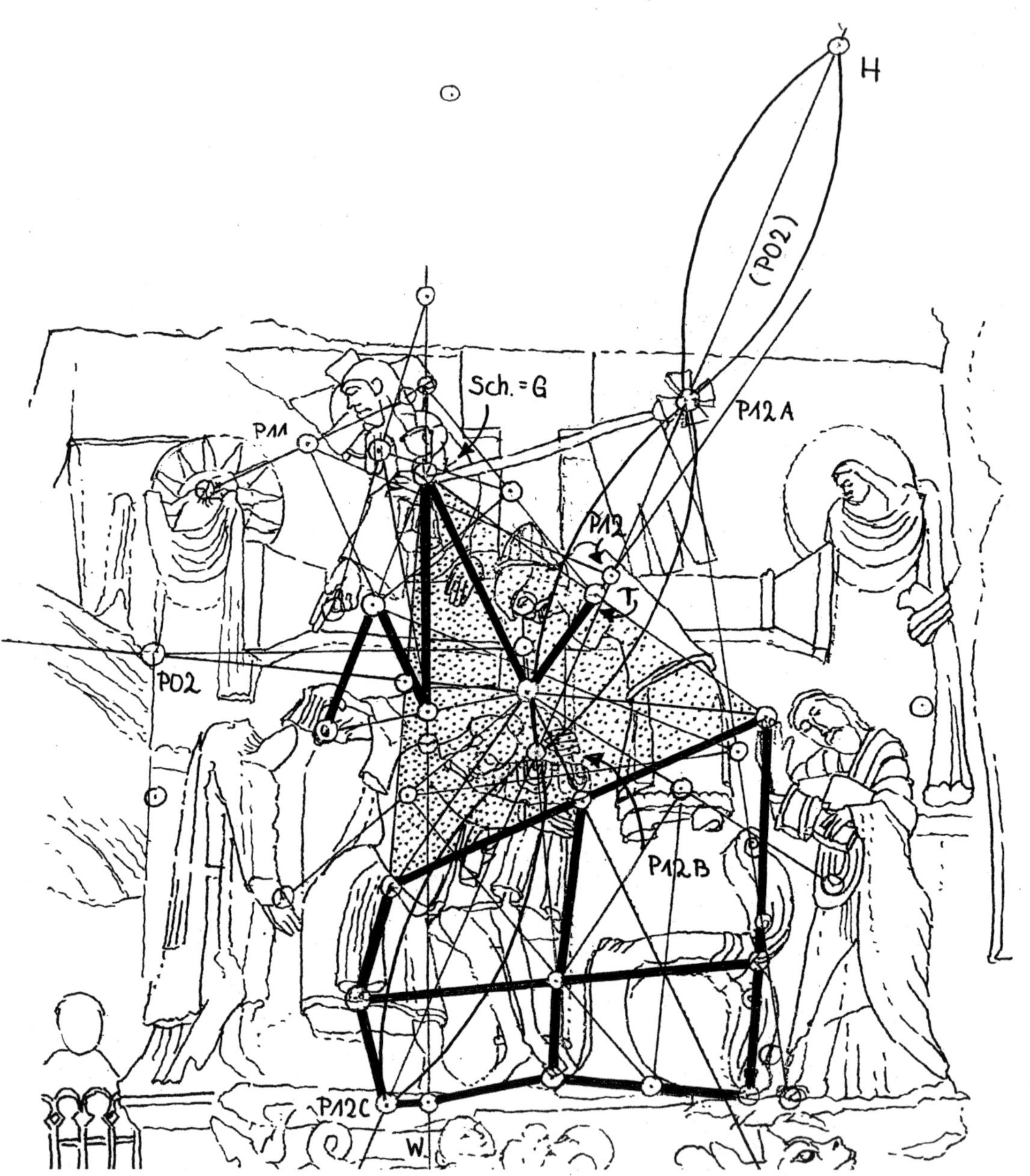

[Abb. 45 a)] *In der Verborgenen Geometrie (nach P01) kann oberhalb des „Beetes"
durch Hervorhebung der Figur der Schlange eine Signatur von Lucas Cranach d. Ä.
bestimmt werden, so dass die Signatur aus dem magischen Dreieck beim
Transzendierungs-Punkt T dieses verlassend und durch die Welt hindurch zum Süd-Osten/
Himmel strebt.*

82

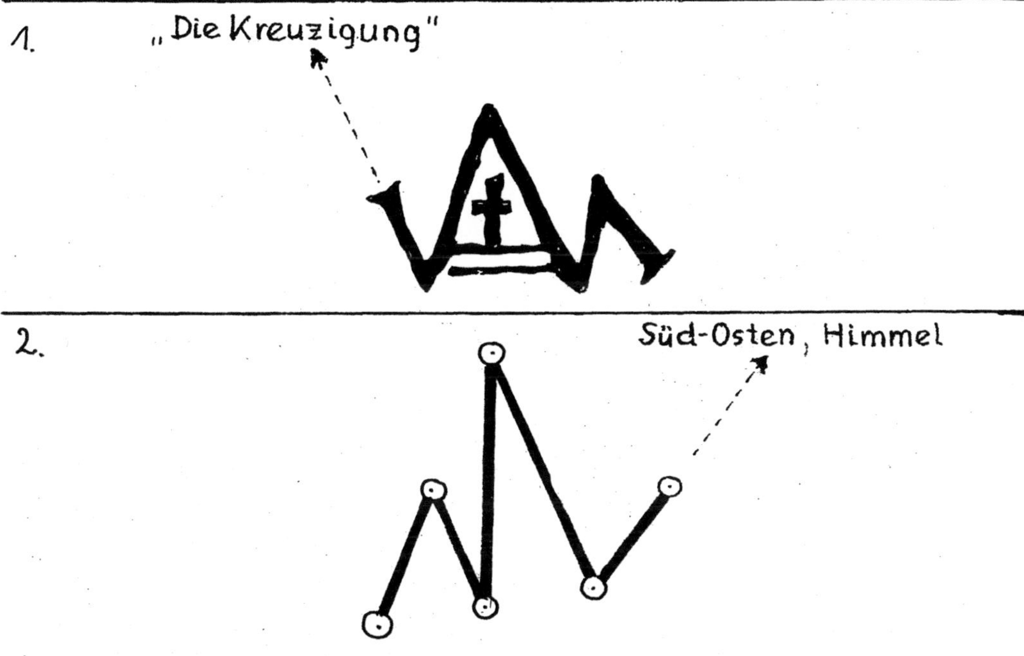

[Abb. 45 b)] *1. Die Signatur Cranachs im Holzschnitt „Der Kalvarienberg", 1502 [Stepanow, S. 25 und Jahn, S. 316]; 2. die Signatur Cranachs in der Verborgenen Geometrie des Externstein-Reliefs.*

nur mit dem Unterschied, dass im Holzschnitt (entsprechend zur Kreuzigungsszene des Kalvarienberges) noch ein lateinisches Kreuz erscheint und zum anderen, dass der Schlangenkopf nach links (eben zur Kreuzigungs-Szene) schaut.

Danach ist in der zugrunde liegenden Ebene der Verborgenen Geometrie zum einen im magischen Dreieck (in dem noch das schöpferische Wort bei Gott ist) Cranachs Signet, in der Bedeutung von „der göttliche Cranach habe das derart signierte Werk – mit Blick nach Süd-Osten – geschaffen", sowie in dem Sinne des unterhalb des magischen Dreiecks in der Welt befindlichen Beetes mit der Aussage „dieses geschaffene Werk bezeuge eine Ansicht der >Megalithreligion< (nach Wirth) von der Wiedergeburt des Menschen", welche Sicht überhaupt in der Ur-Religion vertreten wird: Des Menschen Streben, hier Cranachs Streben (hier bei T), zur Vollkommenheit (nach P12) und gen Himmel (H) führe zur Wiedergeburt durch den Lichtschacht (H-P12C) zum Mutterbeet (bei P12C).

[Abb. 46, 47] Mit dieser Signatur in der Verborgenen Geometrie des Externstein-Reliefs (im Hintergrund des Bildes) kann nun Cranach identifiziert werden als einer, der im Hintergrund des Reliefs als Kompositions-Entwerfer gewirkt hat, ohne unbedingt im Vordergrund, also am Stein, gearbeitet zu haben.

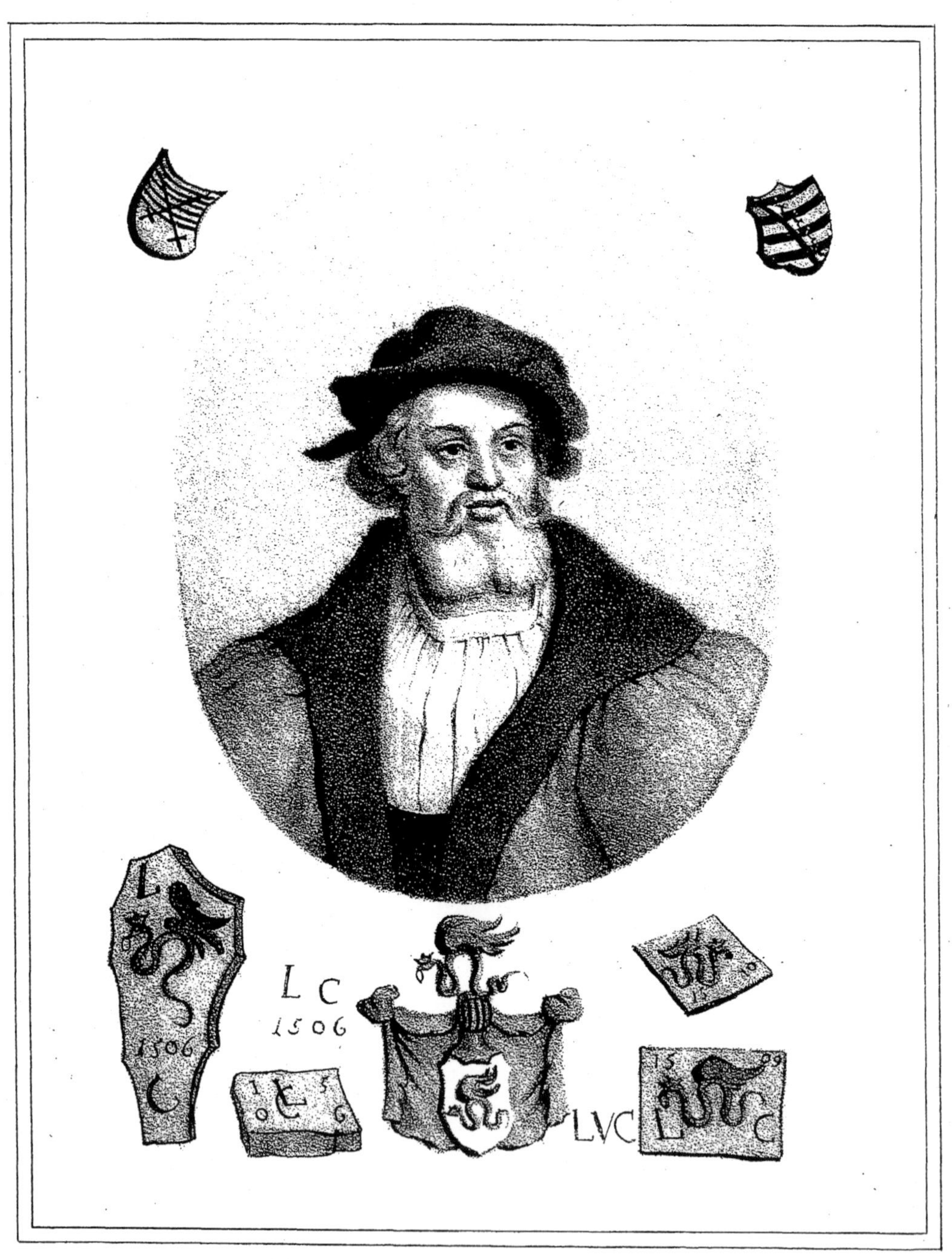

[Abb. 46] *Lithographie (19. Jahrhundert) : Porträt von Lucas Cranach d. Ä. mit einigen seiner Signaturen* [siehe auch Stepanow, S. 25].

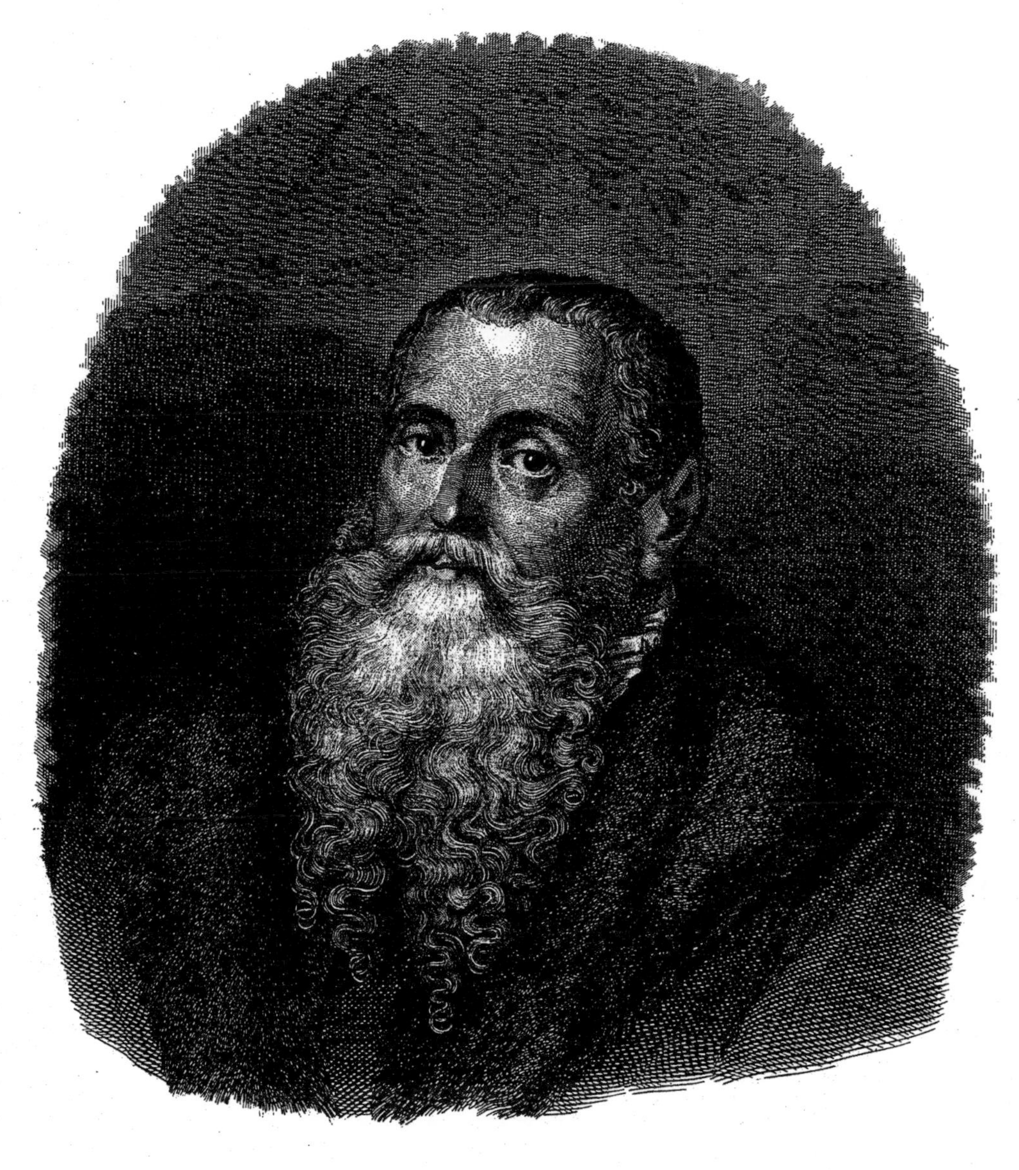

[Abb. 47] *Stahlstich (um 1850 ?): Porträt von Lucas Cranach d. Ä. .*

85

Ernst von Bandels Reinigung und Überarbeitung des Externstein-Reliefs im 19. Jahrhundert [7] wird der Verborgenen Geometrie nicht geschadet haben, bzw. es wird nicht geschadet haben können. Die Signatur ist nicht am Bild (separat, separierbar) angebracht, sondern als integraler Bestandteil in der zugrunde liegenden Ebene der Verborgenen Geometrie im Kunstbild verborgen eingefügt.

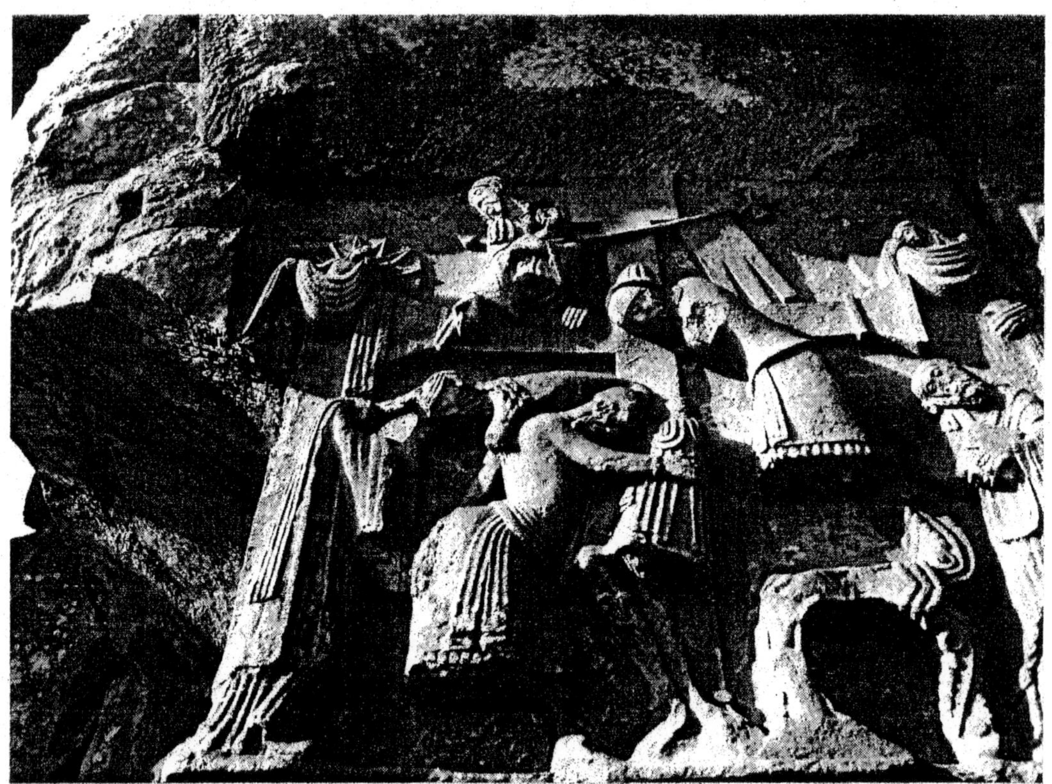

[**Abb. 49**] *Foto: Vorderansicht des Reliefs mit den Löchern in der Felswand für die Dachbalken.*

5.6   ZUM HAUS VOR DEM RELIEF:

[**Abb. 48, 49**] Oberhalb des Reliefs ist in der Felswand ein für eine Firstpfette (First-Balken) geeignetes Loch zu sehen. Ebenso ist anscheinend eins am linken Rand des Reliefs für einen Balken (für eine Pfette, bzw. Fußpfette) vorgesehen, – und entsprechend ist im rechten Felsspalt auch Raum für die Verkeilung einer rechten Fußpfette anzunehmen. Mit Hilfe dieser Stützpunkte mag vor dem Relief ursprünglich ein Haus aufgestellt gewesen sein, so dass diese templerische Arbeitstafel in einem gedeckten (geschlossenen) Raum untergebracht gewesen sein mag für „geheime Arbeitssitzungen".

86

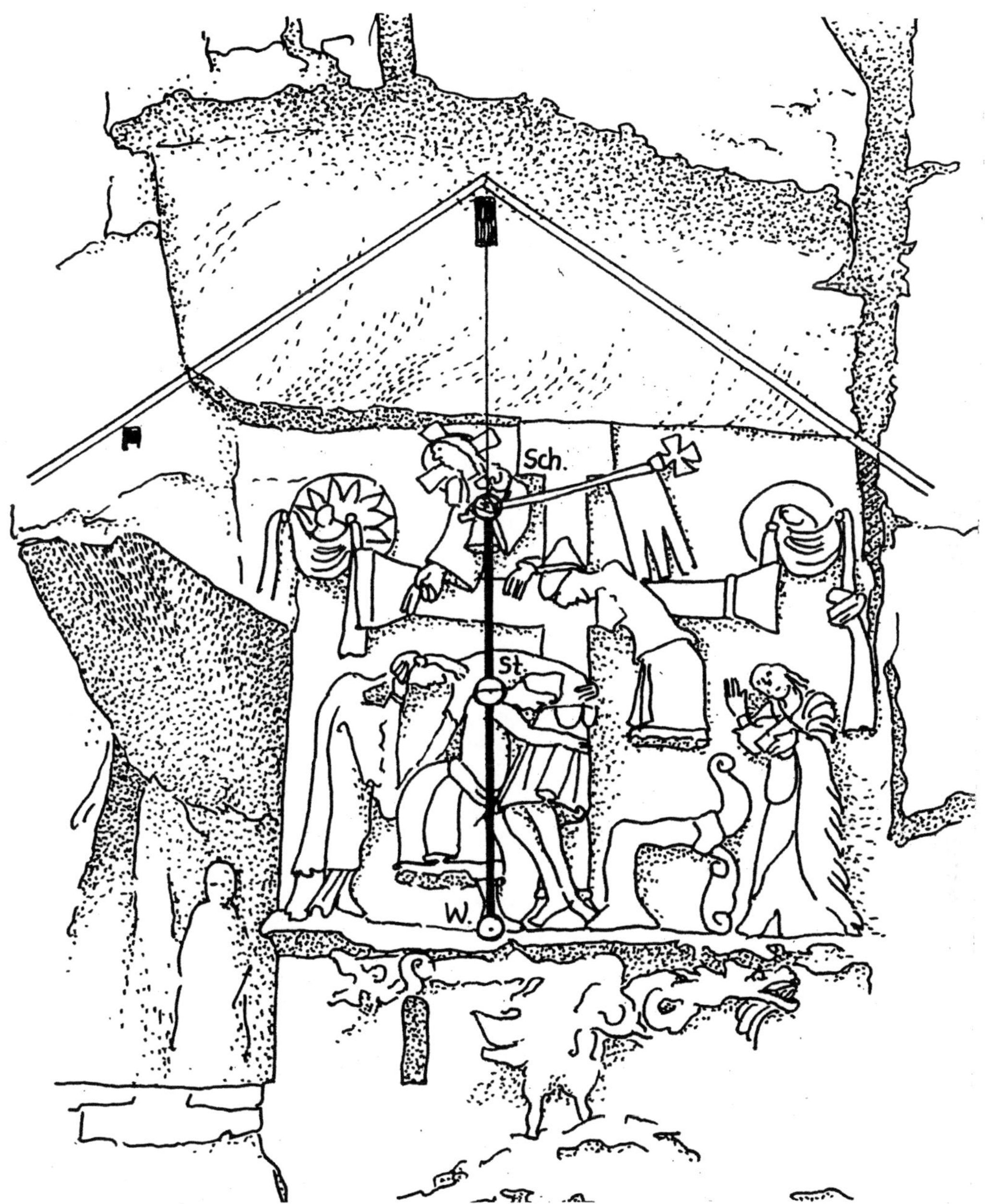

[Abb. 48] *Zeichnung: Zur Lage des vor das Relief gesetzten Hauses (in Vorderansicht) gemäß der vorhandenen Löcher in der Felswand für den Firstbalken, bzw. für die Firstpfette und für die Fußpfette mit der Mittelachse des Giebels auf der symbolischen Achse des Tempels (W.-St.-Sch.).*

Ein Zusammenhang zwischen Relief und Raum kann darin gesehen werden, dass der (höchste) Firstbalken des Gebäudes in der aufrechten Verlängerung des „Tempels" (nämlich in der Achse W.-St.-Sch.) lag. Nicht das lateinische Kreuz war demnach in der Hauptachse des Raumes angelegt, sondern der geometrisch-verborgene Tempel (W.-St.-Sch.). Nicht das kirchen-christliche Kreuz war für die Anlage dieses Raumes bestimmend, sondern der „verborgen-geometrische, rituelle Tempel". Es handelt sich hier also nicht um einen Kirchenraum für Wallfahrer, sondern um einen Einweihungstempel für einen Orden, der den im Jahre 1312 aufgelösten Templerorden [8] nahe steht.

5.7 ZUR LAGE DES HAUSES ZU DEN HIMMELS-RICHTUNGEN:

[Abb. 50] Während im „Haus mit dem Einweihungs-Relief" die Wand mit dem Relief rituell den „Osten" (das ewige Leben der Seele im Ewigen Osten) bedeutet, liegt jedoch dieser Ort real im Süd-Westen. Der reale Osten liegt im rituellen Nord-Westen. Wenn also die linke, rituelle Nord-Wand des Hauses von der im Osten aufgehenden Sonne beschienen wird, beginnt die rituelle Zeit der Wandlung „morgens um 6 Uhr" (kirchen-christlich gesehen mit dem Todesschrei [9]). Der in den Meistergrad Einzuweihende hört im Sarg liegend die Legende vom Tod Hirams, des Tempelbaumeisters Salomos, der von drei aufrührerischen Gesellen (die ihm das Meisterwort zugunsten einer höheren Lohngruppe vergeblich zu entlocken suchen) erschlagen und notdürftig begraben wird. Der Einzuweihende ist dabei rituell der von den eigenen aufrührerischen Gesellen (der Habgier in ihm selbst) Erschlagene, dessen Seele am Ort seines Begräbnisses das schwache „besondere Licht" ausstrahlt [10], während die real aufgehende Sonne hier an der Nordseite des rituellen Raumes zu leuchten beginnt und des Erschlagenen Aufrichtung im Sinne seiner Wiedergeburt aus dem Sarg (der überwundenen materiellen Begierden) derart begleiten kann. Rituell geschieht also (wenn die reale Nordwand Fenster hat: begleitet durch die aufgehende Sonne) durch die zunehmende Helligkeit im rituellen Norden die Wandlung des Einzuweihenden in seinen Neuen Leib, zum Lichtleib. [11] Das schwache Leuchten der Seele wäre im ersten schwachen Sonnenstrahl aufgehoben und könnte mit diesem wachsen.

So gesehen liegt die Anlage von Relief und Haus im Sinne der rituellen Arbeit höchst günstig. Die zunehmende, reale Sonneneinstrahlung unterstützt die rituelle Wandlung des aus dem Inneren ausstrahlenden „besonderen Lichtes" zum (ur-religiösen) hell leuchtenden Licht des „Sohnes Gottes und der Sonne". [12]

In diesem Sinne ist an diesem Ort ein „Sonnenheiligtum" vorstellbar, wenn vor dem vorhandenen Relief – oder in früherer Zeit vor einem anderen entsprechenden Relief an diesem Ort – ein Ritual mit einem Anwachsen des inneren Lichtes – im Sinne einer anwachsenden Vergegenwärtigung des „Gottes in mir" [s. Noorden, 4. Heft, S. 106] stattgefunden hat.

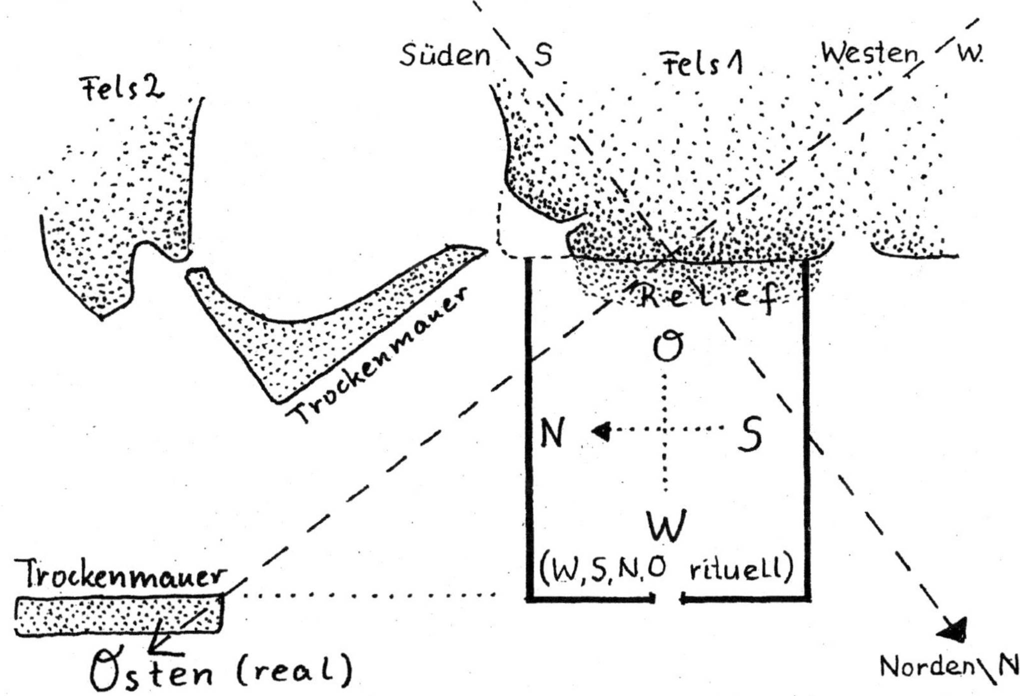

[**Abb. 50**] *Draufsicht auf das Haus mit den realen und den rituellen Himmelsrichtungen.*

6. ZUR DATIERUNG DES RELIEFS

6.1 BISHERIGE DATIERUNGSVORSCHLÄGE FÜR DAS RELIEF:

Es werden bisherige Datierungs-Vorschläge genannt und teilweise diskutiert:

• **Nach 814:** Niedhorn nimmt eine Entstehung des Reliefs aufgrund der Diagonal-parallelen in der Komposition (die für byzantinische Kompositionen kennzeichnend seien) und aufgrund seiner Kompositionsvergleiche mit Elfenbeinschnitzereien (u.a.) für die Zeit nach 814 an [1] .

• **1115:** Nach Binding [s. Kittel] wird eine Entstehungszeit des Reliefs *„von verschiedenen Bearbeitern in die Zeit nach 1115 bis um 1160/70 angesetzt"* [2] . Das Datum 1115 beziehe sich auf die „Weihinschrift" mit dieser Jahreszahl in der unteren großen Felsgrotte, die aber nach Niedhorn eine Fälschung sei [3], so dass diese Datierung diesbezüglich   ins Wanken gerät.

• **1130:** Kittel meint, dass das nach seiner Ansicht um 1130 entstandene Relief nach byzantinischen Vorbildern angelegt sei, das deren Starrheit *„in wirkungsvolle Bewegung umgesetzt"* habe **[4]**. Danach (wenn Starrheit durch Bewegung abgelöst ist) wäre eine Datierung eines angeblich byzantinischen Stiles in eine byzantinisch arbeitende Epoche (aus Byzanz ausgewanderte Steinmetzen und Künstler **[5]**) nicht mehr aufrecht zu halten.

• **Kein Beweis für 1125-40:** Die Urkunden aus der Zeit 1125-1140 sagen nichts über an den Externsteinen schon vorhandene Einrichtungen und deren religiösen Sinn. **[6]**

Urkunden gibt es dann wieder aus der Zeit von 1366-1385. *„Sie bezeugen die Existenz einer Externsteiner Kapelle und deren Betreuung durch einen vom Abt des Klosters Abdinghof vorgeschlagenen Rektor [...]."* **[7]**

• **Kein Beweis für 1385:** Im Jahre 1385 wird der an den Externsteinen lebende Eremit Johannes von Wadenhusen vom Rektor der Kapelle an den Externsteinen, Bertold Wedemhove, angeklagt, Übergriffe auf des Klägers Land und auf den Opferstock der Kapelle gemacht zu haben und verurteilt, dieses zurückzugeben und den Ort zu verlassen. **[8]** *„Wir müssen annehmen, daß Johannes der vorläufig letzte in einer Kette von Einsiedlern war, die sich des Schutzes des Landesherren seit langer Zeit erfreuten [...]."* **[9]**

Mundhenk sagt, dass das Relief ein größeres Loch (eine Höhlung) an der rechten Seite habe (wie es noch heute gesehen werden kann), dass dieses aber nicht zwingend mit jenem Opferstockloch der zitierten Urkunde gleichzusetzen sei, weswegen auch nicht derart indirekt auf eine Existenz dieses Reliefs für die Zeit um 1385 geschlossen werden könne. **[10]**

Es lässt die *„Prozeßakte von 1385 zwei konkurrierende Institutionen an den Externsteinen erkennen: den Kapellendienst des dem Kloster Abdinghof unterstellten, aber nicht ortsansässigen Rektors und das Eremitentum eines an den Externsteinen selbst beheimateten Einsiedlers, dessen angeblich angemaßten Rechte von dem Rektor angefochten werden. Zugleich gewährt der Text der Urkunde zum erstenmal Einblick in die an den Felsen damals vorhandenen baulichen Einrichtungen."* **[11]** *„Zunächst ist erstmalig die Existenz einer Externsteiner Kapelle urkundlich bezeugt [...]."* **[12]** und *„daß sie einen üblichen, freistehenden Bau darstellte."* **[13]** *„Möglicherweise erkannte der Edelherr [Anm.: der lippische Landesherr] den Patronatsanspruch des Abtes gar nicht an und suchte das Vorschlagsrecht kraft seiner territorialen Machtstellung selbst an sich zu ziehen [...]. Seine Burg lag im benachbarten Horn. Falls er schon damals die Felsengruppe der Externsteine als seinen Besitz betrachtet haben sollte, dann wäre es verständlich gewesen, daß er auch seinen Einfluß auf die Externsteiner Kapelle geltend zu machen suchte. Das würde bedeuten, daß das Patronat Abdinghofs nicht absolut gesichert war [...]."* **[14]** Es sind *„Spannungen zwischen Paderborn und Lippe"* anzunehmen. **[15]** Mundhenk resümiert: *„Um 1385 existieren an den Externsteinen zwei Institutionen nebeneinander: der von einem Rektor versehene Kapellendienst, der, wenn auch hier nicht genannt, dem Patronat des Abtes von Abdinghof untersteht, und das 1366/67 nur aus dem Titel erschließbare, 1369 gar nicht genannte Anachoretentum [Einsiedlertum]. Die*

Fortdauer des letzteren ist sowohl aus dem Nebeneinander von >capella< und >inclusoria< [Kapelle und Einschließungs-Stelle] als auch aus der Person des namentlich angeführten [Anm.: Johannes von Wadenhusen] >anachorita seu heremita< [Anm.: Klausner/ Einsiedler oder Klausner/ Einsiedler] zu erkennen." [16]

„Aus der ersten Hälfte des 15. Jahrhunderts (1429/30) sind im Geheimarchiv des Vatikans (im Liber Supplicationum) [Anm: supplicatio = öffentliches Buß-, Dank-, Betfest] zwei Abschriften von Geistlichen erhalten, die sich an Papst Martin V. mit der Bitte um den Besitz der Externsteiner Kapelle wenden." [17]

• **Ausschluß von 1469:** *„In einer Urkunde von 1469 klagt der damalige Rektor über einen Einbruch in die >Klause< und bittet den Landesherrn um Einsetzung eines neuen >Klausners< [Einsiedlers]. Mit ihr wird die Fortdauer des Einsiedlertums bezeugt […]. Damit ist das Urkundenmaterial im wesentlichen erschöpft."* [18] Es wird berichtet, dass der Klausner Jakob davon gegangen sei und dass nun die Klause verkomme. [19] Und *„bald nach 1469 bahnt sich die endgültige Verwahrlosung des Externsteiner Klausnertums an, die zu seiner Beseitigung seitens der >Obrigkeit< führte."* [20] Auch *„scheint die Kapelle im ganzen schon baufällig gewesen zu sein."* [21]

Der nicht ortsansässige Rektor (der Kapelle) wünschte einen neuen ortsansässigen Klausner (Einsiedler), der so auch die Kapelle beschützen sollte. [22] Von einem schutzwürdigen Relief ist 1469 nicht die Rede, das also zu der Zeit nicht existiert haben wird. Der Schutz einer leeren Felshöhle und einer verfallenden Kapelle kann nicht höherwertig gewesen sein als der Schutz eines kunstvollen Reliefs einmaliger Größe (wenn es eben damals bestanden haben soll).

• **Nach 1511:** Anlässlich einer Urkunde über eine *„Vereinbarung zwischen dem Kapellenrektor Hermann Rodegen und dem Dekan und den Vorstehern der Horner Pfarrkirche über die Bereitstellung von Meßwein und -brot, 1514"* [23] stellt Mundhenk die Frage, *„ob die Messen überhaupt noch in der Externsteiner Kapelle gelesen wurden und nicht vielmehr schon seit einiger Zeit in die Horner Pfarrkirche verlegt worden waren […]. Doch spätestens unter Simon V. (1511-36), in dessen Regierungszeit unsere Urkunde fällt, muß man die alte Institution [Anm.: des Klausnertums] endgültig ausgemerzt haben, da mit großer Wahrscheinlichkeit diesem Grafen die Errichtung des Festungsgürtels vor dem Felsen zuzuschreiben ist. Dies bedeutet selbstverständlich das Ende des Klausnertums und sicher auch die Beseitigung der Kapellenruine."* [24]

Nach den Aussagen des „Bildungsvereins zu Detmold" aus dem Jahre 1895 soll aber der Graf Hermann Adolf in den Jahren 1660-65 zwei Rondele mit Mauern und Tor vor den Extern-Steinen angelegt haben, welches im Kupferstich von E. von Lennep aus dem 17 Jahrhundert überliefert ist [25] [Abb. 51, 52].

Mundhenk schildert seit dem ersten Auftreten von Urkunden Rivalitäten zwischen dem Kloster von Abdinghof (das Recht, den Kapellen-Rektor einzusetzen) und dem lippischen Landesherren (das Recht, den Klausner in der Klause einzusetzen), eben um die Rechte an den Externsteinen. Dann fällt der Niedergang beider Institutionen seit 1469 und deren spätere Abschaffung auf.

Ansicht der Externsteine

nach einem Kupferstiche von E. von Lennep aus dem 17. Jahrhundert.

Weihnachtsgeschenk
für die Mitglieder des Bildungsvereines zu Detmold.
1895.

Das Original dieses Blattes befindet sich auf der Landesbibliothek zu Detmold, es mißt 45 × 32,5 cm.

Ueber die auf demselben sichtbaren Befestigungen berichtet Preuß, die baulichen Alterthümer des lippischen Landes, 2. Aufl., Detmold 1881, S. 77 f., Folgendes:

„Graf Hermann Adolf ließ in den Jahren 1660—65 zwei Rondele vor den Steinen anlegen und diese durch eine gleich jenen mit Schießscharten versehene Mauer mit einander verbinden. Ein Thorweg in der Mauer schloß den Zugang zu den drei unteren Felsen. Außerdem wurde ein Thurm am untersten Steine bis über die halbe Höhe desselben aufgemauert und mit einer Wendeltreppe versehen, welche, oben aus dem Thurme heraustretend, den Felsen besteigbar machte. Alle diese Anlagen wurden jedoch in der zweiten Hälfte des vorigen Jahrhunderts wieder beseitigt, und zwar in Ansehung des Thurmes in so rücksichtsloser Art, daß es erst der Fürstin Pauline im Jahre 1810 vorbehalten blieb, durch die jetzige Anlage den Felsen von Neuem zugänglich zu machen. Wir kennen die Bauten des Grafen Hermann Adolf jetzt nur noch durch die beiden ältesten Abbildungen der Externsteine aus der zweiten Hälfte des 17. Jahrhunderts. (Die zweite kleinere ist das Blatt in der Elzevir'schen Ausgabe der Fürstenberg'schen Monumenta Paderbornensia vom Jahre 1672, welches Romain de Hooghe nach einer Zeichnung des Malers Johann Georg Rudolphi (gest. 1693 zu Brakel) gestochen hat.)"

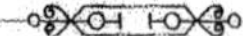

[Abb. 51] *Begleitschreiben zum Weihnachtsgeschenk einer Ansicht der Externsteine 1895.*

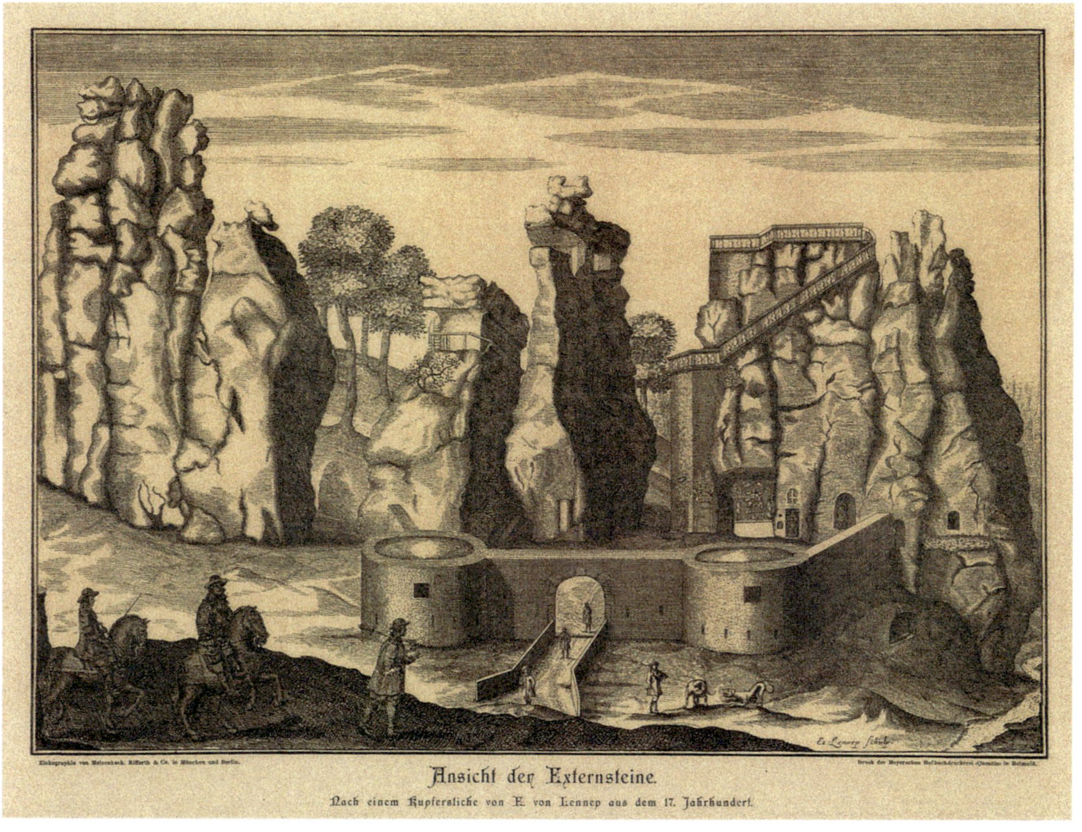

[Abb. 52] *Zinkographie (1895): „Ansicht der Externsteine“ nach Elias van Lennep (gest..1694).*

Eine Verwahrlosung mit bezeugter Sorge um Klause und Kapelle 1469 und fortschreitender Abstieg bis zum Ende beider Institutionen ohne Erwähnung einer Sorge um ein Relief machen dieses Relief zu dieser Zeit um 1469 und später (1511) bei weiter fortschreitender Verwahrlosung nicht gerade wahrscheinlich.

6.2   ZUR NEUEN DATIERUNG DES RELIEFS:

Aufgrund der im Relief erkannten Verborgenen Geometrie kann nun das Relief neu datiert werden. Es werden folgend die Argumente gegen und für eine bestimmte Zeit angeführt:

● **Nach 1128:** Im Relief ist das Templer-Kreuz am Ende des Flaggenstocks dargestellt. Erst nach der Rückkehr der 9 Tempelritter von ihren Ausgrabungen am Tempelberg in Jerusalem kann von ihnen im Abendland eine Wirkung ausgegangen sein.

● **Nach ca. 1150, bzw. 1235:** Einige Jahre nach der Rückkehr der Templer-Ritter von Jerusalem nach Frankreich entstanden die ersten gotischen Kirchen (ab 1136:

93

Kathedrale St. Denis, Paris; ab 1163 Notre Dame, Paris). Erst nach dem Beginn gotischer/ templerischer Bautätigkeit im französischen Kernland ist mit einem templerischen Relief in weiter entfernten Gebieten zu rechnen. So erreichte die Gotik Deutschland erst um 1235 (z. B. in Trier mit der Liebfrauen-Basilika ab 1235 **[26]** und in Marburg mit der Elisabethkirche ab 1235 als „großer Ordens-, Grabes- und Wallfahrtskirche" des Deutschritterordens **[27]**). **[Abb. 53, 54, 55] [Anm. 1/ 6]**

[Abb. 56] Die Gestaltung des Wohnturmes im Tempelbezirk des „Temple de Paris" mit seinen um den zentralen Turm gruppierten vier Ecktürmen (die Zahlenfolge „4+1=5" im Sinne des Überganges von der weltlichen „4" zur geistigen „5" darstellend) ist auch im Turm der Elisabethkirche zu Marburg zu erkennen. Templerische (ur-religiöse) Geometrie und Zahlensymbolik ist erst nach dieser Zeit in Deutschland zu erwarten.

● **Nach ca. 1200:** Bestimmt durch die Verborgene Geometrie des Reliefs ist die Flagge annähernd quadratisch **[s. Abb. 10]**. *„Die älteste eigentliche Fahnenart ist der Gonfanon (Guntfanon = Kriegsfahne), mit langem und schmalem Tuch, welches meist in drei Zipfeln endet [...] Vom 13. Jh. an tritt uns dann das ursprünglich hochrechteckige, später quadratische Banner entgegen, welches besonders geeignet zur Anbringung der Wappen war."* **[28]** Die im Relief erscheinende ältere Kriegsfahne (Gonfanon) des Reliefs wird also zeitlich modifiziert durch die annähernd quadratische Fahne in der Verborgenen Geometrie, die eine Datierung erst nach 1200 zulässt **[s. Abb. 10]**.

● **Nach 1314:** Aufgrund der in der Verborgenen Geometrie des Reliefs enthaltenen Hiramslegende **[29]**, die sich auf Jacques de Molay bezieht, ist das Relief nach dessen Hinrichtung 1314 **[30]** entstanden.

● **Nach ca. 1450 (möglicherweise breitenwirksam):** Es ist die Bildveröffentlichung durch Drucke eine Voraussetzung für einen sinnvollen Umgang mit der Verborgenen Geometrie eines Werkes. Der Kupferstich, der sich im 15. Jahrhundert entwickelte **[31]**, *„ist seit seinen Anfängen in weit stärkerem Maße als der Holzschnitt als Reproduktionsmittel benutzt worden."* **[32]**

● **1508-09:** Cranach reiste 1508-09 in politischer Mission von Wittenberg in die Niederlande nach Mecheln an den Hof Kaiser Maximilians **[33]**. Horn und die Externsteine lagen an dem Hauptverkehrsweg zwischen Magdeburg und Köln mit den Stationen Halberstadt, Goslar, Einbeck, Horn/Externsteine, Paderborn, Soest. **[34]** So führte der Weg Cranach 1508 und 1509 an den Externsteinen vorbei. **[Abb. 57, 58, 59]**

Aus verkehrsgeographischer Sicht ist über die Externsteine zu lesen: *„Der Gebirgszug des Teutoburger Waldes weist einige günstige, natürliche Übergänge auf, zu denen auch der Paß über die Große Egge zwischen Schlangen-Oesterholz und Horn gehört. Der von Paderborn kommende Hellweg stellte als Fernweg die Verbindung zur Weser und Elbe dar. Er führte entlang der Wiembecke unmittelbar an den Externsteinen vorüber. Ein breitgefächertes Hohlwegsystem mit Karrenspuren ist westlich des alten Forsthauses im Hang vor dem Gebirgskamm erkennbar. Bronzezeitliche Grabhügel, Steinbeil- und römische Münzfunde bezeugen das hohe Alter dieses Gebirgsüberganges [...]. Eine Variante dieses Paßweges führte von Paderborn am Strothebach entlang über die Kleine Egge südlich am Knickhagen vorbei*

94

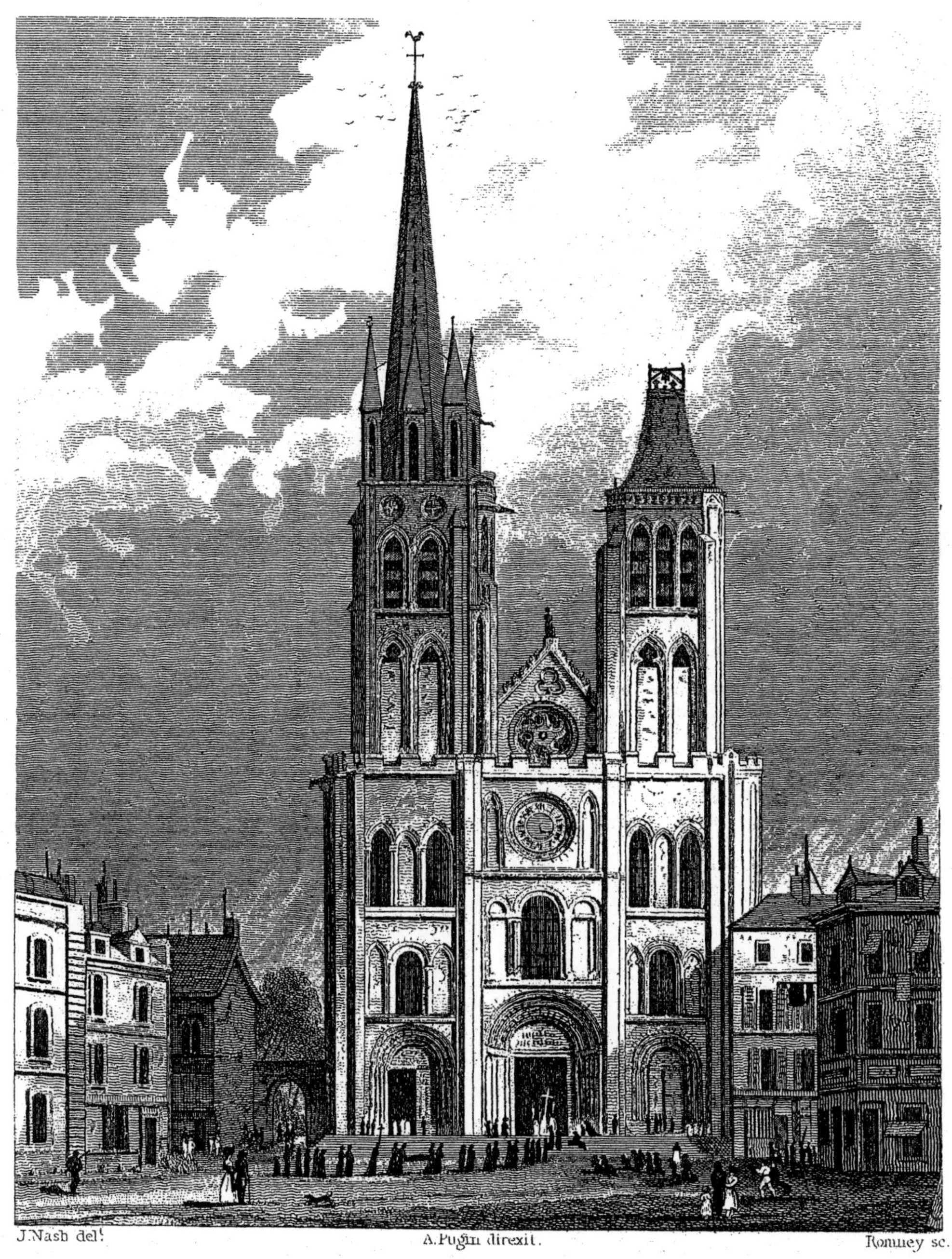

[Abb. 53] *Stahlstich (19. Jhdt): Die frühgotische Kathedrale Saint Denis, Paris (erbaut ab 1136).*

95

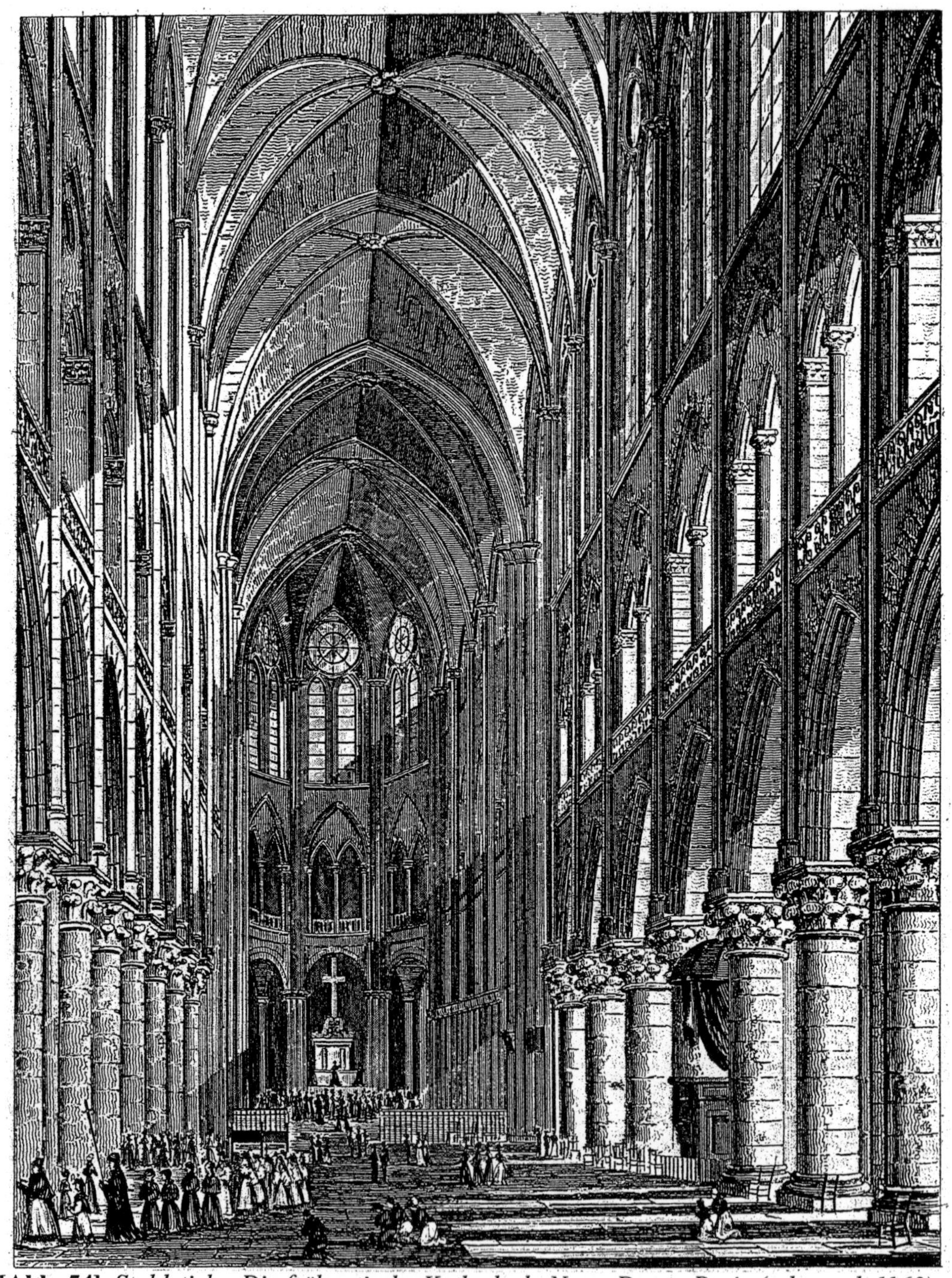

[Abb. 54] *Stahlstich: Die frühgotische Kathedrale Notre Dame, Paris (erbaut ab 1163).*

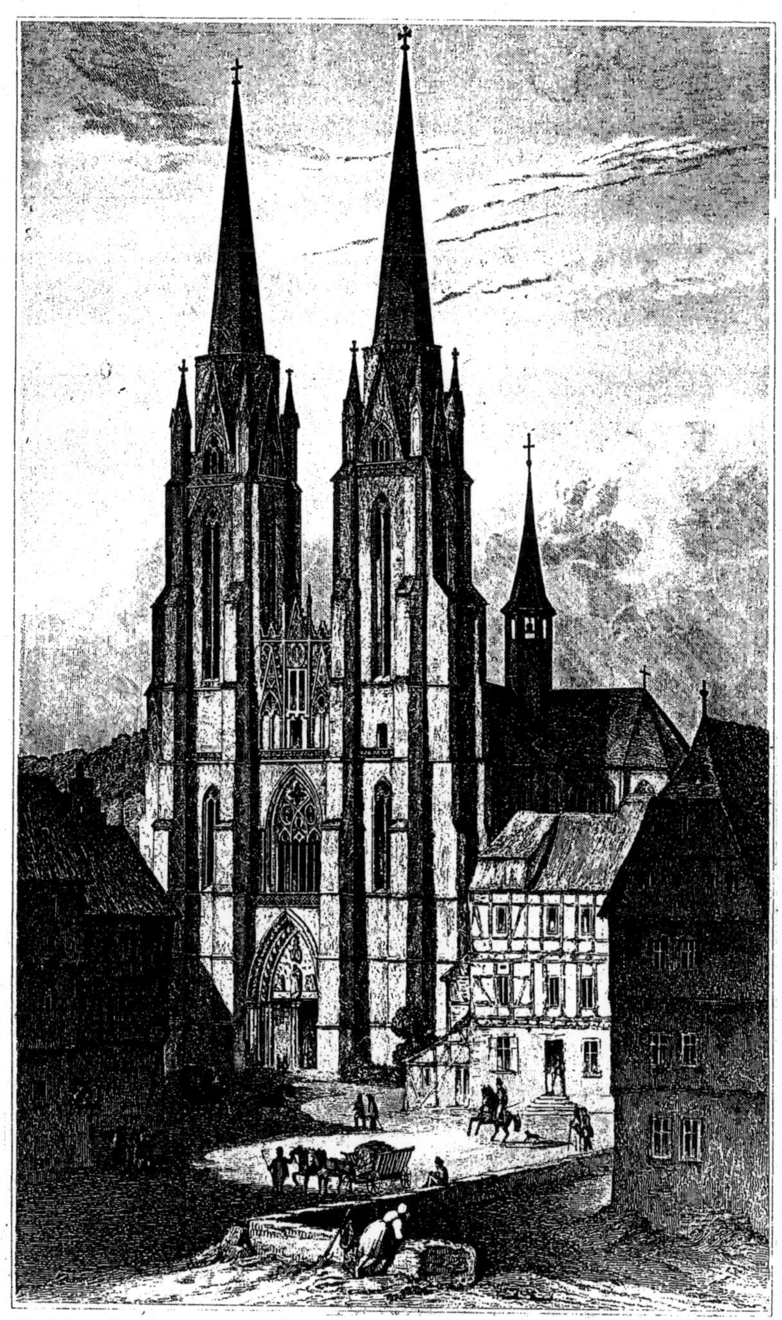

[**Abb. 55**] *Stahlstich (von Fried Abresch, 19. Jhdt.): Die frühgotische „Elisabeth-Kirche"
in Marburg (erbaut ab 1235 als Ordenskirche des Deutschritterordens).*

LA TOUR DU TEMPLE.

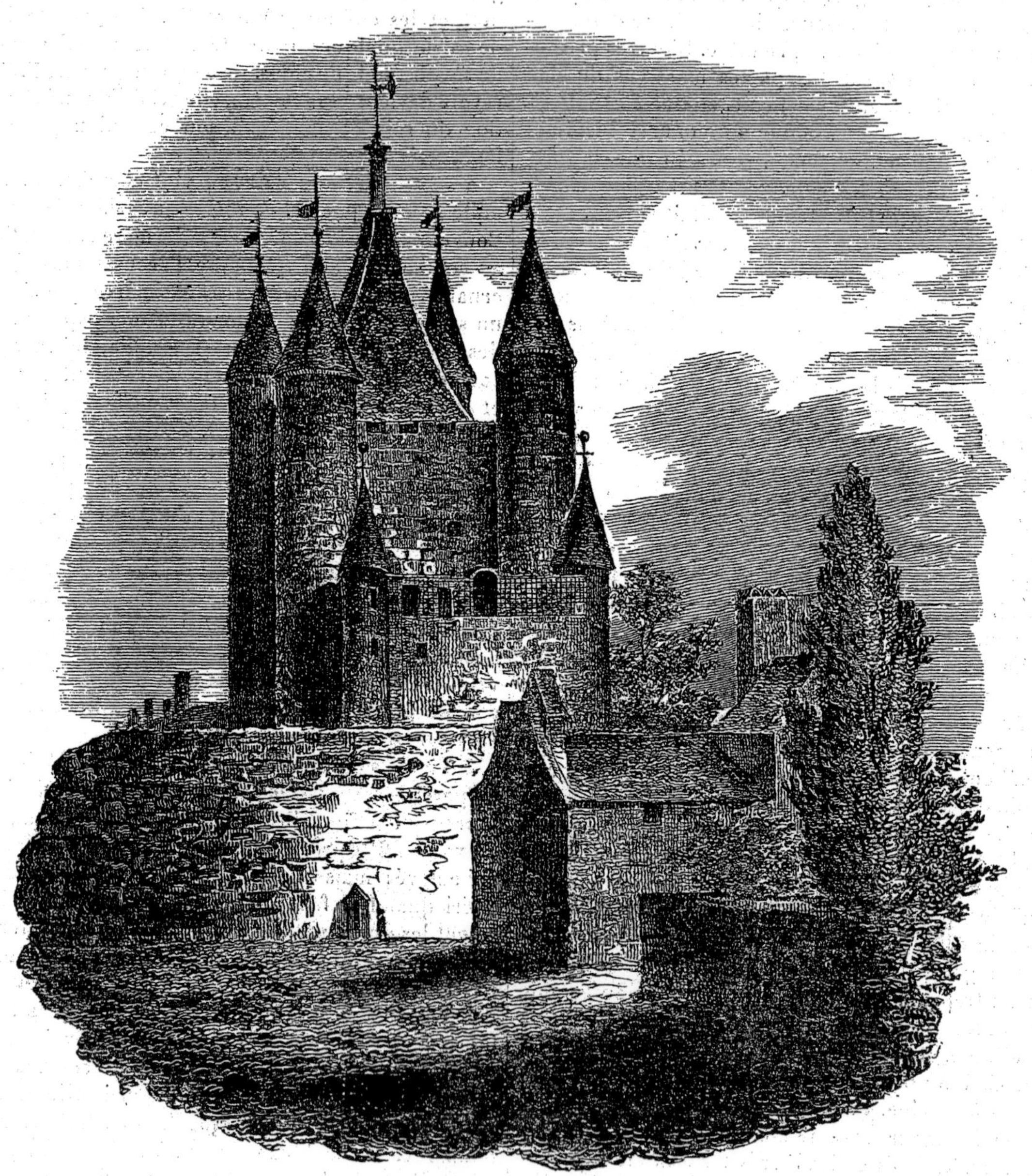

[Abb. 56] *Holzschnitt (19. Jhdt.): Der Wohnturm „Tour du Temple" (aus der 2. Hälfte des 13. Jahrhunderts) im Templer-Bezirk (Vieux temple) von Paris (erbaut seit dem Anfang des 12. Jahrhunderts).*[s. Wolf, S. 318]

nach Horn. Im Jahre 1813 wurde diese historische Wegführung vom morastigen und hochwassergefährdeten Tal der Wiembecke an den Hang des Knickhagen verlegt. Dieser später zur Reichsstraße 1 ausgebaute Weg führte bis 1936 durch das mehrfach verbreiterte und vertiefte 'Tor' zwischen dem Treppensteinfelsen III und Felsen IV mit dem Wackelstein. Danach wurde die heutige Bundesstraße 1 von der Egge südlich am Knickenhagen vorbei durch das Zangenbachtal nach Horn geführt. Auf diese Weise befreite man das Externsteingebiet vom motorisierten Verkehr. Die Straßenbahnlinie von Paderborn nach Horn, die im Jahre 1912 ihren Betrieb aufgenommen hatte, fuhr bis 1953 durch die Externsteine." **[35]**

Cranach wird also 1508/9 die Externsteine auf der genannten Hauptstraße zweimal passiert haben und von deren Anlagen (auch von einem möglicherweise vorhanden gewesenen, beschädigten älteren Relief, etwa von dem Basilisken-Relief) Kenntnis erhalten haben.

● **1525**: Lucas Cranach d.Ä. stand mit dem Herzog Albrecht von Preußen im Briefkontakt (1526, 1529, 1546, 1547). **[36]** Er hatte vermutlich eine Beziehung zu dessen Themen:

Der Markgraf Albrecht von Brandenburg-Ansbach wurde 1511 zum <u>Hochmeister</u> des Deutschen Ordens gewählt. **[37]** Er trifft sich 1523 mit Luther. *„Der Augustinermönch gibt wahrscheinlich den Rat, den Orden aufzulösen und eine weltliche Herrschaft in Preußen zu begründen."* **[38]** 1525 *„am 10. April endlich wird Albrecht von Brandenburg feierlich mit dem alten Ordensstaat Preußen belehnt"* als Herzog Albrecht von Preußen. **[39]** *„Auch die meisten der noch verbliebenen Ordensritter stimmen Herzog Albrecht zu - sie legen den weißen Ordensmantel ab. Diejenigen aber, die sich dazu nicht durchringen können oder mögen, gehen nach Deutschland."* **[40]** Herzog Albrecht von Preußen (1490-1568) führte im Herzogtum Preußen die Reformation ein. **[41]**

„Der Deutsche Orden im Reich, mit dem <u>Deutschmeister</u> an der Spitze, verfügte zu keiner Minute über die Macht, das Geschehen etwa revidieren zu können […]. Dem Deutschmeister ist es in gewisser Weise gelungen, einen Teil der Ordensgebiete im Reich zu einer geschlossenen Herrschaft zu vereinigen. Dennoch bleibt der Abfall Preußens ein schwerer Schlag; der Orden muß zusehen, den Schaden möglichst klein zu halten; er muß alle Anstrengungen unternehmen, daß ihm nicht irgendwelche Territorien im Reich auf gleiche oder ähnliche Weise verloren gehen. Dies gelingt." **[42]**

„Die Wahl eines neuen <u>Hochmeisters</u> hätte bedeutet, daß der Deutsche Orden den Staatsstreich Albrechts und den endgültigen Verlust Preußens anerkennt, was er aber auf jeden Fall vermeiden will. Nach langen und zähen Bemühungen gelingt es dann dem 1526 gewählten neuen <u>Deutschmeister</u> Walter von Cronberg, seine Anerkennung als Ordensoberhaupt auf Zeit und damit als <u>Administrator des Hochmeisters</u> innerhalb und außerhalb des Ordens durchzusetzen." **[43]**

● **1530**: *„Kaiser Karl V. belehnt 1530 Walter von Cronberg mit den <u>hochmeister-</u> <u>lichen Rechten und mit dem Land Preußen</u>.* [Anm.: Dieses war wohl eine Spitze gegen den geächteten Herzog Albrecht von Preußen.] *Sitz des Hochmeisters* [des Deutschmeisters mit hochmeisterlichen Rechten] *ist jetzt Mergentheim. Der Wunsch, somit Preußen wieder in*

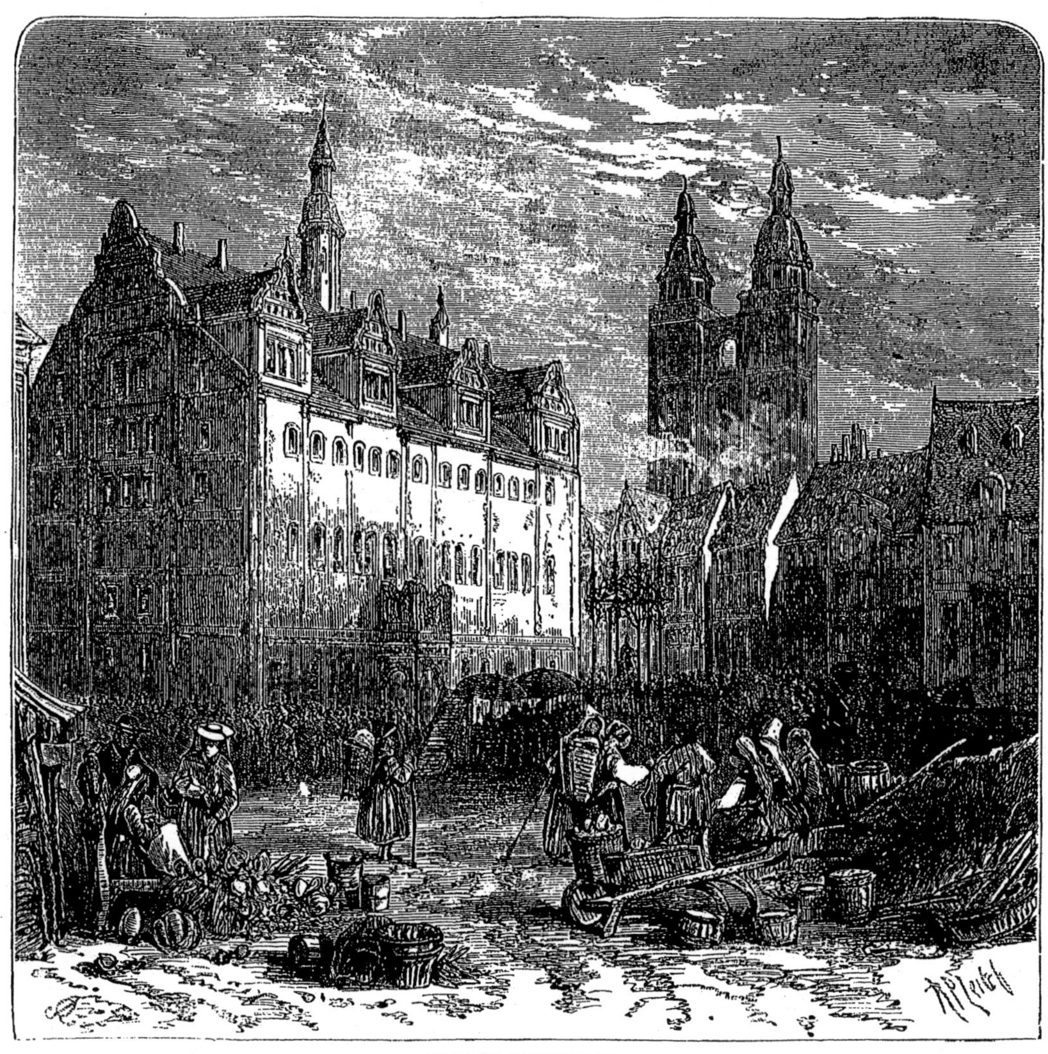

[Abb. 57] *Holzstich (19. Jhdt.): Marktplatz von Wittenberg.*

den Herrschaftsbereich des Ordens zu bekommen, bleibt aber auf ewig ein frommer Gedanke." **[44]**

Wahrscheinlich ist das Externstein-Relief eine spirituelle Schulungsstätte im Sinne einer Intensivierung der Arbeit des Deutschen Ritterordens nach innen nach dem „Abfall des Ordenslandes Preußen", einem Verlust an extensiven Gütern, – wohl anlässlich der Belehnung von Walter von Cronberg durch Kaiser Karl V. im Jahre 1530.

100

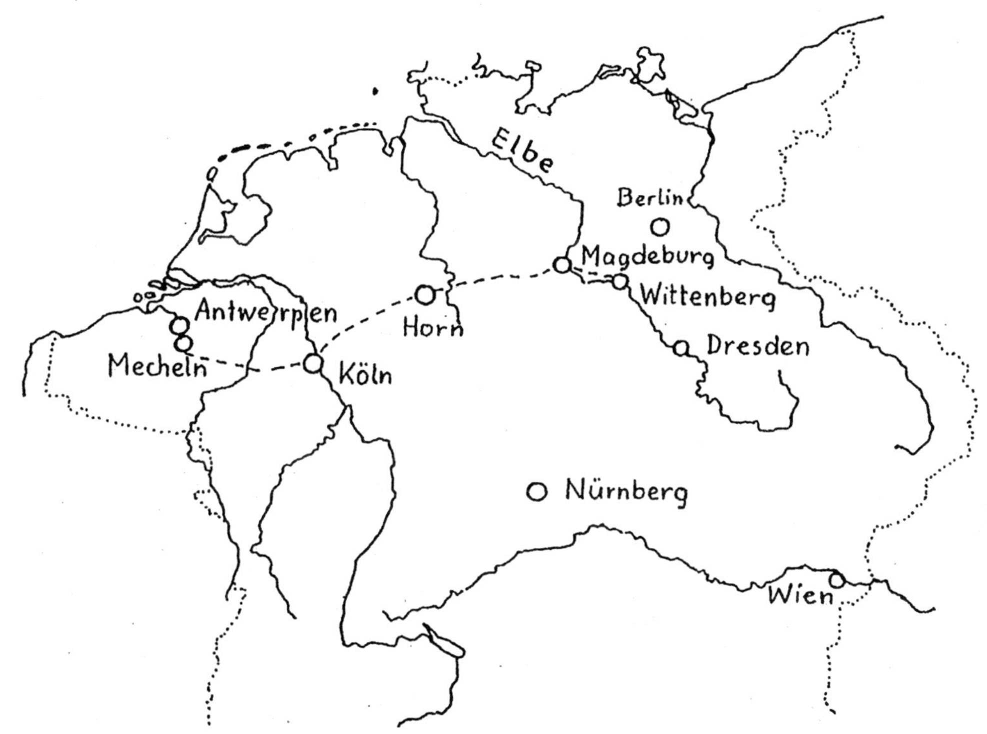

[Abb. 58] *Zeichnung: Der Reiseweg von Lucas Cranach d. Ä. 1508/ 1509 von Wittenberg nach Mecheln.*

● **um 1530:** Das häufig auftretende Motiv des Fels-Kubus in Cranachs Bildern verweist anscheinend auf die Externsteine. Besonders auffällig ist dieser Kubus in der Malerei „Das Paris-Urteil" (1530, Sammlung Karlsruhe, Kunsthalle **[45]**). **[Abb. 60, 61]**

● **Seit etwa 1530**: Nach Hinz zeigt die Verteilung der Figuren des Paris-Urteils von Karlsruhe ein *„Nebeneinander und Miteinander gleichartiger und gleichgestimmter Elemente"*. **[46]** Die Beschreibung trifft auch auf die gegenständliche Komposition des Externstein-Reliefs zu. Diese Komposition zeigt eine Verteilung von (flächig) freistehenden Einzelfiguren auf einem ruhigen Hintergrund, eine Art von flachem Streubild ohne nennenswerte Überschneidungen. Sie ist additiv aufgebaut und nicht komplex. Die Reihung der Figuren in der mittleren Zone betont die Grundlinie, wobei die Figur des de Molay erhöht auf der Irminsul steht, die ihrerseits mit ihrer Basis in diese Reihe auf der Grundlinie eingeordnet ist. Der Bereich des Himmels ist durch den Kreuzquerbalken wie abgetrennt, da die Christus-Figur ohne Unterleib dargestellt ist. Figuren und Bereiche sind getrennt nebeneinander gesetzt. Nur wenige Überschneidungen von Arm und Kopf vermitteln den Eindruck von Beziehung und Handlung, so besonders im Zentrum mit den „arbeitenden Brüdern": dem Einzuweihenden und der Bruderschaft.

101

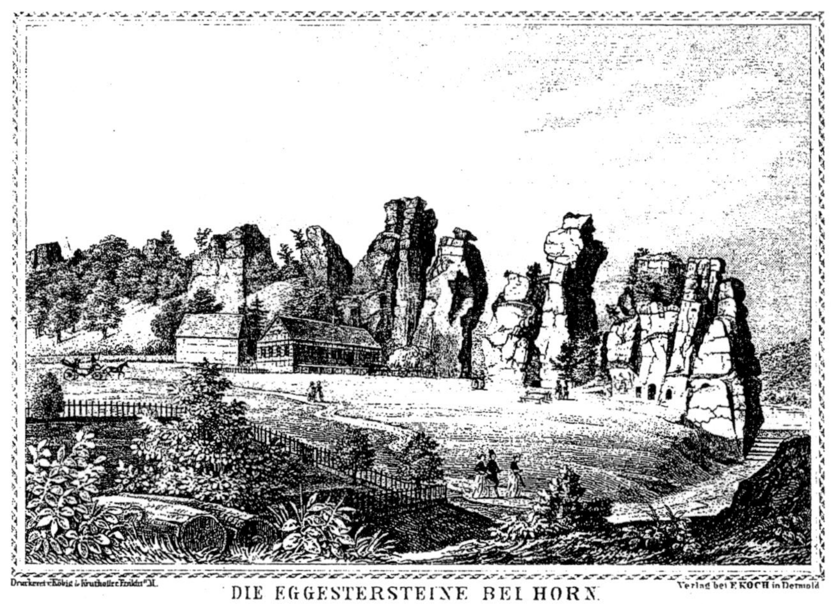

[**Abb. 59**] *Stahlstich: „Die Eggesteine bei Horn." (Verlag bei F. Koch in Detmold).*

Dann stellt Ameseder fest, daß Cranachs Karlsruher Paris-Urteil einen Übergang zur Diagonalkomposition darstellt. Er sagt: *„Auch in Deutschland bereitet sich um diese Zeit der Übergang zur Diagonalkomposition vor."* **[47]**

Danach wäre mit Cranachs Paris-Urteil von 1530 bei ihm eine Stufe der Kompositionsweise (der sehbaren gegenständlichen Darstellung) begonnen (wie auch in Deutschland), die der Kompositionsweise des Externstein-Reliefs mit seinen Diagonalparallelen **[48]** entspricht. Nach 1530 ist also eine Diagonalkomposition normal (und nicht notwendig byzantinisch).

Auch sind, stilistisch gesehen, die Figuren des Einzuweihenden und des Täufers vollplastisch empfunden (rundum-ansichtig gemeint), wogegen die Figuren der Bruderschaft und des de Molay eher flach empfunden sind (einansichtig bis zweiansichtig gemeint). Die Bildhauer dieses Reliefs befinden sich also an der Grenze von frühstufiger zu hochstufiger Darstellungsweise, was den byzantinischen oder romanischen Rahmen einer insgesamt frühstufigen Darstellungweise (von additiv aus flachen Formelementen zusammen gesetzten Gestalten) sprengt und statt dessen in seiner auch hochstufigen (fließend verlaufenden, rundum-ansichtigen Art) an den Beginn der Neuzeit zu stellen ist.

Es wird also nicht die Ausführung eines einzigen Bildhauers, sondern vielmehr von mindestens zwei Bildhauern sein. Die stilistische Höhe (einer frühstufigen oder hochstufigen Ausführung) und eine durchgehend gleichartige Gestaltungslage scheinen hier nicht so wichtig gewesen zu sein, wie eben eine Wiedergabe einer in der Fläche ausgebreiteten Kompositionsvorlage mit ihren Abmessungen und Proportionen.

102

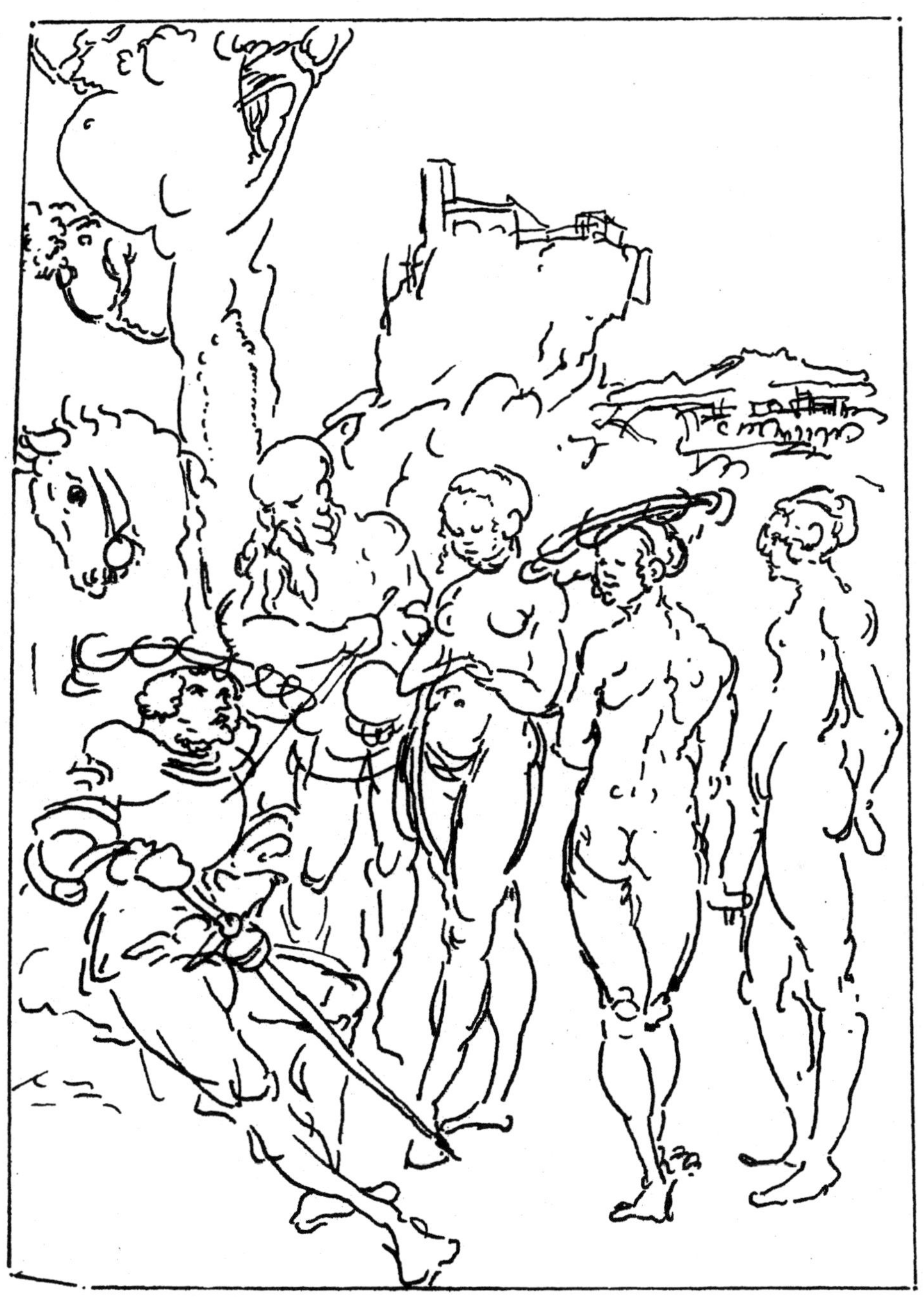

[**Abb. 60**] *Kopie/ Zeichnung: „Das Parisurteil" von L. Cranach d. Ä., braune Feder, um 1527/30,* [in: Jahn, S. 126].

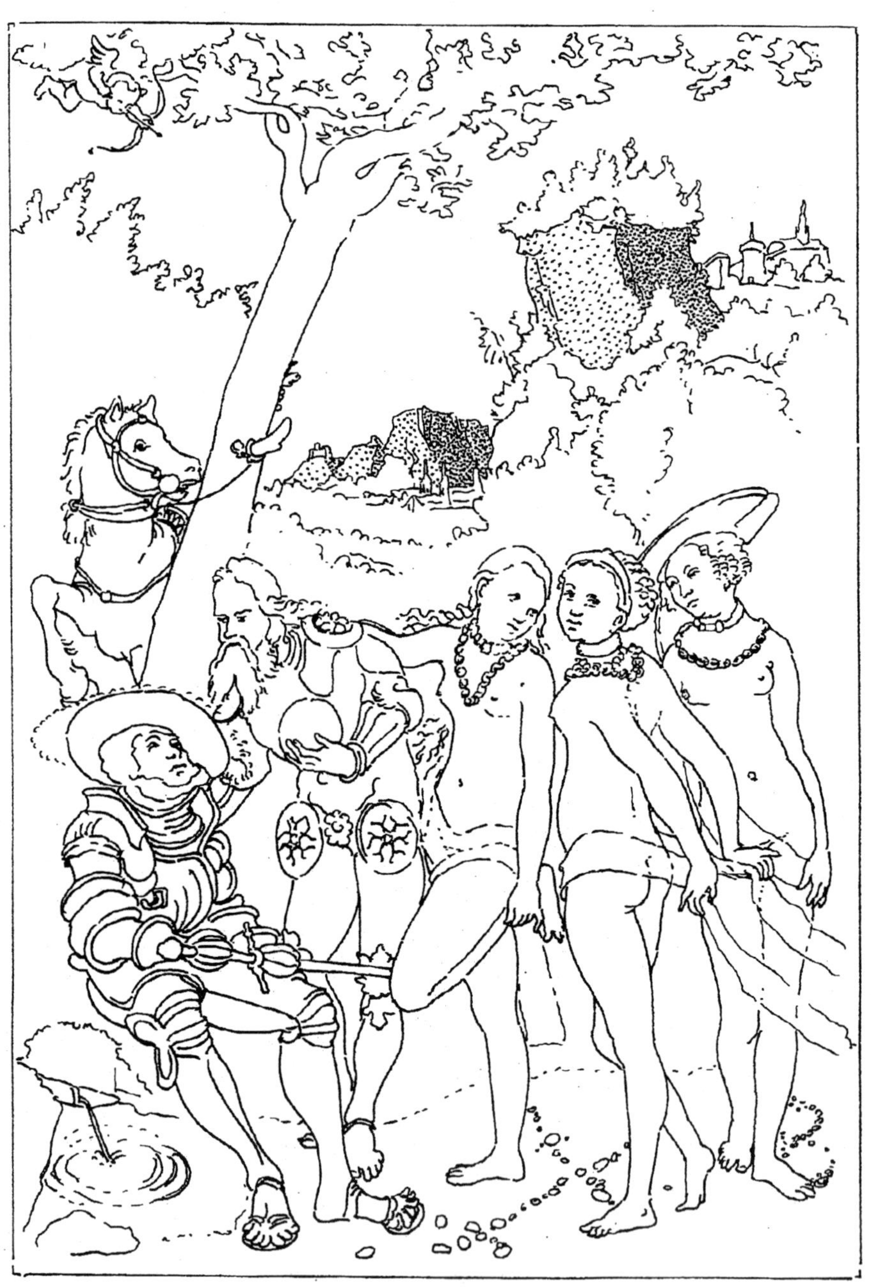

[Abb. 61] *Nachzeichnung: „Das Parisurteil" von L. Cranach d. Ä., Malerei auf Holz, 1530* [in: Friedländer, Nr. 255].

104

Damit erscheint nun in zeitlicher Hinsicht evident gegeben,

dass der aufgrund der Signatur erkannte Urheber der Relief-Komposition, Lucas Cranach
d. Ä. (1472-1553), –

zu einer Zeit, die durch Urkunden nicht ausgeschlossen ist, während andere Zeitab-
schnitte davor und danach ausgeschlossen sind

und die in die angeführten, besonderen Zeitumstände um 1525/30 hinein passt, –

diese „Komposition mit Verborgener Geometrie und ur-religiösen Ansichten, bzw. Einstellungen", –

mit landschaftstypischer Ähnlichkeit des Relief-Standortes zu anderen seiner
kubushaltigen Bildmotive, bzw. Bilder jener Zeit –

mit der an der Grenze zum Hochstufigen und zur Epoche der Renaissance stehenden
Ausführung des Reliefs , –

entworfen hat.

7.　SUMME UND AUSBLICK:

7.1.　ZUM RELIEF:

Das Externstein-Relief ist ein in seinen zugrunde liegenden Ebenen gesehenes,
von jüngeren zu älteren Ebenen vordringend angelegtes, freimaurerisches/ templerisches/
ur-religiöses „Einweihungsbild", entworfen von Lucas Cranach d. Ä. um 1527/30,
wahrscheinlich für den Deutschen Ritterorden, im zeitlichen Rahmen wahrscheinlich zum
Anlass der Belehnung des Walter von Cronberg mit Sitz in Bad Mergentheim, mit den
hochmeisterlichen Rechten und mit dem Land Preußen durch Kaiser Karl V. im Jahre
1530. Das Relief zeigt als ein Schulungs-Instrument (als eine „Arbeits-Tafel") symbolisch
den Eintritt in den Tempel und dort den Einweihungs-Weg im Sinne einer Nachfolge des
Templer-Ordens und seines Großmeisters Jacques de Molay, wohl als eine dem Deutschen
Ritterorden anvertraute, besondere Aufgabe.

Im ur-religiösen Sinne einer Entwicklung des Individuums – durch Projektion des
Bewusstseins durch die Schichten des Unbewussten [1], bzw. durch die Schichten des
durch Dogmen geprägten, von Schuld und Sünde beladenen Unbewussten **[Anm. 1/ 7]**,
hindurch aufsteigend bis zur Anteilnahme am überstrahlenden, reinen, ewigen Geist
„Atma" – ist im Relief gezeigt, dass (hier lokal geprägt) die Bedrückungen von gebeugtem
Lebensbaum (der Irminsul) und von bedrängendem Drachen (Basilisken, als des
negativen, inneren Aspektes der bedrückten und besiegten „Heiden") überwunden werden
am erhebenden, symbolischen Baukran.

Die Gestalt des Reliefs mit dem oberen, (wahrscheinlich) neueren Teil, das um das
(bildgegenständlich gesehen) lateinische Kreuz herum gruppiert ist und mit dem unteren,
(wahrscheinlich) älteren   Teil der Basilisken-Gruppe ist derart komponiert, dass das
spätere, obere Teil verborgen-geometrische Bezüge zum früheren, unteren Teil beinhaltet
(s. P01 und D/P02), die zur Überwindung der kirchen-christlichen, dogmatischen, bedrängenden und erdrückenden Art des Basilisken, bzw. des Traumas des Besiegtwerdens

aufrufen. Das Relief stellt einen Appell zur Befreiung von herrschenden kirchen-christlichen Zwängen (etwa des herrschenden Vorbildes des einen Heilandes, etwa der Sünde der Erkenntnis **[s. Anm. 1/ 4.]**) dar. Es ruft auf zum eigenverantwortlichen Leben mit der Überwindung jenes Traumas und der (dominanten) Fesseln von Fleisch und Materie und mit der möglich gewordenen Rückkehr zur All-Seele im Sinne der Ur-Religion. **[2]**

Das Relief war als ein kirchen-christliches Bild getarnt (mit einem, bildgegenständlich gesehen, lateinischen Kreuz), zeigt aber Züge der Ur-Religion (mit dem, verborgen-geometrisch gesehen, gleichschenkligen Kreuz) mit dem Heranbilden von Heilanden, die den Kontakt zwischen Himmel und Erde herstellen und halten. Es zeigt den Namen des Sachsengottes „E Li". Das Relief ruft also dazu auf, den Kontakt zum Ahnengott „E Li" aufzunehmen und zu bewahren, und das in allgemein (an diesem Ort) umgebender kirchen-christlicher Zeit. Es ist ein ur-religiös geprägtes (vom Lichtstrahl/ Lichtschacht, vom Aufstieg auf dem Strahl in der Lichtkugel sprechendes) Einweihungsbild, das zu Schulungszwecken geschaffen ist, um vollkommene Heilande heran zu bilden, die im Sinne einer möglicherweise lokal (sächsisch) geprägten Ur-religion der Herrschaft des einen (zwischen Erde und Himmel) angeblich wirkenden Mittlers/Sohnes zu widersprechen und von dessen Einengungen (Dogmen, nämlich des einzig vom Mittler/ Sohnes gewiesenen Weges zum Himmel, der für sündhaft gehaltenen Erkenntnis, des lang anhaltenden Todesschlafes vor einer fremd erteilten Erlaubnis zur Himmelfahrt) zu erlösen, wie auch ohnehin von einer (vom Kirchenchristentum unabhängigen) Weltverhaftung zu erlösen.

Das Relief befand sich seit seiner Entstehung gegen 1530 zur rituellen Nutzung in einem vor die Felswand gesetzten Haus. Als es um 1663 von Elias van Lennep dargestellt wurde, war dieses Haus verschwunden. Das Relief war nicht mehr gedeckt und also nicht mehr rituell genutzt worden. Seitdem gab es den Betrachtern Rätsel auf und geriet an Interpreten, die nicht das Werk, sondern ihre eigenen, vermeintlichen, kirchen-christlichen Assoziationen beschrieben. Sie beschrieben literarische Vorgaben (wie ein Kreuzabnahme-Relief auszusehen habe), nicht aber allegorische und symbolische Aussagen des vorliegenden (bild-gegenständlichen und verborgen-geometrischen) Werkes selbst. **[Anm. 2/ 7.]** Es war zu sehen, dass die Beschreibungen des Reliefs begonnen wurden mit der Überschrift „das Kreuzabnahme-Relief", ohne diese Meinung/ Behauptung/ Wertung (es handele von einer Abnahme Jesu vom Kreuz) zu begründen, dass es wirklich eine Kreuzabnahme sei.

Eine Interpretation des Externstein-Reliefs kann nicht davon ausgehen, dass es ein kirchen-christliches sei, sondern vielmehr ein templerisches (in der Tradition der Verborgenen Geometrie), wenn auch die Templer einen dem Papst unterstellten Orden bildeten, der allerdings seine Eigenheiten der Symbole (etwa mit dem ungefähren Zeichen eines Tatzenkreuzes und der Kreuzesfahrerflagge) und mit den ihnen zugehörenden Personen (etwa des de Molay, des Täufers Johannes, der Witwe), aufwies, so waren doch deren Inhalte durch den Kontakt zu der arabischen „Bruderschaft der Baumeister", die die 42 Bände des altägyptischen Gottes Thot in arabischer Sprache kannten **[3]**, eher ur-religiös eingestellt, was auch in den Inhalten der Verborgenen Geometrie zum Ausdruck kommt (etwa im Lichtschacht, in der solaren Robe, in der Vielzahl der volleingeweihten Heilande), womit sie auch im Kontrast zum Kirchenchristentum standen, das die Beziehung zum Himmel verwaltete (mit dem Verbot der Erkenntnis, mit der einen Kontaktperson des einen Herrn/ Sohnes und Boten des gut-bösen Demiurgen Jehova und über das erst später zu erwartende Urteil über Billigung oder Verweigerung einer Himmelfahrt).

Mit dem Nachweis der Autorenschaft Cranachs an dem Entwurf des Externstein-Reliefs, ist die Reihe der echten Cranach-Bilder (an denen ohnehin seine Werkstatt mitgearbeitet hatte) erweitert um dieses monumentale Kunst-Bild des „Einweihungs-Reliefs". Es ist nicht byzantinisch oder romanisch und nicht kirchen-christlich, sondern es ist neuzeitlich-urreligiös und derart erschaffen in umgebender kirchen-christlicher Zeit.

Nach der dem interessierten Leser gegebenen „Einführung in die Verborgene Geometrie" [4] und nach dem Beispiel vorliegender verborgen-geometrischer (freimaurerischer→templerischer→ur-religiöser) Interpretation des Exsternstein-Reliefs können nun auch Frauen (speziell Kunsthistorikerinnen), die (wenn es auch Frauenlogen gibt) eine Einweihung in den Freimaurer-Orden (der wichtige, wenn auch nicht alle Elemente der Verborgenen Geometrie enthält) und in seine Lehre (im Rahmen der Arbeiten der „Brüder") nicht bekommen können, zu eigenen Forschungen ermuntert und vorbereitet werden.

Überhaupt wartet das reiche Vorkommen von abendländischen Kunst-Bildern (mit enthaltener „ritueller Verborgener Geometrie") noch auf seine angemessene Wahrnehmung, Interpretation und Wertschätzung – im Kennenlernen der (nichtbildlichen/ geometrischen) morgenländischen Sprache im abendländischen (bildhaften/ bildgegenständlichen) Gewande. Das „christliche Abendland" kann die „reinen Vorbilder seines Kirchen-Christentums" in der Ur-Religion erkennen [5], die innerhalb der abendländischen Kunst (bis etwa 1810, dem Todesjahr Philipp Otto Runges [6]) tradiert wurden. – Das Externstein-Relief fordert als ein ur-religiöses Kunstbild (im Zusammenhang seiner pädagogischen Aufgabe eines Einweihungs-Kunstbildes, bzw. einer Arbeits-Tafel) geradewegs dazu auf, zu helfen, die ur-religiösen Wurzeln aufzudecken

- zugunsten der Erkenntnis der Kunst des Abendlandes (dass sie Urreligiöses transportiert),
- zugunsten der Erkenntnis des Kirchen-Christentums (dass es eine Barriere zwischen Welt und Himmel stellt, etwa durch das aufgestellte Monopol des Weges zugunsten des einen Christus und durch sein angebliches Richteramt),
- zugunsten der Heilung dogmengeschädigter Menschen (dass sie nicht unter diesen Barrieren leiden, diese vielmehr überwinden) und
- zugunsten einer Besinnung des Menschen auf den metaphysischen Sinn (einer Reinigung und des Zuwachses an Erfahrung) bei einem Durchgang des Menschen durch eine Welt mit einer Dominanz der Materie, des Fleisches, der Sinne und der Ideologien.

Das Externstein-Relief steht erst am Anfang der Entdeckung seiner verborgenen Botschaften. Ein erster Hinweis auf eine ur-religiöse/ ur-christliche (den Übergang vom Chrestus zum Christus betreffende) Sicht auf das Relief ist in vorliegender Monographie gegeben mit der Darstellung des Weges vom Einzuweihenden zum Volleingeweihten mit seinem Lichtleib der solaren Robe im Lichtstrahl des Lichtschachtes.

Das Externstein-Relief ruft auf zur Überwindung und Befreiung vom bildgegenständlich vorgetragenen Kirchen-Christentum zugunsten einer zugrunde liegenden verborgen-geometrischen Botschaft der Ur-Religion mit einem direkten Bezug zum Himmel, der erreichbar sei mit dem gewandelten Leib, mit dem Lichtleib (einer Feuerkugel), auf der Spur des Lichtstrahles (der Energiebahn des E Li).

7.2   ZUR EXTERNSTEIN-FORSCHUNG

Wenn auch keine Aussagen zu den übrigen Bearbeitungen der Externsteine (und zu deren Bedeutungen) gemacht wurden, so sollen dennoch die Ergebnisse der Erforschung des Reliefs in Ansätzen in die vorgetragene Forschungsgeschichte eingeordnet werden:

Die Untersuchung des Reliefs konnte anhand einer neu entdeckten Forschungs-Methode der Analyse der „rituellen verborgenen Geometrie" der im Bildwerk enthaltenen „Verborgenen Geometrie", bzw. der „Königlichen Kunst der Einweihung", neue Ergebnisse (Bildaussagen) zu Tage fördern, die das Relief als ein „ur-religiöses Einweihungsbild" aus „kirchen-christlicher Zeit" kennzeichnen.

Damit ist eine neue Situation entstanden, die den lang anhaltenden „Meinungs- und Forschungsstreit", um ein christliches oder um ein vorchristliches „Heiligtum der Externsteine" [7] betrifft (allerdings mit einer neu entstandenen Problematik), denn, wie wir sahen:

DAS EXTERNSTEIN-RELIEF STAMMT AUS KIRCHEN-CHRISTLI-CHER ZEIT (um 1530) UND IST HEIDNISCH (URRELIGIÖS). [Anm. 3/ 7]

Dieses Relief kann also nicht herangezogen werden als Beleg für eine Aussage und Behauptung, an den Externsteinen hätten die Abdinghofer Möche oder andere eine christliche Kultstätte errichtet (etwa eine Nachbildung der heiligen Stätten in Jerusalem [8], an den Externsteinen habe es ein christliches Heiligtum gegeben, die Externsteine wären im Mittelalter ein kirchen-christlicher Wallfahrtsort gewesen). Um dieses beweisen zu können, müssten andere Belege (als jenes eines angeblichen „Kreuzabnahme-Reliefs") bemüht werden. – Nach der Argumentations- und Beweislage spricht das Relief an den Externsteinen für einen urreligiösen Einweihungsort in der Zeit nach etwa 1530 und bis weitestgehend etwa 1660.

Das Externstein-Relief steht in der Tradition der Einweihungsbilder, die unabhängig von „Staats-Religionen" (etwa dem römischen Mithraskult oder der römisch-katholischen Kirche oder der Landes-Religion „cuius regio eius religio/ wessen Land, dessen Religion" ...) oder „Verbands-Religionen" (etwa katholischer, protestantischer, reformierter ...) einen unterschwelligen Strom der verborgenen Ur-Religion durch die Geschichte des Abendlandes getragen haben, ermöglicht durch eingeweihte Künstler. Die im Verborgenen angebotenen Botschaften wurden anscheinend von den jeweils herrschenden Religionsträgern nicht erkannt dank einer hoch entwickelten Kunst-darstellungsweise (und sie wurden auch nicht bekämpft).

Mit der nun neu erschlossenen Lesbarkeit von Kunstwerken sind den Kultur-Wissenschaften neue Möglichkeiten der Erforschung und Anwendung entstanden, eine neue Kunstwissenschaft (neben einer bestehenden Bildwissenschaft) als geometrisches Vehikel und als ritueller Inhalt, als vorgegenständlich-abstraktes Medium und als spirituelles Zeugnis.

Es geht dabei um die beziehungsreiche Transformation (Alchemie) – im vorliegenden Thema um Wandlung eines fremdwertigen, verinnerlichten, selbstbestra-fenden Erwürgens (im Aspekt des Basilisken) in ein selbstbestimmtes Eigenleben.

Der Unterschied zwischen Bild-Wissenschaft und Kunstbild-Wissenschaft ist gerade beim vorliegenden Thema gut zu demonstrieren: Bildwissenschaftlich gesehen ist unter Beachtung des Bildgegenständlichen der Basilisk das Böse, die Sünde, der Tod, während kunstbildwissenschaftlich gesehen in der Beziehung des Basilisken zu spirituellen Abläufen (Aufgaben, Reisen/ Wegen, Wandlungen) er im Externstein-Relief ein vom Zwangsaspekt Befreiter, Gewandelter, Erhobener, in seine spirituelle Bedeutung eingesetzter Erkennender (nicht Böser), Gottsuchender (nicht Sündhafter), geistig Lebender (nicht geistig Toter) ist. Der Gegenstand des Bildes (hier der Basilisk als Drache, bzw. ur-religiös als Schlange Apep) kann im Kunstbild durch die Anwendung der Königlichen Kunst im Einweihungsgeschehen, durch sich ändernde spirituelle Zusammenhänge (etwa einer Aufrichtung oder Erhebung), gestellt und dadurch aus seiner am Gegenstand fixierten Bedeutung heraus genommen werden in Vorgänge der Wandlung. Das Kunstbild ermöglicht in seiner Interpretation als Vorgang einer Wandlung einem Bildgegenstand eine Veränderung zu ermöglichen und so aus ihm einen geistigen Gegenstand zu machen. Die neue Qualität des Kunstbildes und der (dieses erkennenden) Kunstbildwissenschaft kann aus einem im Bild dargestellten Gegenstand eine Qualität spiritueller Erfahrung machen, aus einem Ding einen Vorgang aus einem Ort eine Wanderung, aus einem vorbestimmten allgemeinen Wert einen besonderen eigenen Wert.

Es können somit drei Ebenen der Kunstbildinterpretation erkannt werden:

A Das Bildgeschehen bekommt eine dynamische Möglichkeit der Wandlung eines Gegenstandes/ Zustandes (etwa der Irminsul; des Basilisken) zu einem erhobenen, geheilten, in seinem reinen Zustand gesehenen, eigentlichen Sinnvollen (der Irminsul in ihrem Wachsen sowie des die beiden Sachsen würgenden Basilisken in einem nicht mehr würgenden Aspekt der beiden Sachsen, nämlich als bestrafungsfreie/ eben nicht schuldhafte Sachsen, die in der lichten Höhe beschaut keinen Grund haben, gewürgt zu werden.)

B Der dieses vom „Punkt Weisheit" aus über der Erde und unter der Erde sehende Einzu-weihende erkennt also im durch Erhebung heller gewordenen Licht der Irminsul und des Basilisken deren Heilung (durch Begradigung seitens der Irminsul und durch Auf-hellung und damit Überwindung seitens des Basilisken) angesichts einer Auflösung des in einer Dunkelheit Unerlösten (etwa einer gespürten aber nicht notwendig bestehenden und über Dogmen eingeredeten Schuld). Der Einzuweihende selbst kann dieses leisten angesichts seiner eigenen Lage, ein Unerlöstes in seinem dunklen Unbewussten gegenwärtig zu bearbeiten, wenn es eben gerade sein Thema ist.

C Eine Verbindung der Kunstbildaussage (einer Erlösung der Sachsen durch Überwindung eines in ihnen Unerlösten, nämlich der sie bedrängenden angeblichen Schuld, Heiden zu sein und   damit   einer Erlösung zu eigener freier Entwicklung ihres Lebensbaumes) mit dem dieses erkennenden Interpreten führt weiterhin zu allgemein menschlichen (archetypischen) Aussagen mit einer aus dem Dunkel des Unbewussten (des eigenen, persönlichen Schattens) mit ans Licht zu ziehenden zugrunde liegenden Strukturen des Unbewussten [s. Jung, S. 86], hier in Form des Gedankens an den Erlöser, bzw. an den Archetyp „der niederen Herkunft des Erlösers" [s. Jung, S. 81], hier eines Interpreten (im Sinne der urreligiösen „vielen Heilande" oder vielen Helfer).

Die Kunstbildinterpretation betrifft also das Thema des Kunstbildes (A), das eigene innere Thema des Interpreten (B) und ein allgemeines (mit hochgezogenes) Thema (hier der Ansicht der Kraft eines hier mit dem Baukran tätigen Helfers) zugunsten einer Aufhellung eines Unerlösten (C).

Ausgehend von der Bildwissenschaft (mit ihren am Gegenstand festgelegten gegenständlichen und allegorischen Bedeutungen) kann der Schritt zur Kunstbildwissenschaft getan werden mit ihren auf ein Einweihungsgeschehen bezogenen Figuren und Zahlen, im Vorgang einer evidenten Beziehungs- und Bedeutungssuche im vorgege-

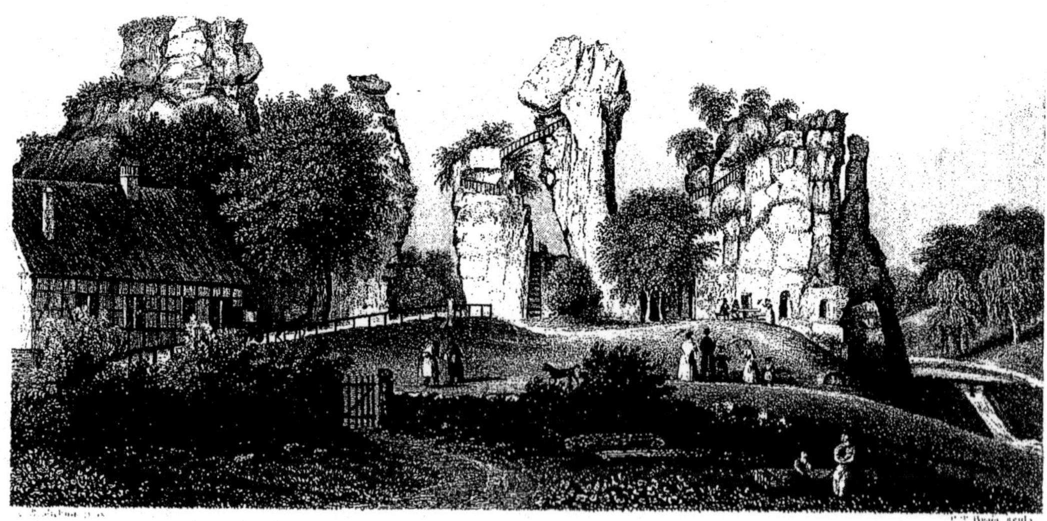

[Abb. 62] *Stahlstich: „Die Externsteine." von E. T. Brain nach Carl,Schlickum (tätig um 18.38).*

benen Rahmen ur-religiöser Symbole. Gegenstände dieser Welt und alltägliche Allegorien begründen die Bildgeschichte, „ewige Symbole der Ur-Religion" (erfahrbar auf Einweihungswegen der Königlichen Kunst) begründen die Kunstgeschichte, die mit ihren Stufen zur Abstraktion und Allgemeingültigkeit hin auch auf das Bildgegenständliche angewiesen ist.

Im Beispiel des Externstein-Reliefs kann der Schritt zum bewegten Bild im Übergang zu den Figuren und Zahlen und hin zu „ewigen Werten" oder „Ideen" (der Überwindung der Fesseln des Geistes, nämlich der Materie, des Fleisches und des Dogmas) untersucht und erkannt werden.

Mit der neu entdeckten Verborgenen Geometrie und der damit begründeten Kunstwissenschaft ist der Kultur-Forschung ein neuer Bereich an Quellen erwachsen: der Bereich der Kunstbilder mit deren geometrisch/ symbolisch sprechendem Einweihungsgeschehen, das die Werte, Wertungen, Einstellungen, Haltungen sichtbar macht. Die neue Quelle liegt in der neu entdeckten verborgen-geometrischen Hinsicht/ Untersuchungsmethode und Erkenntnisgewinnung bezogen auf Kunstbilder (wenn diese eben die Verborgene Geometrie enthalten).

Der Geist liegt hier nicht allein in einer einem Gegenstand gegebenen Bedeutung, sondern in der Beziehung eines bedeutungshaltigen Gegenstandes zu anderen bedeutungshaltigen Dingen oder werthaltigen Punkten und Figuren: in Zuordnungen, Bewegungen,

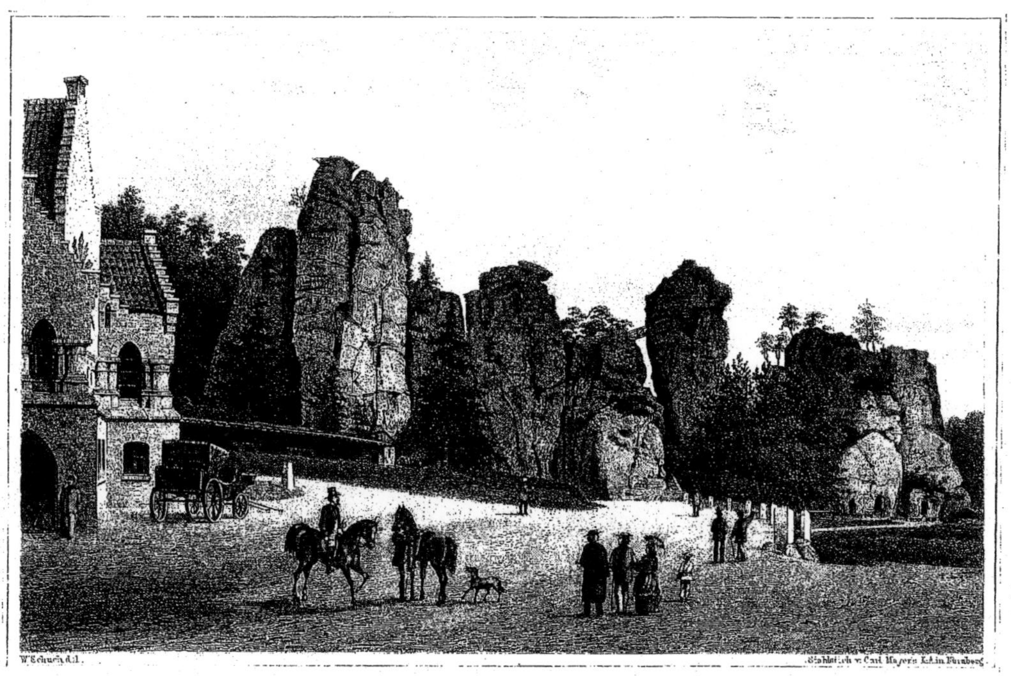

[Abb. 66] *Stahlstich: „Die Externsteine." nach Werner Schuch (1843-1918).*

Abläufen, Figurenbildungen, Zahlenbezügen. Der Geist als Logos, als Mittler, besteht aus Beziehungen. Dieses im besonderen Einzelfall zu veranschaulichen ist die rituelle Verborgene Geometrie fähig: Die danieder liegende lebensunfähige Irminsul und der fremd eingeredete böse Basilisk werden zur Höhe des vorleuchtenden Sternes der Templer erhoben und in ihr eigentliches Sein des Lebens und der Selbstachtung gewandelt.

Mit der Entschlüsselung der rituellen Verborgenen Geometrie in Kunstbildern ist eine bislang verschlossene Literatur zugänglich geworden, eine „geometrische Literatur".

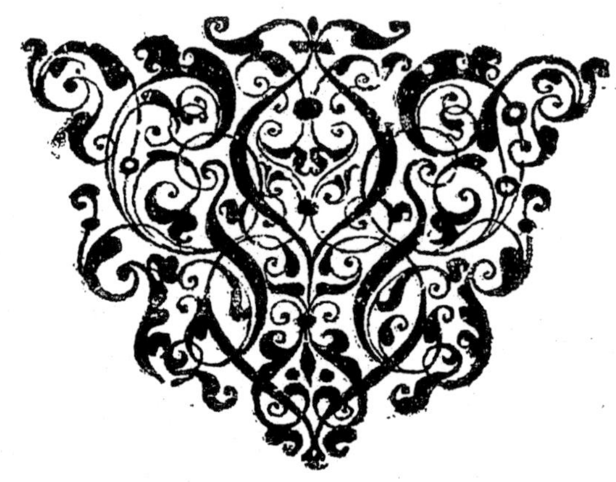

ANHANG

A,1. ANMERKUNGEN

[Anm. 1/ 4.] Zur verbotenen Erkenntnis:

Die Tendenz zur Verhinderung von Erkenntnis wird bei Kaiser Karl IV., der 1369 die Inquisition in Deutschland erlaubte, festgestellt: *„ Um dieselbe Zeit wurden alle Bücher deutscher Sprache über Religiöses verboten, weil sie lasterhafte, irrige, ketzerische Lehren enthielten, – >jedenfalls die Menschen verleiteten, daß sie aus sich selbst, mehr als sie sollten, zu wissen bestrebt seien!< – .“* [Parisius, S. 43]

[Anm. 2/ 4] Zum Aussehen eines Templerkreuzes:

Dargestellt ist Johann V. (1689 – 1750) König von Portugal (1706-1750). Die Templer erhielten in Portugal bereits in den frühen Jahren ihres Ordens Schenkungen, auch traten früh Adlige in den Orden ein. *„Im Gegensatz zu den Ordensregeln war die Leitung des Ordens in Portugal sehr eng mit der Krone verbunden.“* [s. Wolf, S. 297] Im Jahr 1317 wurde in Portugal der Christusritterorden gegründet, der 1318 von Papst Johannes XXII. bestätigt wurde. Die Güter und Besitzungen der 1312 aufgelösten Templer wurden dem Christusritterorden 1320 übergeben. *„Das Kreuz der Templer fand weiter Verwendung und wurde mit einem kleinen weißen Kreuz als Zeichen für die Unschuld des Ordens ergänzt.“* [Wolf, S. 298] **[Abb. 63]**

Zum Vergleich: Es wird das (rote) Templerkreuz auf dem weißen Ordensmantel getragen: **[Abb. 64]**

[Anm 1/ 6] Zum Deutschen Ritterorden:

„Bei der Belagerung [von Akkon] *durch Richard I. Löwenherz 1190 entstand hier der Deutsche Orden. Nach dem Fall Jerusalems (1187) war Akkon (ab der Rückeroberung 1191) Hauptsitz des Templerordens.“* [Wolf, S. 47]

„Deutscher Ritterorden: (Deutschherren, Deutscher Orden, Marienritter) Er wurde 1190/1191 von Friedrich von Schwaben, dem Sohn Friedrich I. Barbarossas, als Krankenpflegeorden während der Belagerung Akkons gestiftet. Sein Habit war der schwarze Mantel mit weißem Kreuz. 1198 wurde der Orden in einen geistlichen Ritterorden umgewandelt. Der Orden erwarb Gebiete in Frankreich, Deutschland, Livland und Preußen. An der Spitze des Ordens stand der Hochmeister, der vom Generalkapitel auf Lebenszeit gewählt wurde.“ [Wolf, S. 108]

„Nach der Auflösung des Ordens [des Templerordens] *(1312, Konzil von Vienne) traten die Templer in Deutschland dem Deutschen Ritterorden und den Johannitern bei. Sie wurden hier mit offenen Armen aufgenommen.“* [Wolf, S. 292]

„1525 wurde der Orden [das Ordensland] *vom Hochmeister Markgraf Albrecht von Brandenburg in ein protestantisches, erbliches Herzogtum verwandelt. Der katholisch gebliebene Teil des Ordens lebte im Süden und Westen Deutschlands weiter, Sitz wurde Mergentheim. 1809 wurde der Orden von Napoleon aufgelöst […].“* [Wolf, S. 108]

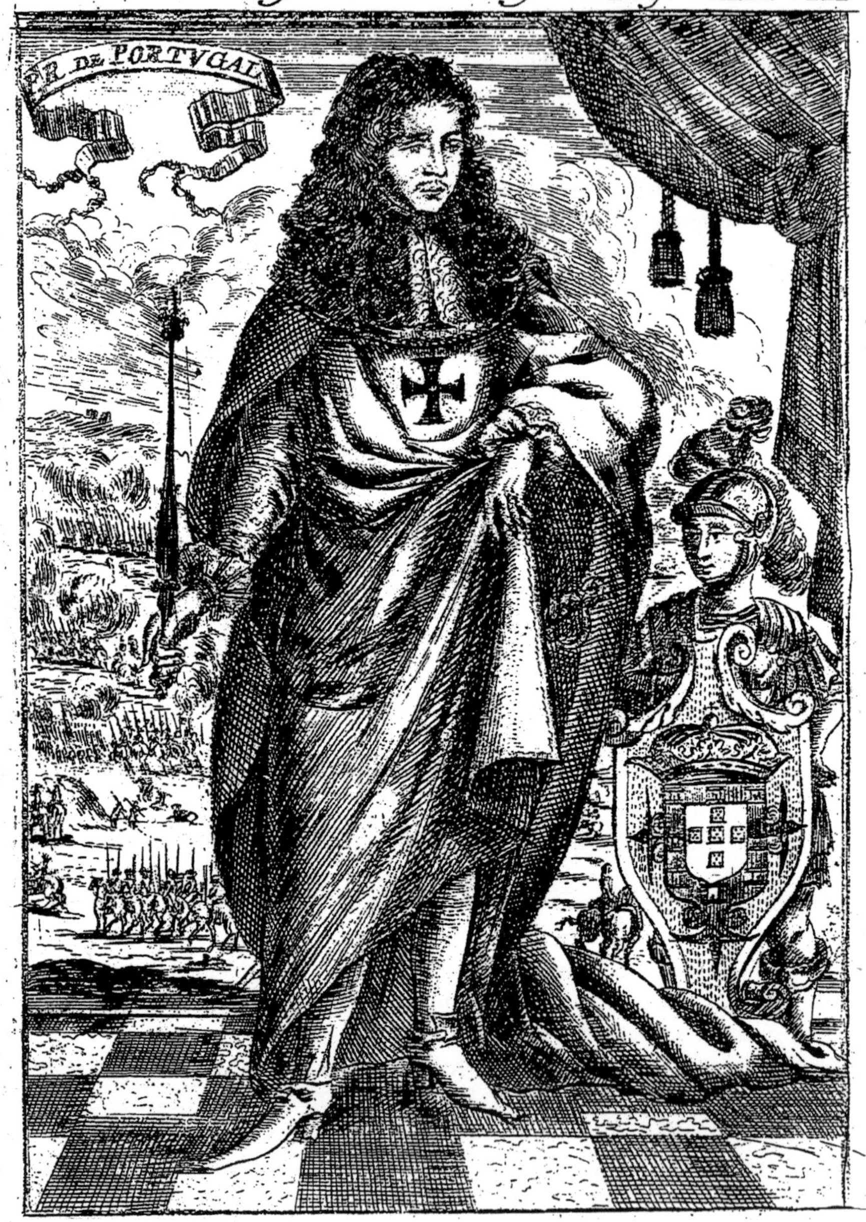

[Abb. 63] *Radierung von Eggelhof aus Mallet, 1719: „Johann V. König von Portugal"
(1706 – 1750) mit dem (durch Hinzufügung eines kleinen weißen Kreuzes abgewandelten)
Templerkreuz als Kreuz des 1317 gegründeten Christusritterordens* [s. Wolf, S. 298].

Friderich Hertzog zu Sachsen.

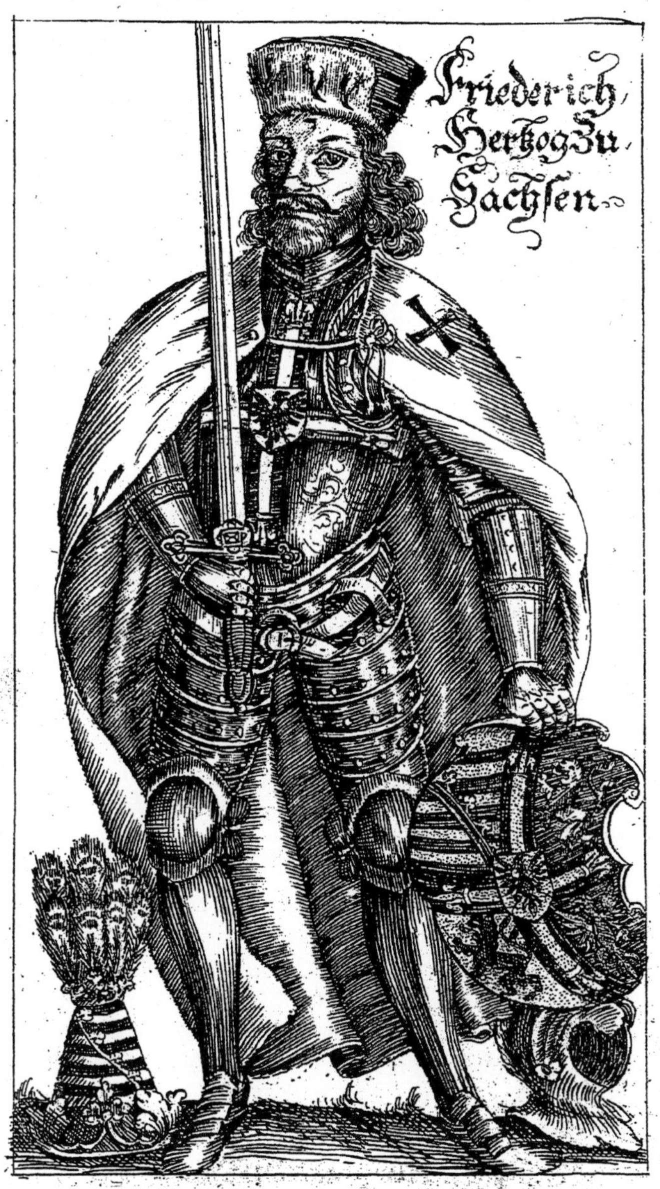

[Abb. 64] *Radierung: „Friedrich Herzog von Sachsen" mit dem weißen Ordensmantel der Templer mit dem dunklen (roten) Templerkreuz (Tatzenkreuz) über der linken Schulter* [s. Wolf, S. 207, 302].

Dieses Gebet mag für einen Menschen geschaffen sein, der die darin ausgedrückten dogmatischen Festlegungen verinnerlicht hat, der sie anerkennt und noch bekräftigt, indem er den Text ausspricht, wahrscheinlich mit der Wirkung für ihn, dass er zunehmend bedrückter wird. **[Abb. 65]** Einer innerlichen Bedrückung durch derart selbsterniedrigende Gebete entsprach auch der äußere Lebensstil der Kirche, der einem Streben nach geistiger Entwicklung sicherlich keinen Raum bot:

„Die römisch-katholische Kirche verlangte in ihrem ganzen Machtbereich ungeheure Abgaben. Wenige Reformer und in der Caritas arbeitende Priester ausgenommen war sie zu einem Geschäftsunternehmen entartet und trieb einen schwunghaften Handel mit Kardinalshüten, Bischofssitzen, Ablaßbriefen und Ehedispensen. [...] Der [...] Augsburger Stadtschreiber Konrad Peutinger berichtet über einen Rom-Besuch um 1490: >Alles sehe ich hier käuflich, von oben bis unten, Ränke, Heuchelei, Liebesdienerei stehen hoch in Ehren, die Religion ist verfälscht, Gemeinheiten geschehen ohne Zahl; die Gerechtigkeit schläft. So oft ich die Denkmalstrümmer des Altertums anschaue, beklage ich, daß diese hochberühmte Stadt von einem fremden Geschlechte beherrscht wird, das unter frommen Vorwänden jede Gewalttätigkeit und andere unerhörte Frevel verübt [...].< In vielen Klöstern herrschte Trunksucht, Völlerei und sexuelle Freizügigkeit. [...] >Den ganzen Tag verbringen sie mit unflätigen Reden; ihre ganze Zeit füllen sie mit Würfelspiel und Völlerei ... sie haben keinen Gedanken an das ewige Leben, sondern ziehen die Lust des Fleisches dem Heil ihrer Seele vor [...].< [...] Diese Mißstände und die Habgier Roms machten es dem einfachen Mann immer schwerer, an die alleinseligmachende Kirche zu glauben. >Nulla salus extra ecclesiam< (kein Heil ist außerhalb der Kirche) – aber auch innerhalb schien es kein Heil mehr zu geben." [Goertz, S. 9]

Und dabei baute die Kirche die Maßnahmen zur Bedrückung noch weiter aus, indem sie den Gedanken an die „Hölle" immer weiter in den Vordergrund brachte: *„Obwohl also Jesus gerade das Gegenteil eines Höllenpredigers war [...], kam mit dem Christentum die Hölle erst zu ihrer eigentlichen Blüte und trat sie mit dem Christentum ihren Siegeszug an. [...] Der Christ [...] fürchtet sich mehr vor der Hölle, als er sich auf den Himmel freut. Denn die christliche Kirche hat sich nicht so sehr zu einer Himmels- als zu einer unermüdlichen Höllenpredigerin selbstverwirklicht, weil solche göttlichen Höllendrohungen für sie das bequemste Mittel war, Glaubensgehorsam von den erschreckten Gemütern der Gläubigen zu erzwingen."* [Ranke-Heinemann, S. 336]

Im Gegensatz zu einer – wie beschrieben – unappetitlichen Kirche bedeutete das Einweihungsrelief an den Externsteinen in jener „Zeit der Reformation" (nur wenige Jahre nach der soeben beschriebenen Zeit des Verfalls) einen besonderen, anscheinend nur Ordensmitgliedern vorbehaltenen Raum der inneren Besinnung und Wandlung (von einem Suchenden/ Chrestus zu einem Volleingeweihten/ Heiland/ Christus) im ur-religiösen Sinn, für jene, die wirklich bestrebt waren, wie sogar in der Bibel geschrieben steht, christusgleich aus einem fleischlichen Leib einen Lichtleib zu gestalten. [vergl. Matth.17;2]

116

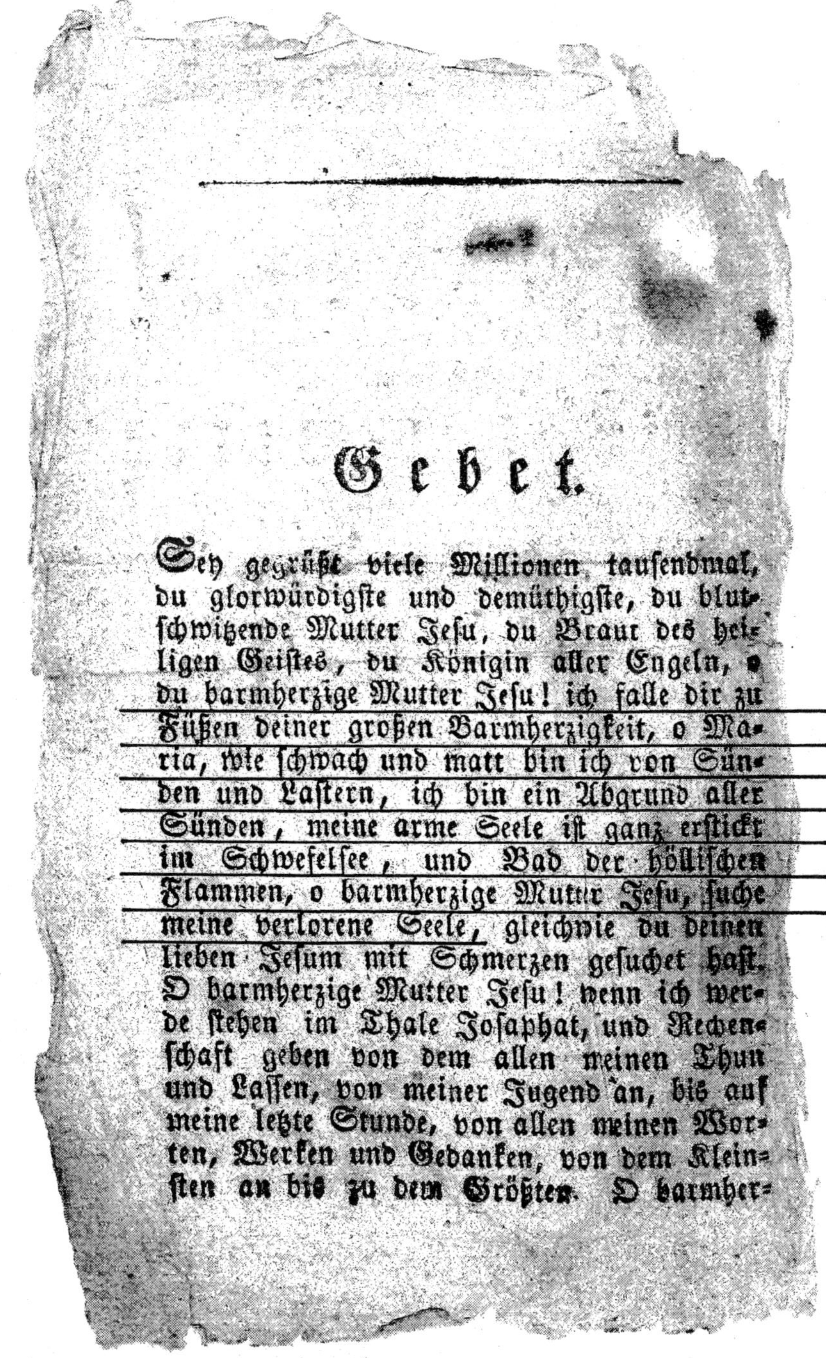

Gebet.

Sey gegrüßt viele Millionen tausendmal,
du glorwürdigste und demüthigste, du blut-
schwitzende Mutter Jesu, du Braut des heiligen Geistes, du Königin aller Engeln, o
du barmherzige Mutter Jesu! ich falle dir zu
Füßen deiner großen Barmherzigkeit, o Maria, wie schwach und matt bin ich von Sünden und Lastern, ich bin ein Abgrund aller
Sünden, meine arme Seele ist ganz erstickt
im Schwefelsee, und Bad der höllischen
Flammen, o barmherzige Mutter Jesu, suche
meine verlorene Seele, gleichwie du deinen
lieben Jesum mit Schmerzen gesuchet hast.
O barmherzige Mutter Jesu! wenn ich werde stehen im Thale Josaphat, und Rechen-
schaft geben von dem allen meinen Thun
und Lassen, von meiner Jugend an, bis auf
meine letzte Stunde, von allen meinen Worten, Werken und Gedanken, von dem Klein-
sten an bis zu dem Größten. O barmher-

[Abb. 65] *Buchdruck: „Gebet." (19. Jhdt. ?)*

[Anm. 2/ 7.] Zur literarischen und werkimmanenten Interpretation:

Hartmut Böhme äußerte sich zu diesem Phänomen einer literaturbezogenen Deutung von Bildern: *„Nahezu alle Deutungen werden aus Schriftquellen erarbeitet. Dadurch entsteht tendenziell eine Überwucherung der Bildsprache durch Schriftsprache."* [Böhme, S. 43]

[Anm. 3/ 7] Hinweis auf den EFODON e. V..

Der EFODON e. V. nennt sich: Europäische Gesellschaft für frühgeschichtliche Technologie und Randgebiete der Wissenschaft (Gemeinnütziger Verein für wissenschaftliche Zwecke; eingetragen beim Amtsgericht München unter der Vereinsregister-Nummer VR 18727) Der Verein gibt die Zeitschrift SYNESIS-Magazin heraus und behandelt auch das Thema der Externsteine.

Kontakt: Internetz: www.efodon.de; www.efodon.com; www.efodon.net; www.efodon-synesis.de; Email: Redaktion@efodon.de

A,2. LITERATURVERWEISE

Zu 2.: Einleitung

[1] s. Haug, 1/2011, S. 24-34 ; s. Moll, 1/2012, S. 46-49; s. Moll, 2/2012, S. 6-11; s. Ritters, 3/2012, S. 6-8; **[2]** s. Preuß, 6/1991, S. 199; **[3]** s. Noorden, Heft IV, S. 118; **[4]** s. Abhinyano, S. 33; **[5]** s. Noorden, Heft 4, S. 118; **[6]** s. Sommer, 3/ 1988, S. 98; **[7]** s. Oslo, S. 117; **[8]** Poppinga, 7,8/1986, S. 271; **[9]** s. Feddersen VII, S. 96, 104; s. Schuster I, S. 419, 425; s. Winkelmüller, S. 23, 24, 27, 29; **[10]** s. Lennhoff/ Posner, S. 44; **[11]** s. Ritters, Nr. 2, S. 211; **[12]** s. Ritters, Nr. 2, S. 181; **[13]** Ritters, Einführung A, B, C.

Zu 3.: Aussagen zum Externstein-Relief:

[1]   s. Internet „Infozentrum Externsteine"; **[2]** s. Externsteine , S. 4; **[3]** Die Externsteine, Flyer, S. 6 des Faltblattes; **[4]** Platz, S. 22-28; **[5]** Ahnenerbe Stiftung, S. 13-15; **[6]** Seitz, S. 19; **[7]** Motz, S. 13; **[8]** Kittel, S. 42 ff; **[8 b]** s. Molsdorf, S. 71; **[8 c]** s. Heinz-Mohr, S. 221; **[9]** Busch, S. 269; **[10]** Wirth, S. 16, 32, 51, 103, 104 und s. S. 114, 149; **[11]** Mundhenk, S. 17; **[12]** Altet, S. 28-31; **[13]** Niedhorn, S. 8 f; **[14]** Niedhorn, S. 13; **[15]** Niedhorn, S. 14; **[16]** Niedhorn, S. 23; **[17]** Niedhorn, S. 15; **[18]** zit. nach Niedhorn, S. 24; **[19]** Niedhorn, S. 24 f; **[20]** Niedhorn, S. 30; **[21]** Niedhorn, S. 9; **[22]** Niedhorn, S. 30; **[23]** Niedhorn, S. 82; **[24]** Niedhorn, S. 88; **[25]** Niedhorn, S. 91; **[26]** zit. nach Niedhorn, S. 94; **[27]** Niedhorn, S. 95; **[28]** Niedhorn, S. 98 f; **[29]** Niedhorn, S. 100; **[30]** Niedhorn, S. 101; **[31]** Niedhorn, S. 136; **[32]** Sachs, S. 219; **[33]** s. Hieber I, S. 23; **[34]** s. Bibel, Joh. Ev. 3; 30; **[35]** s. Dosch, S. 146; s. Hieber I, S. 13; **[36]** s. Winkelmüller, S. 10; **[37]** s. Dosch, S. 146; **[38]** s. Lennhoff/ Posner, Spalte 780 f; **[39]** Sachs, S. 219; **[40]** s. Cooper, S. 129; **[41]** s. Heinz-Mohr, S. 221; **[42]** s. Abhinyano, S. 47, 61; **[43]** s. Gall, S. 28; **[44]** s. Wolf, S. 207; **[45]** s. Abhinyano, S. 46, 61; **[46]** vergl. Lennhoff/ Posner, Spalte 700; **[47]** s. Yogananda, S. 69; **[48]** s. Noorden, Heft IV, S. 110, 154, **[49]** s.

Endres, S. 278; **[50]** s. Lennhoff/ Posner, Spalte 700; **[51]** s. Hieber II, S. 32; **[52]** s. Nußbaum, S. 38; **[53]** s. Sieler, S. 25; **[54]** s. Mueller, S. 17; **[55]** s. Hieber I, S. 22; **[56]** s. Hieber I, S. 40; **[57]** s. Hieber I, S. 22; **[58]** s. Hieber I, S. 11; **[59]** s. Wolf, S. 194-196; **[60]** s. Gall, S. 28; **[61]** s. Hieber III, S. 48; **[62]** s. Hieber I, S. 23; **[63]** vergl. Hieber I, S. 34; **[64]** s. Lipffert, S. 100; **[65]** s. Vollkammer, S. 30; **[66]** s. Lurker, S. 161; **[67]** s. Jung, S. 28; **[68]** s. Wolf, S. 314; **[69]** s. Bauer, S. 198; **[70]** s. Wolfskehl, S. 132; **[71]** s. Hieber I, S. 23; **[72]** s. Wolfskehl, S. 132; **[73]** s. Mueller, S. 27; **[74]** s. Lennhoff/ Posner, Spalte 1473; **[75]** s. Perau II, S. 22; **[76]** s. Schröppe, S. 1 von 7; **[77]** Schröppe, S. 1 von 7; **[78]** Schröppe, S. 6 von 7; **[79]** s. Ritters, 8/1992; Ritters, 23/1997; Ritters 1998; Ritters 1999; Ritters Nr. 7 (2003); Ritters Nr. 8+9 (2005); **[80]** s. Moll, 2/ 2012, S. 6 ; und vergl. Ritters, 3/2012; S. 6, 8; **[81]** Moll, 1/2012, S. 47.

Zu 4. Verborgen-geometrische Analyse:

[1] s. Herder-Lexikon, S. 23; **[2]** vergl. Sachs, S. 331, s. „Teufel: Böses"; **[3]** vergl. Cooper, S. 188, s. „Sündenfall"; **[4]** Bibel: 1. Korinther, Kap. 5, Vers 13; **[5]** s. Abhinyano, S. 37, 305; **[6]** s.o. Herder Lexikon, S. 23; vergl. Abhinyano, S. 61; **[7]** s. Abhinyano, S. 46; **[8]** s. Hieber II, S. 15; **[9]** s. Hieber I, S. 16; **[10]** s. Endres, S. 142; **[11]** s. Endres, S. 242; **[12]** s. Endres, S. 230; **[13]** Bibel: Joh. Ev., 3; 30; **[14]** s. Sachs, S. 219; **[15]** s. Endres, S. 250; **[16]** s. Bauer, S. 198 f; **[17]** s. Hieber I, S. 33; Hieber III, S. 10 f, 45, 49; **[18]** s. Yogananda, S. 69; **[19]** Lennhoff/ Posner, Spalte 700; **[20]** s. Sommer, 7/1990, S. 268; **[21]** s. Noorden Heft V, S. 153; **[22]** a) s. Abhinyano, S. 58, b) s. Hieber III, S. 10 f; 49; c) s. Hieber I, S. 29; **[23]** Yogananda, S. 69; **[24]** s. Lennhoff/ Posner, Spalte 700; **[25]** Bibel: Offenbarung des Johannes, Kapitel 19, Vers 16; **[26]** s. Sommer, 7/1990, S. 268; **[27]** s. Ludwig 7/1989, S. 268; **[28]** Bibel: Offenbarung des Johannes Kap. 19, Vers 16; **[29]** s. Herder-Lexikon, S. 23; **[30]** vergl. Sachs, S. 324; **[31]** s. Abhinyano, S. 37; **[32]** s. Steiner, S. 63, 75, 138, 139; **[33]** Ludwig 2/1988, S. 67; **[34]** s. Abhinyano, S. 46, 61; **[35]** Markschies, S. 9; **[36]** Abhinyano, S. 37.

Zu 5. Einige geometrische Summen:

[1] s. Ritters, 6/ 2013, S. 31; **[2]** s. Landmann, 1/ 2013; **[3]** s. Die Externsteine, S. 6; **[4]** Wirth, S. 82; **[5]** Wirth, S. 82; **[6]** vergl. Stepanow, S. 25; **[7]** Die Externsteine, S. 18; **[8]** s. Wolf, S. 40; **[9]** s. Stern, 10/ 1984, S. 367-372; **[10]** s. Hieber III, S. 32; **[11]** vergl. Hieber III, S. 27-38; vergl. Abhinyano, S. 9, 37, 151, 169, 186, 244; vergl. Bibel: Matth. Ev. 17; 2; **[12]** s. Abhinyano, S. 64, 99.

Zu 6. Zur Datierung des Reliefs:
Alte Datierung:

[1] Niedhorn, S. 136; **[2]** Kittel, S. 79; **[3]** Niedhorn S. 15; **[4]** Kittel, S. 46; **[5]** Niedhorn, S. 105; **[6]** Mundhenk, S. 17; **[7]** Mundhenk, S. 18; **[8]** Mundhenk, S. 31 ff; **[9]** Mundhenk, S. 32; **[10]** Mundhenk, S. 35, 39; **[11]** Mundhenk, S. 18; **[12]** Mundhenk, S. 23; **[13]** Mundhenk, S. 24; **[14]** Mundhenk, S. 26; **[15]** Mundhenk, S. 26; **[16]** Mundhenk,

S. 34; **[17]** Mundhenk, S. 18; **[18]** Mundhenk, S. 18; **[19]** Mundhenk, S. 45; **[20]** Mundhenk, S. 47; **[21]** Mundhenk, S. 47; **[22]** s. Mundhenk, S. 45; **[23]** Mundhenk, S. 49; **[24]** Mundhenk, S. 49 f; **[25]** vergl. Mundhenk, S. 39.

Neue Datierung:

[26] s. Ronig, S. 2; **[27]** s. Grossmann, S. 2; **[28]** Gall, S. 28; **[29]** s. Hieber III, S. 31 ff; **[30]** s. Wolf, S. 40; **[31]** Lippmann 15; **[32]** Lippmann, S. 12; **[33]** s. Hinz 1993, S. 31; **[34]** Putzger, S. 74 f; **[35]** Die Externsteine, S. 9; **[36]** Jahn, S. 614 ff; **[37]** Zimmerling, S. 319; **[38]** Zimmerling, S. 321; **[39]** Zimmerling, S. 322; **[40]** Zimmerling, S. 323; **[41]** s. Jahn, S. 614; **[42]** Zimmerling, S. 326; **[43]** Zimmerling, S. 326 f; **[44]** Zimmerling, S. 327; **[45]** s. Friedländer, Nr. 255; **[46]** Hinz 1993, S. 116; **[4 7]** Ameseder, S. 77; **[48]** Niedhorn, S. 74.

Zu 7. Summe: und Ausblick

[1] s. Abhinyano, S. 23, 52, 108 f, 130, 188, 206, 219, 229, 237, 255, 257, 292; **[2]** vergl. Abhinyano, S. 32; **[3]** vergl. Oslo, S. 31, 42, 50, 76, 77, 79, <u>91, 93, 95, 112, 170, 173, 175,</u> **[4]** s. Ritters A, B, C; **[5]** s. Abhinyano, S. 7, 25, 44, 45, 46, 47, 61, 63, 135, 155, 156, 189, 200, 226, 227; **[6]** s. Ritters, Nr. 15, **[7]** s. Kittel 1965, S. 28-34; **[8]** s. Kittel 1965, S. 32 f.

A,3. LITERATURVERZEICHNIS

<u>Abhinyano</u>: „Die Mysterieneinweihung der ägyptischen Pyramiden." Werner Kristkeitz Verlag, Heidelberg-Leimen 1994.

<u>Ahnenerbe Stiftung (Hrsg.)</u>: „Die Externsteine." Ahnenerbe Stiftung Verlag, Berlin-Schöneberg 1939.

<u>Altet</u>, Xavier Barral i; Avril, François; Gaborit-Chopin, Danielle: „Rommanische Kunst. Erster Band Mittel- und Südeuropa 1060-1220." Verlag C. H. Beck, München 1983.

<u>Appel</u>, Rolf: „Die Symbole oder Sinnbilder." In: Rolf Appel und Dieter Möller: „Was ist Freimaurerei?"(S. 35-40) Bauhütten Verlag, Hamburg 1970.

<u>Ameseder</u>, Rolf: „Ein Paris-Urteil Lucas Cranachs d. Ä. in der Landesgalerie zu Graz." In: Repertorium für Kunstwissenschaft, XXXIII. Band, Berlin 1910.

<u>Bauer</u>: Wolfgang Bauer, Irmtraut Dümotz, Sergius Golowin: „Lexikon der Symbole." Wilhelm Heyne Verlag, München 1987 (2. Aufl.).

<u>Bibel</u>: „Die Bibel oder die ganze Heilige Schrift des Alten und Neuen Testaments" nach der deutschen Übersetzung D. Martin Luthers. Neu durchgesehen nach dem vom Deutschen Evangelischen Kirchenausschuß genehmigten Text. Taschenausgabe. Privilegierte Württembergische Bibelanstalt, Stuttgart o.J. (vor 1957).

<u>Böhme</u>, Hartmut:: „Albrecht Dürer Melencolia I. Im Labyrinth der Deutung." In der Reihe „kunststück", Fischer Taschenbuch Verlag, Frankfurt am Main 1989.

<u>Busch</u>, Harald: „Germania Romanica. Die hohe Kunst der romanischen Epoche im mittleren Europa." Wien und München 1963.

Cooper, J. C.: „Illustriertes Lexikon der traditionellen Symbole." Drei Lilien Verlag o. J. (Leipzig 1986, London 1978).

Die Externsteine, Flyer: „Die Externsteine. 70 Mio. Jahre steinerne Geschichte." Hrsg. Landesverband Lippe (mit Unterstützung durch Roland Linde von der Schutzgemeinschaft Externsteine e. V.), Lemgo (o.J.).

Die Externsteine: „Die Externsteine im Teutoburger Wald. Führer zum Kulturdenkmal und Naturschutzgebiet." Hrsg.: Landesverband Lippe, Forstamt Horn – Verwaltung Externsteine. Text: Dr. Friedrich Hohenschwert und Prof. Rainer Springhorn, Lippisches Landesmuseum. Detmold 1969.

Dosch, Reinhold: „Deutsches Freimaurer-Lexikon." Die Bauhütte, Bonn 1999.

Endres, Franz Carl u. Annemarie Schimmel: „Das Mysterium der Zahl. Zahlensymbolik im Kulturvergleich." Diederichs, Köln 1985 (2. Aufl.).

Externsteine: Elke Treude und Michael Zelle: „Die Externsteine bei Horn." In der Reihe „Lippische Kulturlandschaften" Nr. 18, herausgegeben vom Lippischen Heimatbund, Detmold, 2012 (2. Aufl.).

Feddersen VII: Klaus C. F. Feddersen: "Über die Anfänge der Freimaurerei in Schweden. Geschichten, Quellen und Einflüsse bei der Entstehung der Freimaurerei in Schweden bis zum Auftreten von Carl Friedrich Eckleff." In: „Schriften der freimaurerischen Forschungsvereinigung Frederik der Großen Landesloge der Freimaurer von Deutschland: Quellenkundliche Arbeit Nr. 7" (S. 81-108) Erschienen im Selbstverlag „Freimaurerische Vereinigung zur Erforschung der Ordenslehre zu Flensburg. Im Verbande der Großen Landesloge der Freimaurer von Deutschland." Flensburg 1991.

Friedländer: Max J. Friedländer, Jakob Rosenberg: „Die Gemälde von Lucas Cranach." Birkhäuser Verlag, Basel Boston Stuttgart 1979.

Fuchs, Alois: „Im Streit um die Externsteine." Paderborn 1934.

Gall, Franz: „Österreichische Wappenkunde. Handbuch der Wappenwissenschaft." Graz 1977.

Gaul, Otto: „ Neue Forschung zum Problem der Externsteine." In: Westfalen Bd. 32, S. 141-164, 1954.

Goertz, Heinrich: „Bosch." In der Reihe: rowohlts monographien. Rowohlt Taschenbuch Verlag, Reinbek bei Hamburg 1977, 998 (5. Aufl.).

Großmann, Dieter: „Die Elisabethkirche zu Marburg Lahn." In der Reihe Große Baudenkmäler, Heft 296. Deutscher Kunstverlag, München Berlin 1992 (11. Aufl.).

Hartmann, Johannes: „Das Geschichtsbuch von den Anfängen bis zur Gegenwart." Fischer Bücherei, Frankfurt am Main 1955, (6. Aufl.) 1957.

Haug, 1/2011: K. Walter Haug: „Die Externsteine, noch eine 2000-Jahr-Feier?", In: SYNESIS-Magazin Nr. 11/2011 (Seite 24-34) EFODON-Verlag 2011.

Heinz-Mohr, Gerd: „Lexikon der Symbole." Eugen Diederichs Verlag, München (1971) 1988 (9. Aufl.).

Herder-Lexikon: „Herder-Lexikon Symbole." Herder. Freiburg, Basel, Wien 1978.

Hinz, Berthold: „Lucas Cranach d. Ä." Rowohlt Taschenbuch Verlag, Reibek 1993.

Hieber I: Otto Hieber: „Der Johannis-Lehrlingsgrad.“ In der Reihe: Leitfaden durch die Ordenslehre der Großen Landesloge der Freimaurer von Deutschland. Verlag Hermann Dettmer, Uetersen 1979.

Hieber II: Otto Hieber: „Der Johannis-Gesellengrad.“ In der Reihe: Leitfaden durch die Ordenslehre der Großen Landesloge der Freimaurer von Deutschland. Verlag Hermann Dettmer, Uetersen 1979.

Hieber III; Otto Hieber: „Der Johannis-Meistergrad.“ In der Reihe: Leitfaden durch die Ordenslehre der Großen Landesloge der Freimaurer von Deutschland. Verlag Karl Sasse, Bad Harzburg 1964 (5. Aufl.).

Infozentrum Externsteine:
Internet: http://www.externsteine-info.de/index.php?show=infozentrum

Jahn, Johannes: „1472-1553 Lucas Cranach d. Ä. Das gesamte graphische Werk.“ Manfred Pawlak Verlagsgesellschaft, Herrsching (o.J.).

Jung, Carl Gustav: „Bewußtes und Unbewußtes. Beiträge zur Psychologie.“ Fischer Bücherei, Frankfurt am Main und Hamburg 1957, 1960 (3. Aufl.).

Kisa, Anton: „Die Externsteine.“ In: Jahrbuch der Vereinigung von Altertumsfreunden in dem Rheinland, Bd. 94, S. 73 ff, Bonn 1893.

Kittel 1965: Erich Kittel: „Die Externsteine als Tummelplatz der Schwarmgeister und im Urteil der Wissenschaft.“ Hrsg. Naturwissenschaftlicher und Historischer Verein für das Land Lippe, Detmold 1965, (2. Aufl.).

Kittel, Erich: „Die Externsteine.“ In der Reihe: Sonderveröffentlichungen des Naturwissenschaftlichen und Historischen Vereins für das Land Lippe, Nr. XVIII, Detmold, 3. Aufl. 1969.

Krüger, 7,8/1986: Johannes Krüger: „Zum Verständnis der Andreas-Loge.“ In: Zirkelkorrespondenz Nr. 7,8/1986 (Seite 311-315), Verlag Hermann Dettmer, Uetersen 1986.

Laabs, Annegret: „Von der lustvollen Betrachtung der Bilder. Leidener Feinmaler in der Dresdener Gemäldegalerie Alte Meister.“ E.A.Seemann Verlag, Leipzig 2000.

Landesverband Lippe, Forstamt Horn – Verwaltung Externsteine (Hrsg.): „Die Externsteine im Teutoburger Wald. Führer zum Kulturdenkmal und Naturschutzgebiet.“ Text: Dr. Friedrich Hohenschwert und Prof. Rainer Springhorn, Lippisches Landesmuseum. Detmold 1969.

Landmann, 1/ 2013: „Herkunft Sternbild Ophiuchus (Schlangenträger).“ In: SYNESIS-Magazin Nr. 1/ 2013 (S. 47-51) Verlag EFODON e. V., München 2013.

Lennhoff/ Posner: Eugen Lennhoff, Oskar Posner: „Internationales Freimaurerlexikon.“ (Unveränderter Nachdruck der Ausgabe 1932) Amalthea-Verlag, Wien-München 1980.

Lipffert, Klementine: „Symbol-Fifel. Eine Hilfe zum Betrachten und Deuten mittelalterlicher Bildwerke.“ Johannes Stauda-Verlag, Kassel 1956.

Lippmann, Friedrich, neu bearbeitet von Fedia Anzelewsky: „Der Kupferstich.“ Walter de Gruyter & Co., Berlin 1963 (7. Aufl.).

Ludwig, 2/1988, Manfred: „Ansprache bei einer Aufnahmearbeit.“ In: Zirkelkorrespondenz Nr. 2/1988 (S. 66-68) Verlag Hermann Dettmer, Uetersen 1988.

Ludwig, 7/1989, Manfred: „Der III. Grad, Ziel und Höhepunkt." In: Zirkelkorrespondenz Nr. 7/ 1989 (S. 266-268) Verlag Hermann Dettmer, Uetersen 1989.

Lurker, Manfred: „Lexikon der Götter und Symbole der alten Ägypter." Scherz Verlag, Bern München Wien 1987.

Markschies, Christoph: „Die Gnosis." Verlag C. H. Beck, München 2001.

Moll, 1/2012: Elke Moll: „Entlarft das Kreuzabnahmerelief Karl den Großen als Karl den Erfundenen?" In: SYNESIS-Magazin Nr. 1/ 2012 (S. 46-49) Verlag EFODON e. V., München 2012.

Moll, 2/2012: Elke Moll: „300 Jahre Mithraskult, ein neues Kapitel in der Geschichte der Externsteine." In: SYNESIS-Magazin Nr. 2/2012 (S. 6-11) Verlag EFODON e. V., München 2012.

Molsdorf, Wilhelm: „Christliche Symbole der mittelalterlichen Kunst." Unveränderter Nachdruck der 1926 bei Karl W. Hiersemann in Leipzig erschienenen Ausgabe. Akademische Druck- und Verlagsanstalt, Graz 1984.

Motz, Ulrich von: „Die Externsteine – ein Volksheiligtum." Pähl/ Oberbayern, 3. Au fl. 1964.

Mueller, Reinhold: „I. Die Aufnahme eines Freimaurer-Lehrlings." Verlag Wilhelm Schröder, Uetersen o.J. (1969).

Mundhenk, Johannes: „Forschungen zur Geschichte der Externsteine. Quellen zur mittelalterlichen Geschichte der Externsteine, Band III." In der Reihe: Lippische Studien, Band 7. Lemgo 1981.

Nardini, Bruno: „Das Handbuch der Mysterien und Geheimlehren." Goldmann Ver lag, Aurum Verlag, Braunschweig 1990.

Niedhorn, Ulrich: „Untersuchungen am Kreuzabnahme-Relief an den Externsteinen." In der Reihe der Isernhagener Studiuen zur frühen Skulptur, Nr. 2. Haag + Herchen Verlag, Frankfurt am Main 1990.

Noorden: K. H. von Noorden: „Rauten." Heft I bis VI, Verlag Hermann Dettmer, Uetersen o. J. (ca. vor 1984).

Nußbaum, Norbert: „Deutsche Kirchenbaukunst der Gotik. Entwicklung und Bauformen." DuMont Buchverlag, Köln 1985.

Oslo, Allan: „Die Geheimlehre der Tempelritter. Geschichte und Legende." Patmos Verlag, Düsseldorf (1998) 1999 (2. Aufl.).

Parisius: Hermann Dietrichs, Ludolf Parisius: „Bilder aus der Altmark." Original-Reprint 1994 der Ausgabe von 1883, dbw Märkischer Kunst- und Heimatverlag, Verlag R. van Acken, Lingen/ Ems 1994.

Perau, Abbé: „Der verrathene Orden der Freymäurer. Und das offenbare Geheimnis der Mopsgesellschaft." (Teil I) Arkstee und Merkus, Leipzig 1745. „Die zerschmetterten Freymäurer. Oder Fortsetzung des verrathenen Ordens der Freymäurer." (Teil II) Franckfurt und Leipzig 1746 (in einem Doppelband).

Platz, Franz (Hrsg.): „Irminsul und Christenkreuz an den Externsteinen. Gegen den Angriff von Professor Dr. Alois Fuchs, Paderborn, auf die germanische Geschichte der

Externsteine." Herausgegeben von dem Vorsitzenden der Vereinigung der Freunde germanischer Vorgeschichte, Detmold. Bad Pyrmont 1935.

Poppinga, 7,8/1986: Ino Poppinga: „Die Inschriften und Hieroglyphen im Tempel unseres IV. Grades." In: Zirkelkorrespondenz Nr. 7,8/1986 (S. 270-275) Verlag Hermann Dettmer, Uetersen 1986.

Preuß, 6/1991: Erich Preuß: „Großes Ordensfest des Höchsten Ordenskapitels von Deutschland." In: Zirkelkorrespondenz Nr. 6/1991 (S. 198-200) Verlag Hermann Dettmer, Uetersen 1991.

Putzger, F. G.: „Historischer Atlas von der Altsteinzeit bis zur Gegenwart." Bielefeld Berlin Hannover, 1954 (72. Aufl.).

Ranke-Heinemann, Uta: „Nein und Amen. Mein Abschied vom traditionellen Christentum." Wilhelm Heyne Verlag, München 1992, 2002 (9. Aufl.).

Ritters, Nr. 2: Volker Ritters: „François Boucher – Einweihungsbilder." Verlag Books on Demand, Norderstedt 2001.

Ritters, Nr. 3: Volker Ritters: „Giorgione – ′Die drei Philosophen′." Verlag Books on Demand, Norderstedt 2001.

Ritters, Nr. 7: Volker Ritters: „Lucas Cranach d. Ä. – Einweihungsbilder." Verlag Books on Demand, Norderstedt 2003.

Ritters, Nr. 8: Volker Ritters: „Cranach d. Ä. >Das Externstein-Relief< um 1525-1530" In: „Der Gral in der Geheimsprache der Verborgenen Geometrie..." (Band I, Textband, S. 153-162) Verlag Books on Demand, Norderstedt 2005.

Ritters, Nr. 9: Volker Ritters: „Cranach d. Ä. >Das Externstein-Relief< um 1525-1530" In: „Der Gral in der Geheimsprache der Verborgenen Geometrie..." (Band II, Bildband, S.194-207) Verlag Books on Demand, Norderstedt 2005.

Ritters, Nr. 15: Volker Ritters: „Philipp Otto Runge. Bilder mit der Verborgenen Geometrie und mit Symbolen des Freimaurer-Ordens." Verlag Books on Demand, Norderstedt 2010 [ISBN 978-3-8391-5698-8].

Ritters, 8/ 1992: Volker Ritters: „Das Externstein-Relief ist eine Freimaurer-Arbeitstafel (AT)." In: EFODON-NEWS Nr. 8/ 1992 (S. 6-7) Verlag EFODON e. V., Rüsselsheim 1992.

Ritters 23/ 1997: Volker Ritters: „Eine beachtliche These: Lucas Cranach d. Ä. entwarf das Externstein-Relief." In: SYNESIS-Magazin Nr. 23/ 1997 (S. 14-17) Verlag EFODON e. V., München 1997.

Ritters 1998: Volker Ritters: „Das Externstein-Relief ist ein templerisches Einweihungs-Bild (I)." In: „Rückschau 1998 zur 32. Arbeitstagung." Hrsg. Arbeits- und Forschungs-kreis Walther Machalett, Horn-Bad Meinburg 1998.

Ritters 1999: Volker Ritters: „Reise der Wandlung, Gral, Lichtschacht im Externstein-Relief (II)." In: „Rückschau 1999 zur 33. Arbeitstagung." Hrsg. Arbeits- und Forschungskreis Walther Machalett, Horn-Bad Meinburg 1999.

Ritters, 3/ 2012: Volker Ritters: „Zur Problematik einer Interpretation des Externstein-Reliefs." In: SYNESIS-Magazin Nr. 3/ 2012 (S. 6-8) Verlag EFODON e. V., München 2012.

Ritters, 6/ 2013: Volker Ritters: „Jan Steen: >Eine Waffelparty< 1660 in Holland zu Ehren des Sachsengottes >E Li<.“ In: SYNESIS-Magazin Nr. 6/2013 (S. 31-36) Verlag EFODON e. V., München 2013.

Ritters, Einführungen A, B, C: Volker Ritters:

Einführung A:
„Holländische & flämische Meisterwerke mit der rituellen Verborgenen Geometrie: ELEMENTE DES KUNSTBILDES.“ Books on Demand, Norderstedt 2012, ISBN: 978-3-8448-4019-3

Einführung B:
„Holländische & flämische Meisterwerke mit der rituellen Verborgenen Geometrie: FUNKTIONEN DES KUNSTBILDES.“ Books on Demand, Norderstedt 2012, ISBN: 978-3-8448-4020-9

Einführung C:
„Holländische und flämische Meisterwerke mit der rituellen Verborgenen Geometrie: QUALITÄTEN DES KUNSTBILDES.“ Books on Demand, Norderstedt 2013, ISBN: 978-3-7322-0880-7

Ronig, Franz: „Die Liebfrauen-Basilika zu Trier.“ Herausgegeben vom Katholischen Pfarramt Unserer Lieben Frauen und Laurentius zu Trier, Trier 1988.

Sachs: Hannelore Sachs; Ernst Badstübner; Helga Neumann: „Christliche Ikonographie in Stichworten.“ Koehler & Amelang, München/ Berlin (6. Aufl.) 1996.

Schröppe: Wolf-Dieter Schröppe:
http://www.hohewarte.de/MuM/Jahr2000/Irminsul1000l.html

Schuster I: Georg Schuster: „Geheime Gesellschaften, Verbindungen und Orden.“ (I. und II. Band) Fourier Verlag, Wiesbaden (3. Aufl.) 1995.

Seitz, Ferdinand: „Rätsel um die Externsteine.“ Verlag Hohe Warte Franz von Bebenburg, Pähl/ Oberbayern 1962.

Sieler, Gottfried: „Symbolik der Johannisloge (3. Teil).“ Skript zum „XXIII. Meisterseminar der Großen Landesloge am 2. und 3. Oktober 1987 in St. Michaelisdonn.“ 1987.

Sommer, 3/1988: Dieter Sommer: „Rituale – Ursprung und Geschichte.“ In: Zirkelkorrespondenz Nr. 3/ 1988 (S. 96-98) Verlag Hermann Dettmer, Uetersen 1988.

Sommer 7/1990: Dieter Sommer: „Tod – Verwandlung – Wiedergeburt.“ In: Zirkelkorrespondenz Nr. 7/1990 (S. 266-269) Verlag Hermann Dettmer, Uetersen 1990.

Steiner, Rudolf: „Die Tempellegende und die Goldene Legende.“ Rudolf Steiner Verlag, Dornach Schweiz 1982.

Stepanow: Alexander Stepanow: „Lucas Cranach d. Ä. 1472-1553.“ Parkstone Verlag. Bournemouth (GB) 1997.

Stern, 10/1984: Ulrich Stern: „Einige Bemerkungen zu den Logenstunden.“ In: Zirkelkorrespondenz Nr. 10/ 1984 (S. 361-374) Verlag Hermann Dettmer, Uetersen 1984.

Teudt, Wilhelm: „Germanische Heiligtümer.“ Jena 1929, 1936 (4. Aufl.).

Ulfig, Alexander: „Lexikon der philosophischen Begriffe.“ Komet Verlag, Köln 2003.

Vollkammer, Hjalmar: „Das Brauchtum." In: Rolf Appel, Dieter Möller: „Was ist Frei-
maurerei?" (S.27-34) Bauhütten Verlag, Hamburg 1970.
Winkelmüller, Otto: „Die Deutsche Bauhütte. Ihre Ordnungen und die Freimaurerei."
Verlag Hermann Dettmer, Uetersen o. J. (nach 1962).
Wirth Roeper Bosch, Hermann: „Europäische Urreligion und die Externsteine." Volkstum-
Verlag Wilhelm Landing, Wien 1980.
Wolf, Dieter H.: „Internationales Templer Lexikon." Nikol Verlag, Hamburg 2010.
Wolfskehl, Otto: „Zur Einweihung eines neuen Tempels." In: Zirkelkorrespondenz Nr. 4/
1985 (S. 131-133) Verlag Hermann Dettmer, Uetersen 1985.
Yogananda, Paramahansa: „Das Wissen der Meister." Droemersche Verlagsanstalt Th.
Knaur Nachf., München 1994.
Zimmerling, Dieter: „Der Deutsche Ritterorden." Econ Verlag. Düsseldorf, Wien, New-
York 1992 (2. Aufl.)

A,4. DEFINITIONEN

Abels-Kind = der Mensch, der das nimmt, was schon da ist (der Sammler und Hirte). Er
lebt in der göttlichen Intuition, die er in seiner „Priesterweisheit" bewahrt [s. Steiner, S.
234]. [s. Kains-Kind]
Achse der Arbeit und Konstruktion = P0-P1-P2-P3-P4-P5-P6-P7-P8-P9-P10-P11-P12.
Achse der Gnade und Intuition = H-P12A-P12-P12B-P12C.
Aufrichtung = Aufheben aus dem Sarg, vom Ort des Todes der tier-menschlichen
Begierden, zur Erlösung des Geistes aus der Verhaftung in Materie und Fleisch [s.
Erhebung].
Aufseher = erster (A1, Vernunft), zweiter (A2, Gewissen).
Baukran = ein Werkzeug aus der Bauhütte, das zum Hochheben von Bauelementen dient,
symbolisch gesehen steht er wie der Buchstabe Daleth (wie ein stehender Winkel), als
ein Tor da, durch das der „Ewige Baumeister/ Gott" gesehen wird. In der rituellen
Verborgenen Geometrie besteht er im Verhältnis von Kranständer zu Auslegerarm im
Verhältnis des Goldenen Schnittes von 1,618...zu 1 und bedeutet damit den Bezug zum
Gold, zu „Gottes Hulde der zweier Übergulde" [Walther von der Vogelweide: „Ich saß
auf einem Steine"] welches „Übergold" das „fahrende Gut" und die „weltliche Ehre",
die sich oft bestreiten, überglänzt und ausgleicht: Er erhebt in eine Gottesnähe.
bildgegenständlich = hinsichtlich der Bildgegenstände/ Darstellungsgegenstände.
„Dalle" = Steintafel: eine Figur auf einem Stein nahe Rennes-le-Château (ehemals) mit der
Figur des doppelten Sturzes (nach P2 und nach P4) [s. Andrews, S. 29], im
Zusammenhang mit Poussins Kunstbild „Et In Arcadia Ego II". [s. Ritters VIII, S.
243-280; s. Ritters IX, S. 308-351]
Durchstiegspunkte = Orte im Kunst-Bild, die Anteil haben an bildgegenständlichen
Bedeutungen und hin führen zur Ebene der Verborgenen Geometrie, z.B. „Punkt
Stärke" (St.) liegt auf einer Schulter des Einzuweihenden und meint die Überwindung

126

des Körperlichen nach oben hin zum Geistigen (Kopf). Durchstiegspunkte haben Anteil an der Sinnenwelt der Bildgegenstände und an der Welt der abstrakten Figuren der Verborgenen Geometrie. Sie vermitteln zwischen diesen beiden Welten

Ego = das 4. Prinzip des Menschen (Kama-Manas/ die Persönlichkeit) das sich denkend um die ersten drei Prinzipien kümmert (1. mineralische Ebene, 2. empfindende Ebene, 3. begehrende Ebene), das Niedere Ego. [s. auch: das Höhere Ego, s. auch: das Selbst].

Erhebung = Anheben am Baukran zur Beförderung in himmlische Höhen, in eine Gottesnähe [s. Aufrichtung]

Erkenntniszusammenhang = der Weg von P4 bis nach P12. [s. Schöpfungszusammenhang]

Evolution nach Steiner = das Hineinarbeiten von Geist (Verstand, Vernunft) in die Umwelt in Form von Technik und Kunst (z. B. das Hineinarbeiten der „rituellen Verborgenen Geometrie" in Kunstbild-Werke) für späteres Herauslesen/ für spätere Involution/ für spätere Aufnahme ins Innere (nach Steiner: in die Seele als einer Sammlung geistiger Erfahrung). [s. Steiner, S. 120 ff, 140, 191] [s. Involution]

Fall und Aufrichtung, s. Sturz und Aufrichtung, z. B. der Sturz P1-P2 oder P3-P4 und die Aufrichtung P2-P3 oder P4-P5.

Figuren des Weges = der Kehret-um-Weg, die „Dalle", der Kreuzgriffe eines Bruders mit überkreuzten Armen, der Weg vorwärts und aufwärts.

Gnosis = Erkenntnis der „letzten/ höchsten Dinge/ Ursachen" im Zusammenfall Gleicher: Wenn ein A ein B erkennen will, so muss jenes A wie B sein, ein Angleichen eines Erkennenden an das zu Erkennende.

Gotteskind = „subjektiv": es trägt bewusst den „Funken Gottes" in sich; „objektiv": jedes Geschöpf Gottes.

Gottesname = das magische Dreieck mit einer Binnenstruktur, die mit dem Maß des „Wortes" (P12A-P12B) innen (ohne Rest) unterteilt ist (zumeist in 3 mal 3 gleichseitige Dreiecke).

Gotteswort (gefundenes) = P12A-P12B (auf der Achse der Intuition im Gral).

Gotteswort, wirkendes = P12A-P12B-P12C (auf der Doppel-Schwingungsfigur im Gral, auf der Achse der Intuition). Die Suche seiner Existenz (und des wirkenden Gottes) auf dem Weg P0-P12 hat zum Gral geführt, der Gottes Licht (H-P12C) aufnimmt. Die Suche des wirkenden Gotteswortes führt zum Finden des Organes für das Aufnehmen des Gesuchten, sie führt zum Finden des Grales.

Gral = der energieaufnehmende Kubus – mit der y-förmigen Innenfigur und mit der einstrahlenden Doppelschwingungs-Figur P12A-P12B-P12C.

Grazien, drei = Geben (der Ausgang von M über T nach P0), Nehmen (der Weg von P0 nach P12), Widergeben (das Zurücktragen des Gotteswortes P12A-P12B in das magische Dreieck zu seiner Binnendifferenzierung, wodurch der Gottesname entsteht, meistens „3 mal 3" Binnendreiecke im magischen Dreieck).

Höheres Ego = das 5. Prinzip des Menschen (Buddhi-Manas, [s. Abhinyano, S. 38, 312f]), die Individualität, die sich denkend um die höheren Prinzipien des Menschen kümmert (diese sind: 6. Buddhi/ barmherzige Intelligenz, 7. Atma/ universaler, transzendenter Geist) [s. Abhinyano, S. 313]. [s. auch: Ego, s. auch: Selbst]

Hölle = Schlange Apep, Triebwelt (die meist rechteckige Figur/ der Bereich: W.-St.-R.-
N.).

Horizont (*achet*) = Position P12A im Lichtschacht (mit der Normalbezeichnung: H-P12A-
P12B-P12C) am Übergang vom Bereich des „Himmels" zum Bereich der „Luft".

Idee = ein Widerspruchsfreies (also jenseits der Gegensätze der Welt), also ein Vollkom-
menes und Reines, dazu ein mit sich Identisches (das nicht dem Wandel unterliegt),
also ein Ewiges: ein vollkommen Reines und ein überdauernd Ewiges, z.B. die
widerspruchsfreie reine und immer mit sich identisch ewige „solare Robe". Hier, in
der (in der Verborgenen Geometrie) geometrisierten Königlichen Kunst, kann ein
Philosoph eine Figur einer Idee (des Vollkommenen, des Ewigen) anschauen und sich
innerlich vorstellen (etwa einen Kubus), welche Möglichkeit ihm im Denken, das an
die Wortsprache gebunden ist, nicht gegeben ist, da die verbalen Bezeichnungen auf
die Dinge und Beziehungen in dieser gegensätzlichen und sich wandelnden Welt
gerichtet sind, welche entsteht und vergeht und also ohne Reinheit und Dauer ist.
Eine werthaltige mathematische Figur (z. B. ein gleichseitiges Dreieck, ein Kubus, ein
Lichtschacht, ein stehender Winkel) entspricht dem Rang einer vorbefindlichen/ vor
einer Wahrnehmung befindlichen Idee.

Individuum = die Ganzheit des weltlichen und spirituellen Menschen (mit seinen
Prinzipien 1 bis 5 und jenen, die diese überleuchten, 6 und 7) [s. Person]

Introjektion nach C. G. Jung = Aufnahme der in die Natur entäußerten Wesen, Zunahme
der Komplexität der Seele „proportional der Naturentgeisterung" [Jung, S. 35] [s.
Projektion]

Involution nach Steiner = das Einsaugen des in die Materie/ Außenwelt zuvor hinein
gebauten Geistes (Verstand/ Vernunft), z. B. im Aufnehmen der Aussagen der
Verborgenen Geometrie aus einem Kunstwerk). [s. Steiner, S. 120 ff, 141, 191] [s.
Evolution]

Kains-Kind = der Mensch, der seinen Geist (Verstand) in die Materie hinein arbeitet (als
Bauer, Konstrukteur, Künstler) und am Erfolg des Gebauten (reaktiv) eine Erkenntnis
von außen (passiv) aufnimmt („Erfahrungswissen"). [s. Steiner, S. 234]. [s. Abels-
Kind]

Königliche Kunst = das symbolische Bauhütten-Ritual [s. Hieber I, S. 13 ff; s. Oslo, S.
112], das auf den 42 Bänden des altägyptischen Gottes Thot fußt [s. Oslo, S. 166,
169], in das die chinesische Alchemie (kim-ya) eingeflossen war [Oslo, S. 167, 169].

Körper [nach Steiner, S. 105] = Mineral (das Feste), Pflanze (empfindend), Tier
(begehrend), niederes Denken/ Niederes Ego (auf die drei ersten Körper bezogen),
höheres Denken/ Höheres Ego/ Kausal-Körper/ (die Ursachen des Daseins im Sein
bedenkend).

Kubus = mit seinen 6 Außenpunkten mathematisch gesehen vollkommen (die Summe der
Teiler 1+2+3 ist 6), und er ist mit seinen insgesamt 7 (auf einen Blick sehbaren) Punkten (4+3) theologisch   gesehen der vollkommene Mensch, bestehend aus der Ganzheit
von 4/Welt und 3/Himmel.

Lichtschacht = H-P12A-P12B-P12C (Himmel = H-P12A, Luft = P12A-P12B, Erde/
   Körper = P12B-P12C, bei der Normalbezeichnung H-P12A-P12B-P12C).
magisches Dreieck = G/LM/Sch.-A1-A2, mit der Mitte M. Die Mitte M ist der Ort für
   „das Wort Gottes bei IHM".
Maurer, angenommener = baufremdes (nicht operatives) Mitglied einer (operativen)
   Bauhütte oder Zunft.
Maurerei, operative = Arbeit am Werkstück (Architektur, Relief, Bild...).
Maurerei, spekulative = Arbeit am Menschen (gesellig, sittlich).
Maurerei, symbolische = Arbeit am Menschen (philosophisch-religiös, z. B. im Sinne der
   Verborgenen Geometrie).
Meisterwerk = ein Kunstbildwerk, das von einem eingeweihten Meister der Königlichen
   Kunst geschaffen ist und die rituelle Verborgene Geometrie enthält.
mystisch = die Augen schließend, nach innen schauend (gr.: myein = die Augen
   schließen).
Nullpunkt (P0) = ein bedeutsamer Gegenstand und Ort auf einer Dreieckshalbierenden des
   magischen Dreiecks außerhalb des magischen Dreiecks (P01, P02, P03).
Osiris/ Atma = Position H im Lichtschacht H-P12A-P12B-P12C; universaler Geist.
Person = der weltliche Mensch (mit seinen Prinzipien 1 bis 4) [s. Individuum]
Projektion = ein aus dem verborgenen, unbewußten Inneren nach außen gestelltes Bild,
   das damit vom unbewußten Leben im Inneren ausgeschlossen wird, z.B. ein konkretes
   Gottesbild [s. Jung, S. 15, 34 ff] [s. Introjektion]
Ritual = die Niederschrift der Kulthandlungen [z.B. s. Mueller, Hieber].
Ritus = die Ausführung, der Verlauf der Kulthandlung.
Robe, solare = der aufgeladene Gral, der Energiekörper im Lichtschacht, der Neue Leib
   für die Himmelfahrt, Lichtleib.
romantisch (als Begriff) = die sentimentalische Eigenschaft eines Suchenden, der seine
   verlorene Einheit mit/ in Gott durch Ergründen (im „Kausal-Körper) zurück zu
   gewinnen unternimmt, eine Sehnsucht nach dem verlorenen Paradies mit der
   Bemühung, sich in dieses erneut zu versetzen. Jede „Kunst mit der rituellen
   Verborgenen Geometrie" ist romantisch (seit der griechischen Antike bis 1810). [s.
   sentimentalisch].
romantisch (als umgangssprachliche Bezeichnung) = der Ausdruck für eine gefühlsmäßig
   angenehme Stimmung.
Satz vom zureichenden Grund = „Ein Grundsatz der traditionellen Logik, der von Leibnitz
   formuliert wurde, er lautet allgemein: Nichts ist ohne Grund." [Ulfig, S. 364]
Satz von der Identität = „Das Prinzip von der Identität des Ununterscheidbaren [...]
   besagt: Zwei vollkommen gleiche, nicht unterscheidbare Gegenstände kann es nicht
   geben, sonst wären sie eins." [Ulfig, S. 364]
Schönheit = das Ganzheitliche, das Übergegensätzliche (z.B. „4+3"), das Vollkommene z.
   B. einer untrennbaren Vereinigung von „3x4" oder „4x3", das Symmetrische z. B. des
   Grales und der solaren Robe mit Lichtschacht, z. B. die Übergegensätzlichkeit der

trennbar-verbundenen zwei Kreishälften oder Kugelhälften [vergl. Herder-Lexikon, S. 39: Ei].

Schöpfungszusammenhang = der Weg M-T-P0 und dann weiter von P0 bis P4 [s. Erkenntniszusammenhang].

Schwingungsfigur = die Kreisbögen-Paare zwischen H und P12A, P12A und P12B, P12B und P12C, wie Mandorla-Figuren.

Seele = Speicher der spirituellen Erfahrungen (in östlicher Sicht) [s. Abhinyano, S. 80], Ort der niederen Begierden (in westlicher Sicht) [s. Abhinyano, S. 305].

Selbst = die Ganzheit des Menschen: das die Dyade (6. Prinzip/ barmherzige Intelligenz) und 7. Prinzip/ universaler Geist) heranziehende Höhere Ego (5. Prinzip), das mit seinem 4. Prinzip vereint ist [s. Abhinyano, S.58, 249]. [s. Ego, s. Höheres Ego]

sentimentalisch = die verlorene Natürlichkeit, bzw. Einheit [s. das Selbst] durch Reflexion zurück zu gewinnen suchend [s. romantisch].

Spiegel = (im Freimaurer-Orden) Gott hat sich zwei Spiegel vorgesetzt, das sind die beiden Instanzen „Vernunft" und „Gewissen", die Er und der Mensch besitzen, so dass beide über diese Instanzen kommunizieren können.

Spirituelles: Geistiges, das zwischen Himmel und Erde ist und wirkt.

Sturz und Aufrichtung = der Fall von P1 nach P2 (in das Unterscheiden und Gegenüber-stellen als Voraussetzung für Erkenntnis)
und der Fall von P3 nach P4 (in die materielle Existenz der tier-menschlichen Begierden, Leidenschaften und Süchte)
und die Aufrichtung von P4 nach P5 zu „Leben-Liebe-Licht" [s. Lukas-Evangelium 2.,34.]. [s. „Dalle"]

Tetraktys, die = eine Anordnung von 10 Punkten im Dreieck mit 4 Punkten in der unteren Reihe, mit 3 Punkten in einer darüber liegenden Reihe, mit 2 Punkten in einer weiteren höheren Reihe und mit 1 Punkt als höchster Dreiecks-Spitze (4+3+2+1 = 10)

Transfigurations-Kubus = Überleitungs-Kubus, der Vollkommene (Kubus) ist in der Lage, vom Ort „In-mir" (z.B. der eingeborene göttliche Funke dort) zum Ort „Über-mir" (z.B. zum Licht Gottes in der Tetraktys-Mitte/ in der Mitte des „Tempelgiebels" dort) hinüber zu leiten und die Verbindung zu halten (so dass keine abgehobene/ isolierte Dogmatisierung entsteht). [s. Projektion].

Transzendieren = ein kategoriales, qualitatives Überschreiten, ein Ebenendurchstieg.

Transzendenz = das Jenseitige: von Gott aus gesehen liegt der Weg „SEINES Wortes" zu den Menschen (ab P01, P02, P03) jenseits der Spiegel der Instanzen Vernunft und Gewissen in den drei Zeiträumen (P01 bis P12.1, P02 bis P12.2, P03 bis P12.3). Umgekehrt gesehen liegt das magische Dreieck mit dem eingeschlossenen „Wort Gottes" jenseits der Welt, weil die Spiegel nur einseitig (von M über T nach P0) passierbar sind (und nicht von P0 über T nach M).

Triangulation = die Ausbreitung des Gotteswortes (P12A-P12B) im gleichseitigen Dreieck „P11-P12A-P12B" – an dieses fortlaufend angesetzt – über das ganze Kunstwerk/ über die ganze Welt. Derart ist das Gotteswort in der ganzen Welt vorhanden und auffindbar (durch Verbindungen markanter Schnittpunkte der Triangulation).

130

Verborgene Geometrie = die latente Symbolebene der „Figuren und Zahlen" der
  Königlichen Kunst in einem Kunstwerk (in Bild, Relief, Skulptur, Architektur, Garten-
  und Landschaftsgestaltung).
Vereinigungspunkt P12 = der Ort des Zusammentreffens und des Zusammenfalls von der
  „Achse der Arbeit und Konstruktion" (P0-P12) und der „Achse der Gnade und
  Intuition" (H-P12): In der hellleuchtenden Intuition (von H kommend) wird die
  Herkunft von Gott (von M kommend) erkannt, wodurch die Getrennten „von Gott
  ausgehende Schöpfung (von M)" und „von Gott kommende Intuition (von H)" in Eins
  (in P12) zusammen fallen: Der Suchende erkennt seine göttliche Herkunft (von M) im
  Licht der göttlichen Intuition (von H). Das Kainskind, das den „eingeborenen Gott in
  sich" (den Schöpfer und das Licht) erkennt, hat seine von ihm selbst ehemals
  verstoßene Intuition (und den Austausch mit Gott in sich) zurück gewonnen.
Wandlung = Wandlung des Körpers in die solare Robe „in göttliches Licht und Energie"
  [s. Abhinyano, S. 37]; Wandlung des rauen Steines (Triebhaftigkeit) in der 2. Geburt
  zum geistigen Menschen [s. Abhinyano, S. 62, 161, 163, 297; s. Hieber III, S. 45, 48]
Wirkendes Wort = schöpferische Energie vom Himmel/ H, hier als Lichtstrahl im Lichtschacht mit Einwirkung auf den Menschen (P12B-P12C) als erhellende Intuition
  [s.Abhinyano, S. 150].
Yiós = der eingeborene Sohn [s. Joksas Nr. 3/1986, S. 113]

A,5. ABKÜRZUNGEN

kunsthistorische:

HdG = Hofstede de Groot
    (Verzeichnis-Nr.)

H. = Höhe

B. = Breite

cat. = Katalog

del. = delineavit; er, sie, es hat es
    gezeichnet

exc. = excudit; er, sie, es hat es ausge-
    führt/ herausgegeben, verlegt

fec. = fecit; er, sie, es hat es gemacht
    hergestellt

inv. = invenit; er, sie, es hat es
    erfundenen, entworfen

nach: = gezeichnet nach (als Kopie)

pinx. = pinxit; er, sie, es hat es gemalt

rKD = Rijksbureau voor Kunsthisto-
    rische Documentatie, Den Haag

sc., sculp. = sculpsit; er, sie, es hat es
    gestochen

allgemeine:

Abb. = Abbildung

Anm. = Anmerkung

Aufl. = Auflage

Bd. = Band

bzw. = beziehungsweise

ca. = zirka

desgl. = desgleichen

d.h. = das heißt

d.i. = das ist

ebd. = ebenda

f. = folgende Seite

ff. = folgende zwei Seiten

geb. = geboren

gest. = gestorben

hins. = hinsichtlich

Hrsg. = Herausgeber

Jhdt. = Jahrhundert

Nr. = Nummer

o.J. = ohne Jahr

s. = siehe;

s.o.; s.u. = siehe oben; siehe unten

S. = Seite

Sp. = Spalte

u.a. = unter anderem

usw. = und so weiter

vergl. = vergleiche

z.B. = zum Beispiel

freimaurerische:

AT = Arbeitstafel,

  in I = 1. Grad (Johannis-Lehrlingsgrad),

in II = 2. Grad (Johannis-Gesellengrad),

in III = 3. Grad (Johannis-Meistergrad),

J = Jakin (die linke Säule),

B = Boas (die rechte Säule)

X = das Gesetz (für I und II geltend),

  zwei Knochen, Sanduhr (für III),

  Andreaskreuz (für III usw.),

FM = Freimaurerei

FO = Freimaurer-Orden

LM = Logen-Meister

verborgenen-geometrische:

Der Tempel (die Werte des beurteilenden Meisters):

  W. = Weisheit

  St. = Stärke

  Sch. = Schönheit

Die Grundursachen (die Werte des kontemplativen Lehrlings):

  N. = Natura (die Natur des Menschen).

  R. = Religio (Kult, Heiliges)

  F. = Fortitudo (die Kraft aus der

    Betrachtung von N. und R.)

Die Polaritäten (die Werte des arbeitsamen Gesellen):

  P.1 = Polarität 1, actio-reactio

  P.2 = Polarität 2, natura naturata versus natura naturans (geschaffene Natur im Gegensatz zur schaffenden Natur)

  P.3 = Polarität 3, natura naturans versus natura naturata (hervorbringende Natur im Gegensatz zur hervorgebrachten Natur).

Die Griffe:

  LG = Lehrlings-Griff (mit dem Wert des Lehrlings: Weisheit/ W.),

  GG = Gesellen-Griff (mit dem Wert des Gesellen: Stärke/ St.),

  MG = Meister-Griff (mit dem Wert des Meisters: Schönheit/ Sch.).

Das Andreaskreuz:

  X-Figur = das Andreaskreuz (normalerweise auf 6 mal 6 Feldern)

  St. = Stärke (normalerweise seine Mitte),

  Te = Teiler (Einteilungspunkt auf dem Nord-Ost-Arm „St.-NO", Übergangsort für die Himmelfahrt von N nach SO).

Die Himmelsrichtungen im Kunstbild:

  W = Westen (Ort der körperlichen Geburt, des Unfertigen, im Bild unten),

  S = Süden (Ort des Lebens, der geistigen Arbeit, im Bild rechts),

  N = Norden (Ort des Todes, des körperlichen Verfalls, im Bild links),

  O = Osten (Ort des ewigen, geistigen Lebens, Ewiger Osten, im Bild oben),

SO = Süd-Osten (18 Uhr, Kreuzigung Christi),

SW = Süd-Westen (24 Uhr, Anbruch der Dunkelheit),

NW = Nord-Westen (6 Uhr, Hahnenschrei und Tod Christi),

NO = Nord-Osten (12 Uhr, Auferstehung Christi)

<u>Der Kehret-um-Weg aufwärts:</u>

von NW (Nord-Westen) nach S (Süden) nach N (Norden) nach SO (Süd-Osten).

<u>Das magische Dreieck:</u>

LM = Logenmeister (steht für Gott, zumeist auf Sch.),

G= Gott (zumeist auf Sch.),

A1 = 1. Aufseher: Vernunft (die Waagerechte, die Lotwaage),

A2 = 2. Aufseher: Gewissen (die Senkrechte, das Senkblei),

M = Mitte des magischen Dreiecks (das Wort war bei IHM),

G-A1-A2 = das magische Dreieck (G/LM/Sch.-A1-A2).

T = Transzendieren (der Ort, an dem das Wort das magische Dreieck verlässt, zwischen
    A1 und A2, oder G und A1, oder G und A2)

<u>Die Wege der Entwicklung/ Wandlung/ die Reisen:</u>

P0 = Punkt Null (der erste Punkt außerhalb des magischen Dreiecks),

P01, P02, P03 = Nullpunkte, wenn bis zu drei vorhanden sind,

P1 = Punkt 1,

P2 = Punkt 2,

P3 = Punkt 3 (usw. bis P12 = Punkt 12),

P1A und P1B = die Punkte, die mittig P1 erzeugen,

P2A und P2B = die Punkte, die mittig P2 erzeugen,

P3A und P3B = die Punkte, die mittig P3 erzeugen (usw.),

P12′ = der Punkt, der dem Punkt P11 (an der Achse P12A-P12B)gegenüber steht.

<u>Der Gral (= Kubus mit Doppelschwingungsfigur):</u>

Y-Figur = die Innenfigur des Kubus (die aufnehmende Schale oben, P11-P12B-P1′
    und darunter der aufnehmende Körper zwischen P12B-P12C),

P11-P12= der letzte Schritt auf der „Achse der Arbeit und Konstruktion".

P12 = „im Höchsten", Zusammentreffen der „Achse der Arbeit und Konstruktion"
    (P11-P12) und der „Achse der Gnade und Intuition" (H-P12),

P12A-P12B = das Wort, auf der „Achse der Gnade der Intuition".

P12A-P12B-P12C = das wirkende Wort (abweichende Beschriftung P12B-P12A-
    P12C, je nach Lage von P11).

<u>Der Lichtschacht:</u>

H-P12A-P12B-P12C = der Lichtschacht (Achse der Gnade der Intuition), zwischen
    Himmel (H) und Körper (bei der Normalbezeichnung H-P12A-P12B-P12C, wenn
    P11 links vom Strecken-Abschnitt P12A-P12B liegt),

H-P12A   = der „Bereich des Himmels",

H   = Osiris/ Atma

P12A   = der Horizont (M-Figur. achet),

P12A-P12B = der „Bereich der Luft",

P12B   = der Ort der Einstrahlung in den Körper (der Mund Gottes, das Tor Gottes)

P12B-P12C = der „Bereich der Erde, der Körper".

<u>Das binnendifferenzierte, magische Dreieck (G-A1-A2):</u>

seine Innenaufteilung durch die mehrfache Einteilung (ohne Rest, sofern möglich) seiner Seiten durch die Strecke P12A-P12B (zumeist in 3 mal 3 innen liegende Dreiecke), z.B. „3 mal 3" = der Name Gottes (der dreifach große Baumeister).

<u>HINWEISE auf mögliche Verwechslungen:</u>

M-Figur = der Horizont, achet;

Punkt M = die Mitte des magischen Dreiecks,

N (Norden) ist nicht N. (Natura)

W (Westen) ist nicht W. (Weisheit)

P1 (Punkt 1) ist nicht P.1 (1. Polarität) usw.

Es können einzelne Buchstaben in Buchstaben-Folgen auftreten, ohne die speziellen Bedeutungen der Einzelbuchstaben zu meinen, z.B.

A-B-C-D-E-F-G-H-I-J-K-L-M-N-O-P-Q-R-S-T-U-V-W-X-Y-Z,

wobei einzeln gilt: A = der Aufseher, nämlich A1 und A2; B = die Säule Boas; F. = fortitudo; G = Gott; H = der Himmel/ Atma; J = die Säule Jakin; K = die Krone; M-Figur = der Horizont, – oder Punkt M = die Mitte des magischen Dreiecks, N = der Norden; N. = natura; O = der Osten; P = der Punkt, z. B. P1; R. = religio; S = der Süden; T = der Transzendierungs-Punkt; V = die V-Figur / der Sturz; W. = die Weisheit; X = die X-Figur / z.B. das Gesetz; Y = die Y-Figur / die Binnenfigur des Kubus; Z = die Z-Figur/ die Kehret-um-Figur des Weges.

<u>HINWEISE zum Lesen:</u>

P0   = „Punkt Null" (Beginn einer Reise)

P01, P02   = „Punkt Null eins, Punkt Null zwei" (Anfänge von zwei Reisen)

(P01)   = „bezogen auf Punkt Null eins",

P12/P01   = „Punkt Zwölf bezogen auf Punkt Null eins" (auf den Weg von P01),

P12/P02   = „Punkt Zwölf bezogen auf Punkt Null zwei" (auf den Weg von P02),

H/P01   = „Punkt Himmel bezogen auf Punkt Null eins" (auf den Weg von P01).

A,6. EINFÜHRUNG IN DIE VERBORGENE GEOMETRIE

Es sind auch zu beachten: A,4: „Definitionen" und A,5: „Abkürzungen".

<u>VORBEMERKUNGEN:</u>

<u>Zur Definition:</u> Die „Verborgene Geometrie" ist eine geometrische Kunstbild-Sprache, die mit geometrischen Figuren (und ihren Bedeutungen) die verlorene Einheit (die Vorbefindlichkeit in Gott) durch Reflexion auf erlebte, rituelle Abläufe zurück zu gewinnen sucht (ein sentimentalisches Begehren) – mit dem Ergebnis, die eigene

134

(vergessene) „Gotteskindschaft", das Herkommen aus dem „wirkenden Gotteswort" (aus „M" kommend, s.u.), im Lichte der (zurückgewonnenen) „Intuition" (aus „H" kommend, s.u.) zu erkennen.

Das Kunstbild enthält die Verborgene Geometrie, die ein Einweihungs-Geschehen darstellt, das auch „Königliche Kunst" genannt wird. Die Verborgene Geometrie ist somit eine rituelle Verborgene Geometrie.

Zur Erläuterung des Hintergrundes der Definition: Sie setzt voraus, dass der Mensch nach seiner Ansicht von Gott komme, dass er diese Herkunft aus seiner geistigen Heimat in seinen weltlichen (materiellen und tierisch-begehrenden) Verhaftungen vergessen habe, dass er sein Vergessen bemerkt habe, dass er umkehren wolle zur Rückkehr in seine geistige Heimat (in Gott, bzw. in seine empfundene Gotteskindschaft) und dass er zur Bearbeitung dieses Vorhabens unter „geistig Suchenden" an Einweihungshandlungen teilgenommen hat (bzw. diese in den Einweihungshandlungen der Verborgenen Geometrie nachzuspüren sich vornimmt) und diese nachfolgend (anhand der Verborgenen Geometrie in Kunstbildern) auf ihre Bedeutung hin reflektiert.

Zu prinzipiellen Schwierigkeiten des genannten Vorhabens: Normalerweise hat heute ein „geistig Suchender" keine Einweihung erfahren, die er reflektieren könnte. Hinzu kommt, dass ein in Buchform vorgetragener Ablauf einer Einweihung nicht das Erleben einer Einweihung ersetzt, ebenso wenig ersetzt eine in Buchform vorgetragene Reflexion auf ein Einweihungsgeschehen das eigene Ergründen der Bedeutung eines erlebten Einweihungsgeschehens.

Zu Hilfen angesichts vorliegender Schwierigkeiten: Der Betrachter eines Kunstbildes (das eine rituelle Verborgene Geometrie enthält) kann mit geringem Vorwissen (das folgend vermittelt wird) selbständig den Einweihungsweg in der Geometrie des Bildes aufspüren und gehen. Dabei wird er immer wieder an Grenzen stoßen, die ihm befristet den Weitergang erschweren und verwehren. Der eigene Weg hat also sein eigenes Tempo (und wenn ein Weg Jahre dauert), und er hat eigene, erkannte Zusammenhänge und Bedeutungen.

Das Lesen fertig vorgestellter und interpretierter Einweihungswege in der Verborgenen Geometrie eines Kunstbildes mag so als beispielhafte Einführung gelten. Der eigene Weg vor einem neuen Kunstbild macht dagegen den eigenen Stand und die eigene Entwicklung deutlich.

Zur Kulturtechnik von „Evolution" und „Involution" nach Rudolf Steiner: [s. Steiner 1982, S. 121 f] *„Gott hat uns einstmals die Natur gemacht, die uns umgibt als mineralische, pflanzliche und tierische Natur. Diese werden wir aufnehmen. Wir können nichts dafür, daß sie da ist, wir können sie uns nur aneignen. Aber was wir selbst in der Welt verfertigen, das ist das, was durch uns selbst unser künftiges Sein darstellen wird."* [Steiner, S. 121 f] *„Das ist die Aufgabe der Geheimgesellschaften aller Zeiten gewesen: Geist in alle Außenwelt zu bringen."* [Steiner, S. 122] *„Tut der Mensch nichts, was er auf diese Weise in seine Seele von außen wieder einsaugen könnte, so bleibt sie leer."* [Steiner, S. 122] *„Der Freimaurer wußte, wenn er mitbaute an der Vergeistigung der mineralischen Welt – und >bauen< heißt nichts anderes als die mineralische Welt* *vergeistigen –, daß dies einstmals der Inhalt seiner Seele sein wird."* [Steiner, S. 121] (Das Einbauen von Einweihungswegen in die Materie des Bildwerkes ist eine „Vergeistigung der mineralischen Welt".) *„Das ist der große Gedanke, der den Geheimgesellschaften zugrunde liegt, daß alles Fortschreiten auf Involution und Evolution beruht. Involution ist das Einsaugen, Evolution ist das Ausgeben. Zwischen diesen beiden wechseln alle Weltenzustände."* [Steiner, S.122] (Das „Ausgeben" ist das Herstellen eines Kunstwerkes mit Verborgener Geometrie/ mit Einweihungswegen; das „Einsaugen" ist das Interpretieren/ Aufnehmen des Kunstbildes. Die „Weltenzustände" sind die des Gestaltens der Materie zu Kunstwerken und die des Interpretierens des in der Außenwelt gestalteten Geistigen/ jener Einweihungswege. Die Gegenwart mag sich gerade im Wechsel/ im Wechseln befinden.)

Das Kunst-Bild ist (wie die Kunst-Skulptur oder Kunst-Architektur) so gesehen ein Stück vergeistigter mineralischer Welt (als Ergebnis einer Evolution), das in späterer Zeit geistig erkannt und aufgenommen werden kann in die Seele, die im östlichen Sinne die Sammlung geistiger Erfahrung bedeutet [s. Abhinyano, S. 80] (als Ergebnis einer Involution).

Die Kunstbildbetrachtung mit dem Ziel der Aufnahme des darin enthaltenen geistigen Gehaltes eines Einweihungsweges (der zurück zu Gott führen solle, bzw. zur Erkenntnis des Göttlichen im Menschen) erfüllt also die Aufgabe der „Involution/ der geistigen Aufnahme". Und eine Begegnung mit einem geistig Gestalteten (mit einem neu zu betrachtenden weiteren/ anderen Kunstwerk) stellt ein neues, eigenes Erlebnis dar wie in einer Einweihung. Das vom Künstler geschaffene „tote Zeichen" der ins Bild eingebauten Geometrie wird vom Betrachter neu verlebendigt und persönlich angeeignet.

Der Kommunikationsprozess beinhaltet also (hier angesichts des vorliegenden Buches) mehrere Stufen: die vorausgegangene Einweihung des Künstlers, die vorausgegangene künstlerische Gestaltung des Kunstbildes (als einer Objektivation/ Evolution), die vorausgegangene Interpretation des Buchautors, die vorausgegangene schriftliche Fixierung der Interpretation des Buchautors (als einer weiteren Objektivation/ Evolution) und schließlich die vermittelte Aufnahme durch den Leser (seine Involution), bzw. seine unvermittelt-eigene Aufnahme eines anderen, weiteren Kunstwerkes (als Involution).

<u>Zum betroffenen Personenkreis:</u> Während die „Abels-Kinder" die Priesterweisheit in sich aufgenommen haben, versuchen die Kains-Kinder, die Intuition, die die Priesterweisheit vermittelt, abzutöten (den Abel in sich zu töten [s. Steiner, S. 234, 272]), um weltliche Erkenntnis zu gewinnen durch das Bauen mit der Materie (als Ackerbauern, als Konstrukteure, als Künstler). Das Bauen in der Welt gibt dem Kainskind (als Antwort auf sein Bauen von Brücken, von Geräten, von Kunstwerken – reaktiv) weltliche und geistige Erkenntnisse, sein (passiver) Geist muss also von außen angeregt werden durch die Folgen des Probierens (des Bauens, des Konstruierens, des künstlerischen Schaffens). Die Legende sagt: *„Abel war ein Hirte; er beschäftigte sich mit dem Leben, das schon da ist: Er ist ein Symbol der angestammten göttlichen Kraft, die im Menschen als Weisheit wirkt, die er sich nicht selbst erwirbt, die in ihn einströmt. Kain schafft Neues aus dem*

136

heraus, was die Umwelt bietet: Er repräsentiert die passive männliche Weisheit, die erst befruchtet werden muß von außen; die in die Welt hinausgeht, um zu sammeln und zu schaffen aus der gesammelten Weisheit. Kain erschlug Abel; das heißt: die männliche Weisheit [der Kains-Kinder] *wehrt sich gegen die weibliche Weisheit* [der Abels-Kinder], *denn sie fühlt, daß sie die physische Weisheit* [weltlicher Erfahrung der Kains-Kinder] *erobern und umformen muß."* [Steiner, S. 234]

Das <u>Umformen</u> bezieht sich auf das einsetzende Bestreben, im Geschaffenen der Welt (in der reactio) das Geistige/ Schöpferische/ Göttliche (die actio) zu sehen mit dem Ziel, das Göttliche selbst direkt erfahren zu können durch Intuition [s. Steiner, S. 219 f, 224, 233 ff, 277]**,** also die verlorene Intuition zurück zu gewinnen (die abgelehnt wurde, als das Interesse an weltlicher Erkenntnis vorausgehend erwacht war [s. Steiner, S. 272]). Das Kainskind, das sich selbst von der göttlichen Intuition abgewendet hatte zugunsten von weltlicher Erfahrung, versucht also in seinem neuen Begehren, bzw. in seiner neuen Leidenschaft nach Erkenntnis des verlorenen Göttlichen (nach Erkenntnis der Herkunft der Schöpfung, nach der voraus gegangenen göttlichen Aktion vor der erfolgten Schöpfung/ Reaktion) die verlorene, unmittelbare Beziehung zum Schöpferischen wieder zu gewinnen [s. Steiner, S. 22 f; s. Hieber III, S. 34]. Das Kainskind versucht durch zielgerichtete Arbeit (im Erforschen der Verursachung auch des eigenen Geschaffenen/ der eigenen Objektivation, bzw. Evolution) die unmittelbare Intuition zu erlangen: durch erzwingende Arbeit (die reaktiv und mittelbar aus dem Resultat der Arbeit die geistige Verursachung durch diese Arbeit zu ermitteln sucht), die nicht erzwingbare, unmittelbare Intuition (eine spirituelle Verursachung/ Anregung/ Energiegabe) zu gewinnen. Dieses Paradoxon [s. Steiner, S. 224, 237], durch vermittelnde Arbeit die unmittelbare Intuition zu erreichen, hat das Kainskind sich vorgenommen im erwachten Verlangen nach unmittelbarer Gottesnähe (erhofft in einer intuitiven Einstrahlung vom Göttlichen).

Das <u>Bild hierfür</u>, eine Vorstellung für die verlorene und nun gesuchte, göttliche Kraft (Energie/ Anregung/ Verursachung) ist mit dem Erdmittelpunkt ausgedrückt, wo das Feuer der Leidenschaften der Kainssöhne, speziell das Feuer ihres Erkenntniswillens, brenne [s. Steiner, S. 48, 62 f, 66, 80 ff, 138 ff, 221 f, 236 ff].

Die „<u>rituelle Verborgene Geometrie in Kunstwerken</u>" (diese objektivierende Einarbeitung von Geist in die Materie, z. B. ins gemalte Bild) bietet einen konstruierten Weg für die Kains-Kinder an, welche die verlorene Intuition und damit die verlorene Gottesnähe zurück zu gewinnen suchen. Am Ende dieses Weges gibt es einen Umschlag von der „Achse der Konstruktion und Arbeit" zur „Achse der Intuition und Gnade" (wodurch die Kainskinder tatsächlich durch „erzwingende Arbeit" zur „gnadenvollen Intuition" gelangen können), was noch zu zeigen ist.

<u>Hiermit deckt sich das romantische Konzept des</u> „<u>Sentimentalischen</u>", das „die verlorene Einheit [in Gott] durch Reflexion [durch Rückwendung in die erlebte Subjekt-Objekt-Spaltung mit der Möglichkeit eines erkannten Verursachungsweges] zurück zu gewinnen sucht". Der Verursachungsweg liegt im erkannten einteilenden/ trennenden Denken, das durch ein verbindendes Denken, bzw. Innesein, zu überwinden sei in der geistigen Ebene (der Erforschung der Ursachen/ der Zweiheit) und in der spirituellen

137

Ebene (der Übergegensätzlichkeit/ Einheit). Der Grund für den Verlust der Einheit ist die Zweiheit. Der Grund für die Rückgewinnung der Einheit ist der Verlust der Zweiheit.

In der Verborgenen Geometrie wird die Einheitssuche eingeübt durch die „Mittung gegensätzlicher Positionen auf jeder Stufe des Weges der Wandlung" [s.u.]. Die Verborgene Geometrie zeigt am Ende des „Weges der Wandlung" den Volleingeweihten in seinem in Licht gewandelten Körper/ in seinem Lichtleib in der „solaren Robe", einem „vollkommenen Kubus in der vollkommenen Kugel", angefüllt mit göttlichem Licht und göttlicher Energie [s. Abhinyano, S. 37].

<u>Zum Menschenbild von den Kainskindern:</u>

[Abb. 1 /A,6.] Die Kainskinder, bzw. Kainssöhne, die nicht aus der göttlichen Priesterweisheit heraus leben (wie es die Abelskinder tun), versuchen sich im Bild des Salomonischen Tempels, bzw. des Tempelbaues, ein Bild vom Aufbau des Menschen vorzustellen (was in der Freimaurerei vollzogen wird) [s. Steiner, S. 238 f.]. Modelle vom inneren Aufbau des Menschen sind:

A) **[Abb. 1 /A,6., links]** nach von Noorden (freimaurerisch gesehen) das Bild des dunklen und hellen Menschen, desjenigen, der das göttliche Licht nicht bemerkt und doch danach sucht [s. Noorden, S. 88],

B) **[s. Abb. 1 /A,6., rechts]** welches Modell nach C. G. Jung differenziert wird hinsichtlich der Person des Menschen, der mit seinem Bewusstsein und seinem persönlichen Unbewussten/ seinem Schatten/ seiner Person gesehen wird [s. Jung, S. 125 f],

C) **[Abb. 2 /A,6., rechts und Abb. 3/A,6.]** nach Rudolf Steiner [s. Steiner, S. 105] die Sicht auf die „fünf Körper" des Menschen, von denen der höchste, der Kausal-Körper „nach den Ursachen der Dinge" fragt, ganz im Sinne der Kainskinder, die sich üben, nach der höheren Verursachung/ nach der actio/ nach dem Schöpfungsimpuls zu fragen,

D) **[Abb. 2 /A,6., links]** wobei im buddhistischen Sinne die beiden obersten (nicht verfügbaren) Ebenen oder Prinzipien des Menschen (6. Prinzip, Buddhi, die barmherzige Intelligenz; 7. Prinzip, Atma, der universale Geist) mit gesehen werden [s. Abhinyano, S. 312 f und s. Steiner, S. 155], – welche Prinzipien ebenso in der Verborgenen Geometrie thematisiert werden.

<u>Zu den geometrischen Grundlagen des Systems der Verborgenen Geometrie:</u>

[Abb. 4 /A,6.] Es sind folgende geometrische Figuren aus dem Ritual des Freimaurer-Ordens (der nach dem schwedischen, christlichen System arbeitet) zu nennen: 1. die siebenstufige Treppe zum Tempel (sieben Stufen des Aufstieges), 2. das magische Dreieck im Logenraum (darin ist das Wort Gottes), 3. die drei Reisen der Wandlung entlang der vier Seiten des rechteckigen Logenraumes (3 mal 4 gleich 12 Abschnitte der Reise), 4. der unregelmäßige, raue Stein (der des Menschen tierisch-begehrende Natur, seine Triebwelt, darstellt [s. Nardini 1980, S. 282]), der zu einem vollkommenen, übergegensätzlichen, kubischen Stein zu formen/ umzuformen sei (der als Zeichen für die Überwindung einer Dominanz des Tierisch-Begehrenden steht und die Bedeutung einer Dominanz des Logos/ des Geistes über den Bios/ den Körper ausdrückt [s. Appel, S. 30, vergl. Nardini, S. 264]).

138

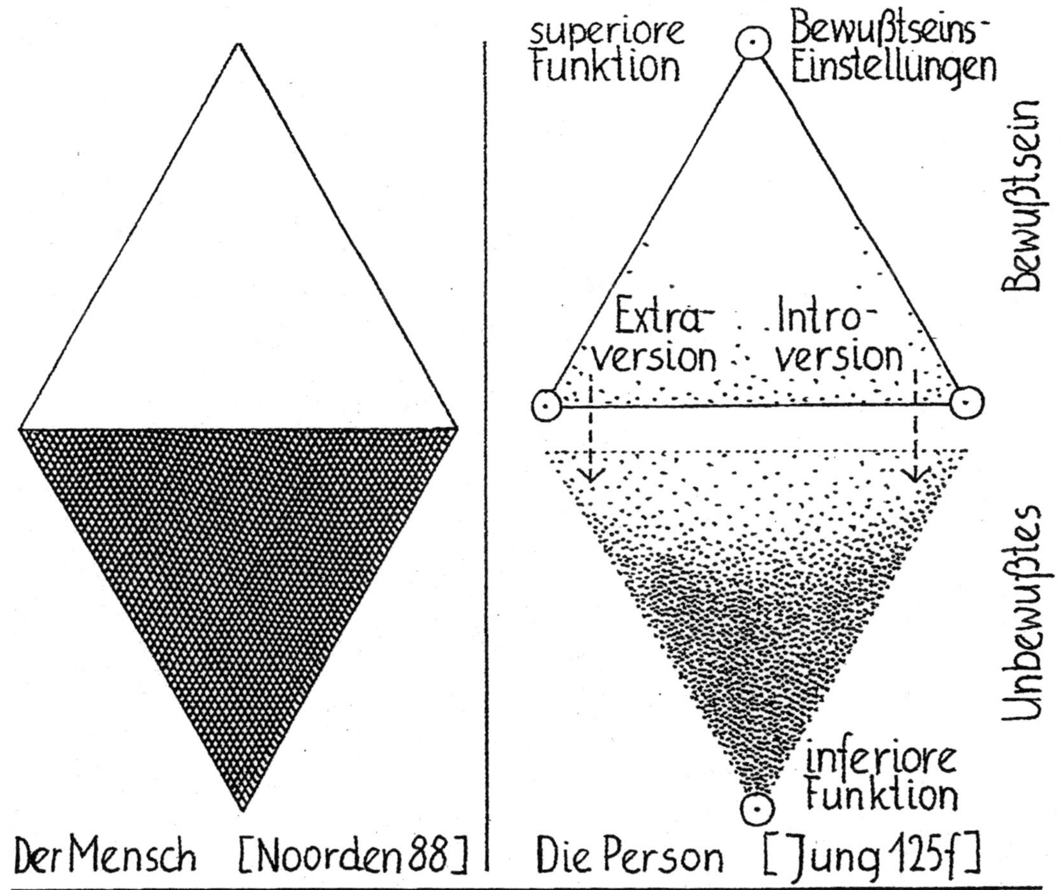

[**Abb. 1/ A,6.**] *Modelle vom Menschen nach von Noorden und nach C.G. Jung.*

Hinter dem Ritual des Freimaurer-Ordens (mit seinen Kleinen Mysterien [vergl. Abhinyano, S. 46]) steht in der Verborgenen Geometrie das Ritual der altägyptischen Urreligion bzw. des nördlichen Mahayana Buddhismus (mit ihren Großen Mysterien der Vervollkommnung des Menschen zu einem rein Geistigen im Neuen Leib des Lichtleibes/ der solaren Robe [s. Abhinyano, S. 9, 58, 244]).

Die Lehre des Freimaurer-Ordens (mit ihren Kleinen Mysterien [vergl. Abhinyano, S. 46]) gibt einen Einstieg in die Einweihungslehre der Urreligion (mit ihren Großen Mysterien [s. Abhinyano, S. 61]), und die vorliegend neu erforschte „rituelle Verborgene Geometrie" ist in dieser Form und Bedeutung im Freimaurer-Orden nicht zu finden. Die schwedische, christliche Freimaurerei (des Freimaurer-Ordens/ FO) gab lediglich den Einstieg in vorliegende Forschung.

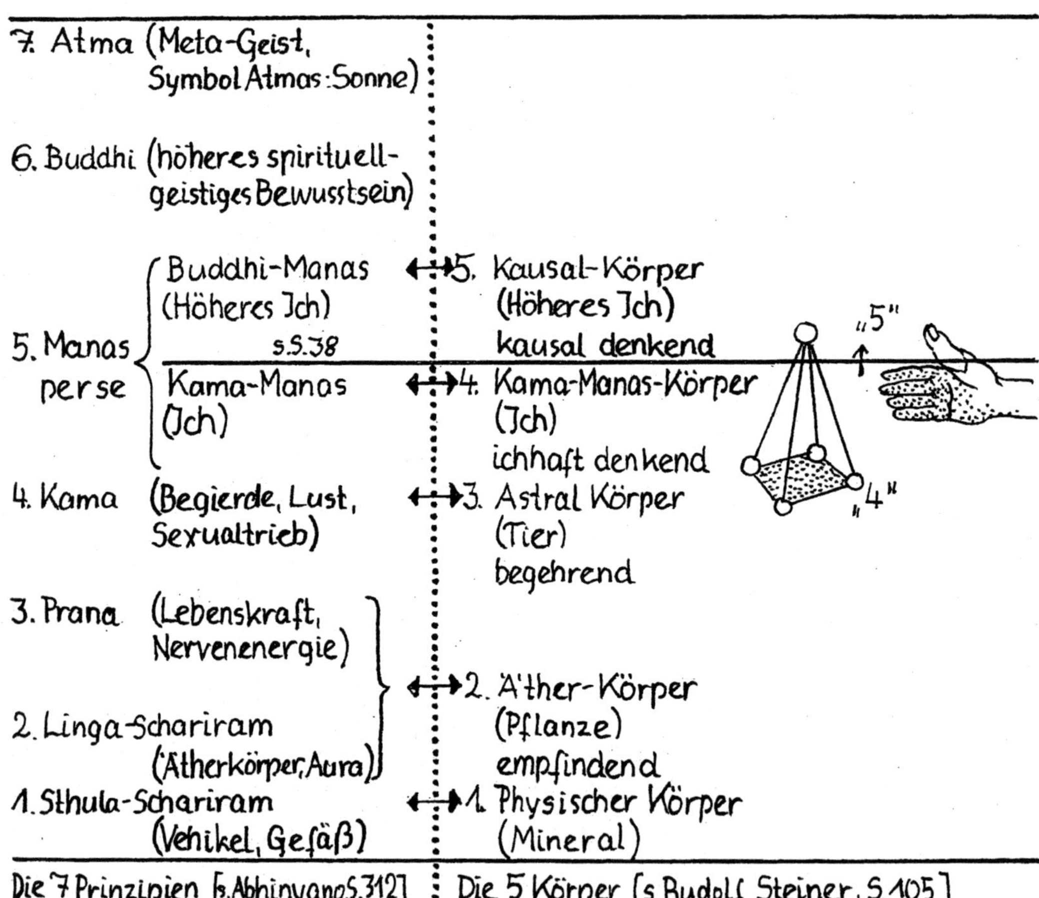

[Abb. 2 /A,6.] *Modelle vom Menschen nach Abhinyano und Rudolf Steiner.*

Die Rituale des Freimaurer-Ordens beinhalten verschiedene Strömungen [s. Sommer Nr. 3/1988, S. 98]: Mysterien mit Sonnenkult (auch ausdrücklich altägyptische [s. Noorden, Heft 4, S. 118; s. Steiner, S. 108], alchemistische Lehren, Zahlenmystik aus der Kabbala, gnostische Elemente, die christliche Lehre. Aufgrund dieser Vielfalt sind die Durchstiege von der noch heute lebendigen Tradition der Freimaurer-Lehre (mit ihren Kleinen Mysterien im FO) ausgehend zur Urreligion (und den Großen Mysterien) so reichhaltig und scheinbar in sich unvereinbar. Auch sind Übernahmen späterer Strömungen von früheren (z.B. der altägyptische Christus/ Heiland als Vorbild des

140

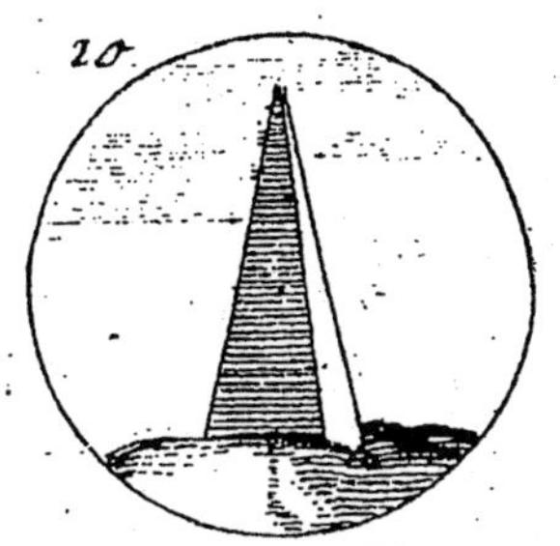

[Abb. 3 /A,6.] *Die Pyramide steht auf der Erde („4") und sieht gen Himmel („5").*

kirchenchristlichen Christus [s. Abhinyano, S. 25, 45, 47, 52, 61, 63]) mit den leichten Bedeutungsverschiebungen (hier z.B. von „jedem volleingeweihten Christus" zu dem „historischen einen Christus") zu beachten, weswegen in der Interpretation nicht bei kirchenchristlichen Ansichten stehen geblieben wird, sondern auf frühere/ ursprünglichere Bedeutungen/ Bedeutungsebenen hingewiesen/ zurück gegriffen wird.

DARSTELLUNG DER RITUELLEN VERBORGENEN GEOMETRIE:
Zum Rasterfeld:

[Abb. 5 /A,6.] (Zu den Werten des Meisters) Zu Beginn der Tempelarbeit wird der Tempel aus 3 Werten/ Punkten geschaffen, d.h. es wird nachgesehen, ob er im Bild vorhanden ist, was anzeigt, dass es ein Kunstbild ist: Der Wert „Weisheit/ W." (Erkenntnis des Diesseitigen/ was ich auf der Erde sehe) und des Jenseitigen (was im Erdinneren ist als Bild für das Feuer der Leidenschaft des Erkenntnisstrebens der Kains-Kinder) liegt zumeist unter einem Fuß (als Punkt W.).

Oberhalb des Punktes „Weisheit/ W." liegt der Wert „Stärke/ St." (Überwindung des Körperlichen) zumeist auf einer Schulter (als Punkt St.). Unterhalb der Schulter liegt das Körperliche, das die ersten vier Prinzipien des Menschen vertritt. Diese sind: 1. das Mineralische, 2. das Pflanzlich-Empfindende, 3. das Tierisch-Begehrende und 4. das diesen drei Prinzipien zu ihrer Verwirklichung helfende menschliche Denken (Kama Manas/ das niedere Denken/ das Ego). Oberhalb der Schulter liegt das Geistige in der Höhe des Kopfes mit dem 5. Prinzip des Menschen: dem Forschen nach den Gründen/ Ursachen des Seienden/ der Kausal-Körper [s. Steiner S. 105], (Buddhi Manas/ das höhere Denken/ das umfassende Selbst) [s. Abhinyano, S. 312 f].

Oberhalb des 5. Prinzips des Menschen (Buddhi-Manas/ spiritualisierte Intelligenz) liegt das 6. Prinzip (höheres spirituell-geistiges Bewusstsein und immaterielle Intuition) und das 7. Prinzip (Meta-Geist, universal, transzendent) [s. Abhinyano, S. 312 f].

Der Wert „Stärke/ St." auf der Schulter eines Dargestellten bezeichnet diesen als den Einzuweihenden, der seine weltliche Befangenheit (in den unteren 4 Prinzipien des Menschen, speziell im 4. Prinzip des egoistischen Verhaltens) überwinden soll und mit der *„Überwindung des materiellen Teils des menschlichen Wesens"* [Hieber III, S. 35] *„aus*

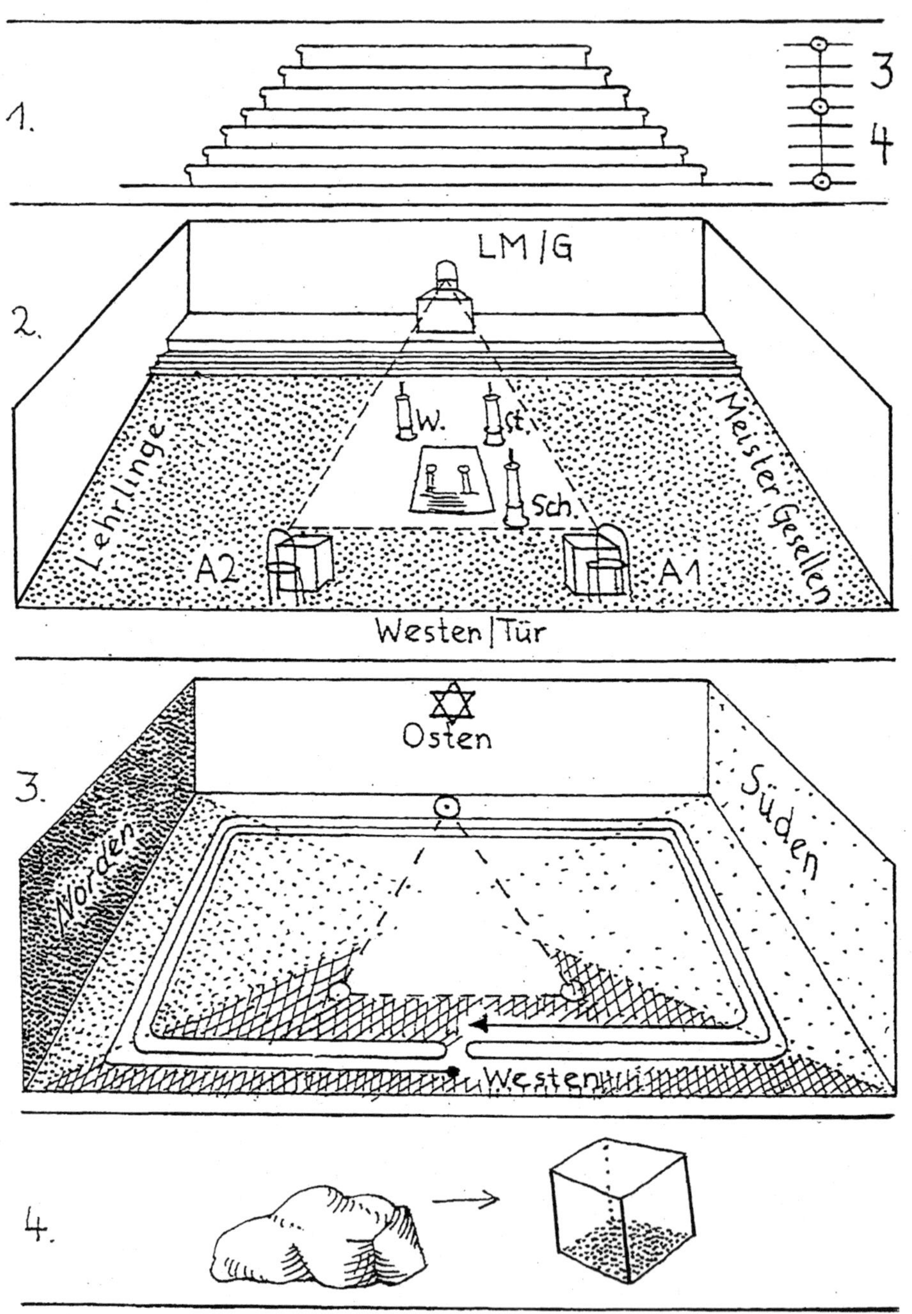

[Abb. 4 /A,6.] *Freimaurerische Symbole: Treppe, magisches Dreieck, Reisen, der Stein.*

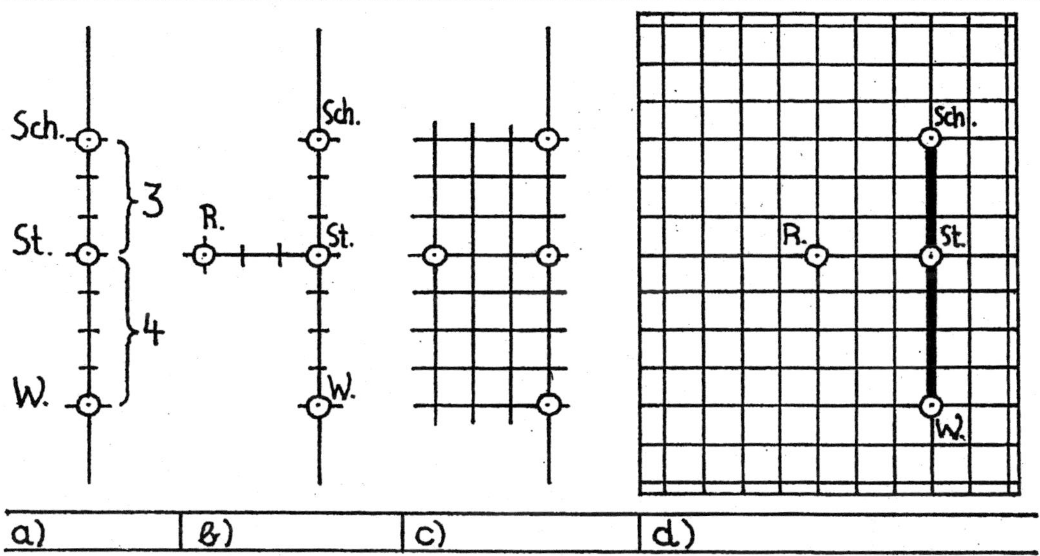

[Abb. 5 /A,6.] *Entwicklung des Rastergitters aus „ Tempel W.-St.-Sch. " und „ Religo, R. "*

einem bloß kreatürlichen Wesen ein seelisch-geistiges macht " [Hieber III, S. 29] (nach der Ansicht und Lehre des Freimaurer-Ordens).

Über den Punkten W. und St. liegt der Wert der „Schönheit/ Sch." (Übergegensätzlichkeit) auf einer Gegensätze vereinenden Stelle, etwa an einem Horizont mit M-Figur bestehend aus zwei Bergeshöhen mit einem beide verbindenden Joch und mit einem im Tal/ Joch zu erwartenden Sonnenaufgang über dem Horizont, beide („Berge und Joch" mit der „aufgehenden Sonne") verbindend. Die Strecken W.-St. und St.-Sch. stehen im Strecken-Verhältnis von 4 zu 3. Damit werden im Kunstbild in der Höhe zwischen W. und Sch. 7 Abschnitte eines zu errichtenden Rasterfeldes aufgebaut, welche über die gesamte Kunstbild-Höhe ausgebreitet vorzustellen sind, indem die 7 „Rasterfeldeinheiten der Höhe" (7xH) nach oben (über Sch.) und nach unten (unter W.) fortgesetzt eingezeichnet werden.

Diese drei Werte „W.-St.-Sch." formen den inneren Tempel des Meisters zu seiner Begegnung mit seinem Gott. Es ist ein heiliger Ort für den Einbruch des Jenseitigen/ Heiligen ins Diesseits. Diese Figur (W.-St.-Sch. als der Tempel des Meisters) ist in Kunst-Bildern immer gleich aufstrebend/ senkrecht angelegt.

(Zu den Werten des kontemplativen Lehrlings) Die nächsten drei Werte (Natura/ N. und Religio/ R. und Fortitudo/ F.) gehören zum Lehrling, der (im Aufbau der Geometrie zunächst) den Wert „Religio/ R." (Ritus, Heiliges) an einem Ort im Kunstbild betrachtet, der bildgegenständlich zumeist in Richtung auf den Wert „Schönheit/ Sch." weist und so eine Ahnung eines Höheren vermittelt (im Punkt R.). Dieser Punkt R. liegt auf der Höhe des Punktes St. und ist von diesem drei „Rasterfeldeinheiten der Breite" entfernt zu seiner

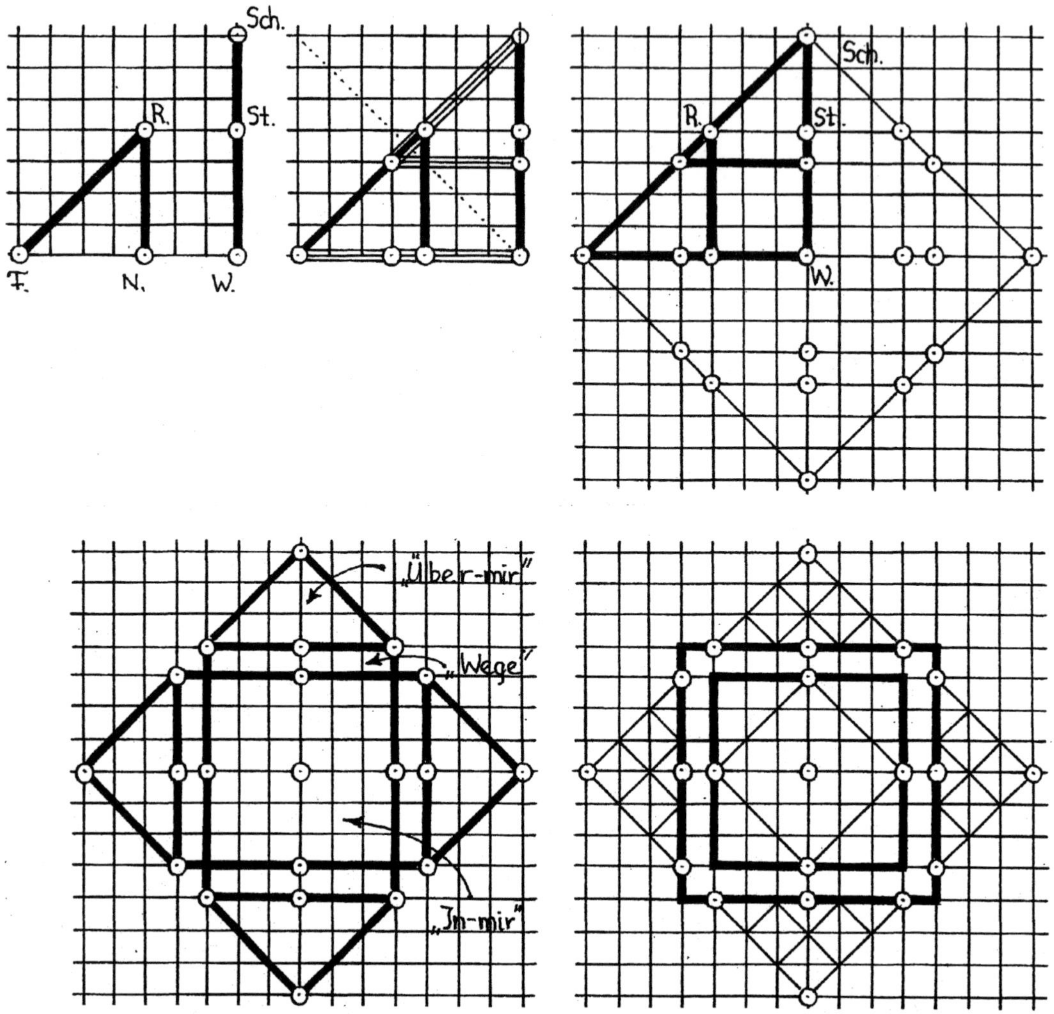

[Abb. 6 /A,6.] *Entwicklung der Kleinen Raute durch Spiegelungen des Rastergitters an der Diagonalen durch Punkt W. und an der senkrechten und waagerechten Achse durch Punkt W.*

Linken. Auch diese Rasterfeldeinheiten der Breite (3xB) werden über die ganze Kunstbildbreite fortgesetzt eingezeichnet, so dass nun auf dem gesamten Kunstbild ein Rasterfeld liegt, auf dessen Rasterlinien-Schnittpunkten nun bereits die Punkte W., St., Sch. und R. angelegt sind (bzw. erkannt sind).

Der Wert der „Natura/ N." (die Natur des Menschen, wie sie gerade angesehen wird) liegt unter dem Punkt R. auf einem Rasterlinien-Schnittpunkt und gibt nach einem dort befindlichen bildgegenständlichen Inhalt Auskunft über die gemeinte Bedeutung der Natur, z. B als eines leeren und zu füllenden Gefäßes.

144

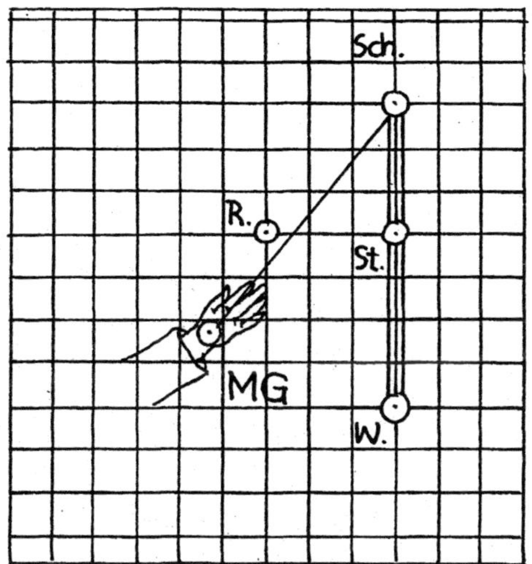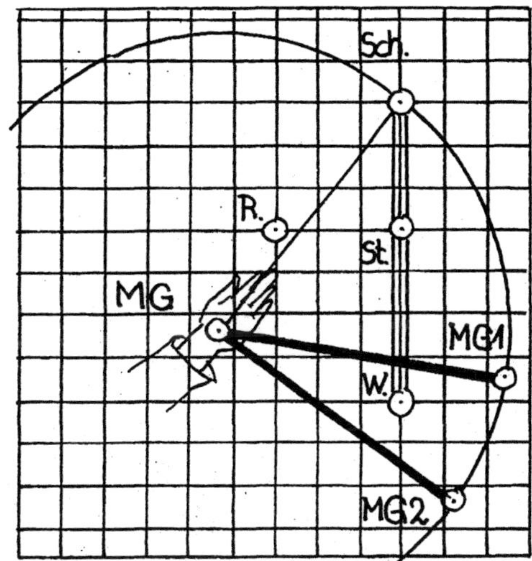

[Abb. 7 /A,6.] *Der Griff des Meisters mit dem Kreis um MG (Meistergriff) mit Radius MG-Sch. (Meistergriff-„Schönheit"), wobei der Kreis bedeutsame Orte überquert (hier MG1 und MG2), die die Aufgaben des Meisters anzeigen.*

Der Wert der „Fortitudo/ F." (die Kraft aus der Betrachtung von N. in der Welt des Diesseitigen und von R., bezogen auf die Welt des Jenseitigen) liegt in der Kunstbild-Diagonalen Sch.-R. auf einem Rasterlinien-Schnittpunkt links unterhalb von R., wieder mit bildgegenständlicher Auskunft, z.B. einer anwachsenden Feldfrucht etwa einer Kürbisfrucht im Sinne einer (körperlichen und geistigen) Kraftzunahme, etwa als Sinnbild wachsender Liebe [s. Laabs, S. 69].

(Zu den Werten des arbeitsamen Gesellen) In der letzten Dreiergruppe mit den Werten des arbeitsamen Gesellen werden Polaritäten gezeigt, die durch Darstellung und Bearbeitung in der dritten Polarität überwunden werden. So wird etwa in Dürers Druckgraphik „Die Kreuztragung" aus Dürers Holzschnittpassion [s. Ritters XV, S. 409] in der 1. Polarität (P.1) auf einem Ohr Jesu die Aktion und Reaktion von Sprechen und Hören ausgedrückt (hier wurde Simon von Kyrene angesprochen und gezwungen, Jesu Kreuz zu tragen, wovon dieser hörte). In dieser Graphik liegt die 2. Polarität (P.2) zwischen Zeigefinger und dem von diesem Zeigefinger abgespreizten Daumen des Reiters, womit die Aufgabe gesagt ist, den 5. Finger/ Daumen/ das 5. Prinzip (höheres Denken, Buddhi Manas) von den unteren vier Prinzipien (den weltzugewandten) abzuheben und (als himmelbezogenes) selbständig zu entwickeln, – während mit der 3. Polarität (P.3) auf einer Raute liegend hier der zum Ewigkeitswert (der Raute) strebende Mensch gemeint ist [s. Hieber I, S. 39].

Die drei Polaritäten (P.1, P.2, P.3) liegen frei verteilt auf den freien Rasterfeld-Schnittpunkten. Diese drei Punkte des arbeitsamen Gesellen sind also möglicherweise sehr eigenwillig und überraschend angeordnet und können so auch dem Gesellen besondere Aufgaben übermitteln. Seine allgemeine Aufgabe, hinter dem Seienden/ Erscheinenden/

Gewordenen/ Geschaffenen die besonderen verursachenden Kräfte zu ergründen, können so in recht besonderer Weise ausgedrückt werden.

Die drei mal drei Werte bauen den Tempel des Meisters (W., St., Sch.), zeigen die Interessen des kontemplativen Lehrlings (N., R., F.) und verweisen auf die Aufgaben des arbeitsamen Gesellen (P.1, P.2, P.3). Die einzelnen kleinen Felder des Rastergitter-Feldes sind zumeist rechteckig (selten quadratisch).

Zur Kleinen Raute:

[**Abb. 6 /A,6.**] Idealerweise liegen die 3 mal 3 Werte im Rasterfeld in Dreiecksform mit der Senkrechten des Meisters (W.-St.-Sch.), mit der Waagerechten (F.-N.-W.) und mit der von links unten nach rechts oben ansteigenden Schrägen (F.-R.-Sch.). Die 3 Polaritäten liegen frei verteilt. Wenn diese 3 mal 3 Werte oder Punkte an den beschriebenen Achsen der Senkrechten (durch W.) und der Waagerechten (durch W.) und dazu noch der Diagonalen (durch W.) nach rechts zu einem weiteren Dreieck gespiegelt werden und dann beide Dreiecke nach unten gespiegelt werden, so können die nun entstandenen Punkte jeweils in ihren Gruppen, insbesondere von Lehrling und Geselle) verbunden werden. Die so neu entstandenen Figuren (und weitere, frei verbundene Punkte ohne angezeigte Gruppenzugehörigkeit) ergeben neue zu interpretierende Aussagen, die insbesondere bei den freien Zuordnungen der Punkte in den Bereichen „In-mir" und „Wege in der Welt" und „Über-mir" spezifische Aussagen zum Kunstbild machen, insbesondere Aufgaben stellen. (Dies wird erst in der jeweiligen Anwendung deutlich werden.)

Zu den Handgriffen:

[**Abb. 7 /A,6.**] Der Meister gibt dem anderen Meister die Hand im Meistergriff, um ihm seine Verbundenheit mit der gleichen Arbeit der menschlichen Vervollkommnung zu zeigen, die für eine Rückkehr der Seele zu Gott für notwendig gehalten wird. Dabei umgreifen Daumen und kleiner Finger die Hand des anderen, während die mittleren Finger die Handwurzel des anderen berühren [s. Hieber III, S. 44 f]. Es ist ein festes Umgreifen, wie beim Baukran die Steinschere den Stein fest umgreift, um ihn aufzuheben, so wird auch der in den Sarg gefallene Meister (der dort seine übersteigerten Bedürfnisse seiner Leiblichkeit und seines Ego, Begierde/ Leidenschaft/ Selbstsucht, ablegt) aus diesem aufgerichtet (es wird nämlich sein göttlicher Funke, befreit von weltlichen Anhaftungen, nämlich seine Seele, aufgerichtet).

Geometrisch gesehen wird um die Handwurzel einer im Kunstbild dargestellten Person (Punkt MG/ Meistergriff) ein Kreis mit dem Radius „MG-Sch." geschlagen (der Wert „Schönheit/ Sch." wird dem Meister zugeordnet). Dann wird nachgesehen, ob dieser Kreis einen besonderen, bedeutungsvollen Ort (oder mehrere) überquert, der (die) dann als Aufgabe (Aufgaben) für die folgende Arbeit angesehen wird (werden).

Zum magischen Dreieck:

[**Abb. 8 /A,6.**] In der geöffneten und arbeitenden Loge besteht ein magisches Dreieck zwischen dem Logenmeister (der für Gott steht/ Punkt G) am Altar im Osten des Logenraumes, dem 1. Aufseher/ Parlier (der für die Vernunft steht, die den ebenen Baugrund prüft, mit dem Zeichen der Lotwaage, Punkt A1) in der Süd-West-Ecke des

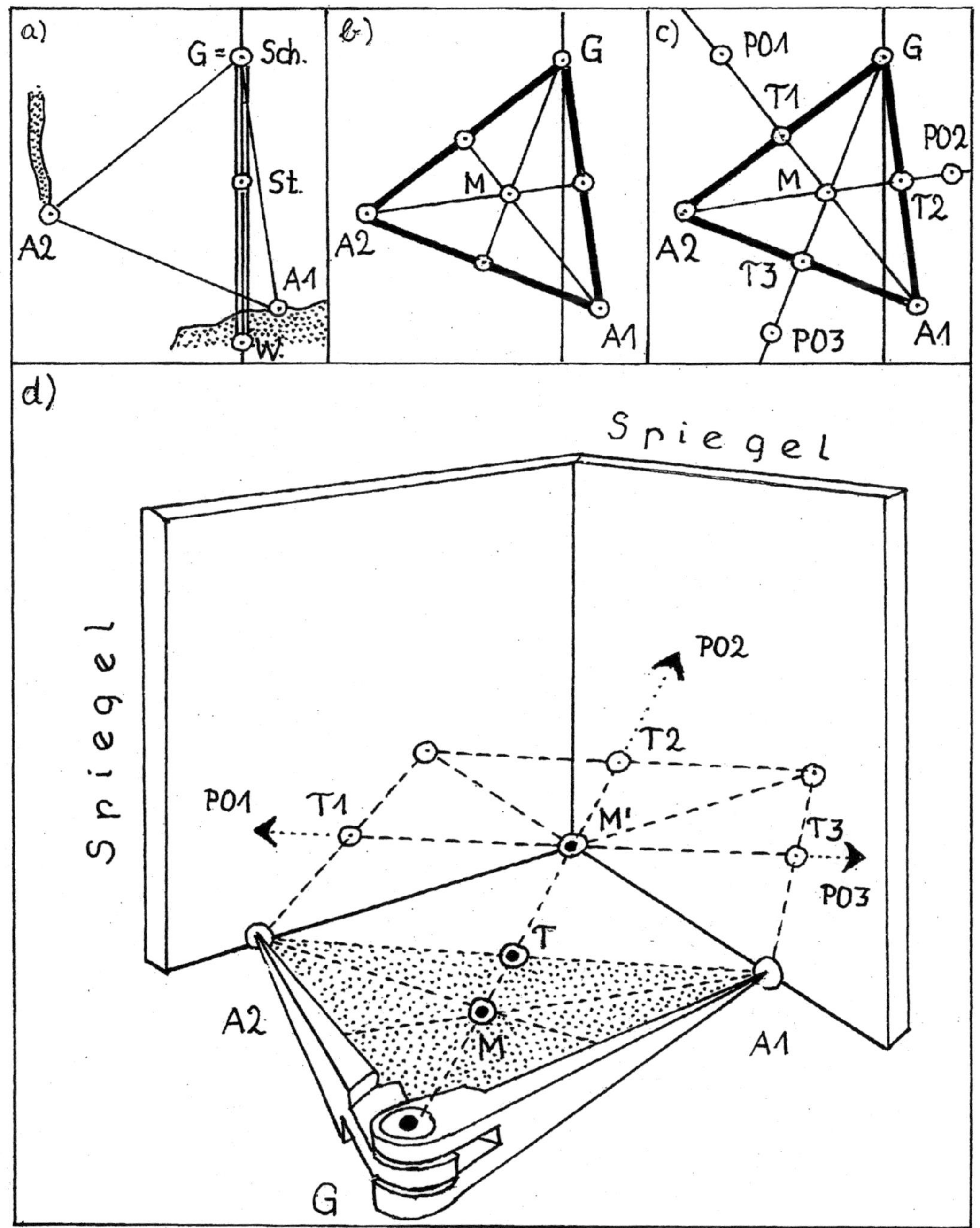

[**Abb. 8 /A,6.**] *Das magische Dreieck (mit dem Gotteswort) sendet dieses durch die beiden Spiegel in die „Welt" zu den drei Wirkungen des Gotteswortes in drei Zeiten.*

Logenraumes und dem 2. Aufseher/ Parlier (der für das von oben einstrahlende Gewissen steht, mit dem Zeichen des Bleilotes, Punkt A2) in der Nord-West-Ecke des Logenraumes.

Wenn der Logenmeister/ Gott spricht, so wendet er sich an den 1. Aufseher, dieser wendet sich an den 2. Aufseher und dieser gibt das Gotteswort/ den Auftrag/ die Anweisung an die versammelten Brüder [s. Mueller, S. 7, 10]. Derart ist das Gotteswort, das von Gott kommt, im magischen Dreieck „ungehört" und verlässt dieses erst über die beiden Aufseher, so dass es nach dem Verlassen des magischen Dreiecks bei den Brüdern/ in der Welt gehört und im Menschen wirksam werden kann. Dieses Gotteswort bei Gott entspricht dem Johannes-Evangelium [s. Evangelium des Johannes I,2] – und danach ist dieses wirkende Gotteswort in der Welt – wie es im Johannes-Evangelium steht, dass alles durch dasselbe gemacht sei [s. Evangelium des Johannes I;3] .

Das rituelle Interesse, zu Gott zu gelangen, beginnt nun mit der Arbeit, zunächst SEIN Gotteswort zu hören, bzw. dessen Bedeutung zu erfahren. Zu diesem Zweck muss beachtet werden, wie es aus dem magischen Dreieck (das kein Bruder betreten darf, das also „jenseitig" ist) herauskommt und zu den Brüdern strebt.

Geometrisch gesehen werden die Winkelhalbierenden des Dreiecks (die an den Aufsehern vorbei laufen) mit ihren Verlängerungen über den Ort des Grenzübertritts (Punkt T/ Transzendieren) hinaus gezeichnet, um auf ihnen nach besonderen, bedeutungsvollen Orten zu suchen. Ein solcher Ort („Punkt Null", P0) ist dann der Beginn der „Reise der 12 Stufen der Wandlung". Es können also ca. ein bis drei Nullpunkte für eine oder mehrere Reisen gefunden werden („Punkt Null 1"/ P01, „Punkt Null 2"/ P02, „Punkt Null 3"/ P03), auf der/ auf denen Gott sich mitteilt mit den auf dem jeweiligen Weg anzutreffenden Bedeutungen der Punkte und Figuren.

Da die Spiegel der Aufseher halbdurchlässig sind in der einen Richtung von Gott zur Welt, ist eine Umkehr des „Weges vom magischen Dreieck in die Welt" zum Rückweg von der Welt zu Gott nicht möglich. Es kann also mit den „Wegen der 12 Stufen der Wandlung" nur erhofft werden, SEINE wirkenden 12 Worte/ Bedeutungen/ Stationen kennen zu lernen (Gott kennen zu lernen, wie er in die Welt hinein wirkt, wie er des Menschen Weg gestaltet), nicht aber anhand des Weges den Rückweg zu beschreiten. An dieser noch offenen Stelle (der halb durchlässigen Wand des magischen Dreiecks) muss eine andere Wichtignahme/ Sicht/ Lösung (als die einer Rückkehr) gefunden werden [s.u.].

In der Abbildung 8 wird die (anmaßende) Sicht „von Gott durch die Spiegel in die Welt hinein" gezeigt (die ja den Menschen von Seiten der Welt zu Gott nicht möglich ist), wobei gut zu sehen ist, dass in der Welt ein von Gott ausgehendes wirkendes Wort zu drei Anfangspunkten (P01, P02, P03) führt, die die Gotteswirkung in drei Abschnitten oder Folgen zeigt im Sinne von Vergangenheit, Gegenwart, Zukunft. Gott dagegen hat (in dieser menschlichen Sicht) keine Zeiten.

Der Überschneidungspunkt der drei Winkelhalbierenden im magischen Dreieck ist der „Punkt M" (Punkt Mitte). Hier in M ist das „Wort Gottes bei IHM", das als wirkendes Wort Gottes auftritt, wenn es sich außerhalb des magischen Dreiecks befindet, wenn es in der Welt ist.

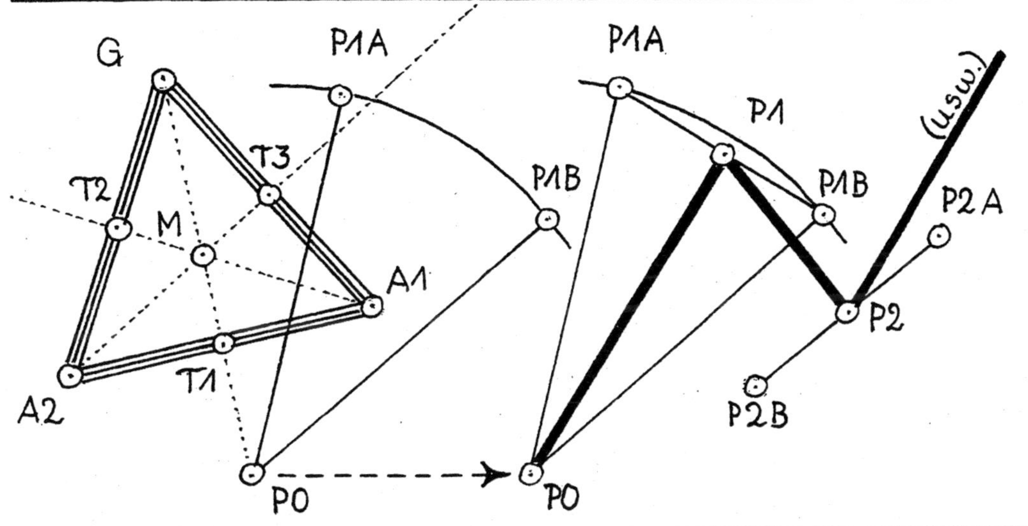

[Abb. 9 /A,6.] *Das auf einer Dreieckshalbierenden in die „Welt" gesandte wirkende Gotteswort trifft auf einen bedeutsamen Ort (Punkt Null, P0), dem Anfangspunkt für die Reise der 12 Stufen der Wandlung, auf der die Ausbreitung des Gotteswortes über 12 Stufen (mit den Zahlenbedeutungen von 1 bis 12) verfolgt werden kann, um von, bzw. über Gott etwas zu erfahren. Jede Zahlenbedeutung wird zweimal gleich abständig vom Ausgangspunkt ausgehend gesucht und zur Bezeichnung der nächsten Stufe gemittet (aus P1A und P1B folgt P1).*

Zur „Reise der 12 Stufen der Wandlung":

[Abb. 9, 10 /A,6.] Auf der Reise werden zunächst (von „Punkt Null/ P0" ausgehend) die Stationen 1, 2, 3, 4 beachtet, die die Entstehung des von Gott gesandten und geschöpften Seienden betreffen: Die 1 ist die Einheit, Ganzheit, ein Bild Gottes, die 2 ist der Gegensatz, die Trennung mit der Ermöglichung der Erkenntnis durch Abspaltungen und Gegenüberstellungen, die 3 ist die Wiedervereinigung von Gegenübergestelltem, die 4 ist die daraus folgende Vielheit verschiedener Vereinzelter mit ihren besonderen Wegen in die Mannigfaltigkeit.

[s. Abb. 9 /A,6.] Ein Schritt auf dieser Reise entspricht in seiner Figur der Konstellation im magischen Dreieck, wo von Gott ausgehend das Wort über zwei gegenüber stehende Aufseher zur nächsten Station/ zum Transzendierungspunkt T (als Mittung zwischen A1 und A2) und dann mit wiederholter gleicher Form (G-A1-A2 mit mittig T) zu den Brüdern/ in die Welt geschickt wird: Von Punkt Null/ P0 ausgehend wird also im Kunstbild der Wert der „1" (Einheit) an zwei Orten gleich entfernt gesucht (nämlich P1A und P1B), die dann gemittet werden im Ort der so festgestellten Bedeutung 1 (mit P1 zwischen P1A und P1B). Von diesem Ort P1 werden dann weiterhin zwei gleich abständige Orte gesucht mit der Bedeutung der 2 (nämlich P2A und P2B) mit mittig P2 (und so weiter folgen P3A und P3B mit mittig P3, dann P4A und P4B mit mittig P4, usw).

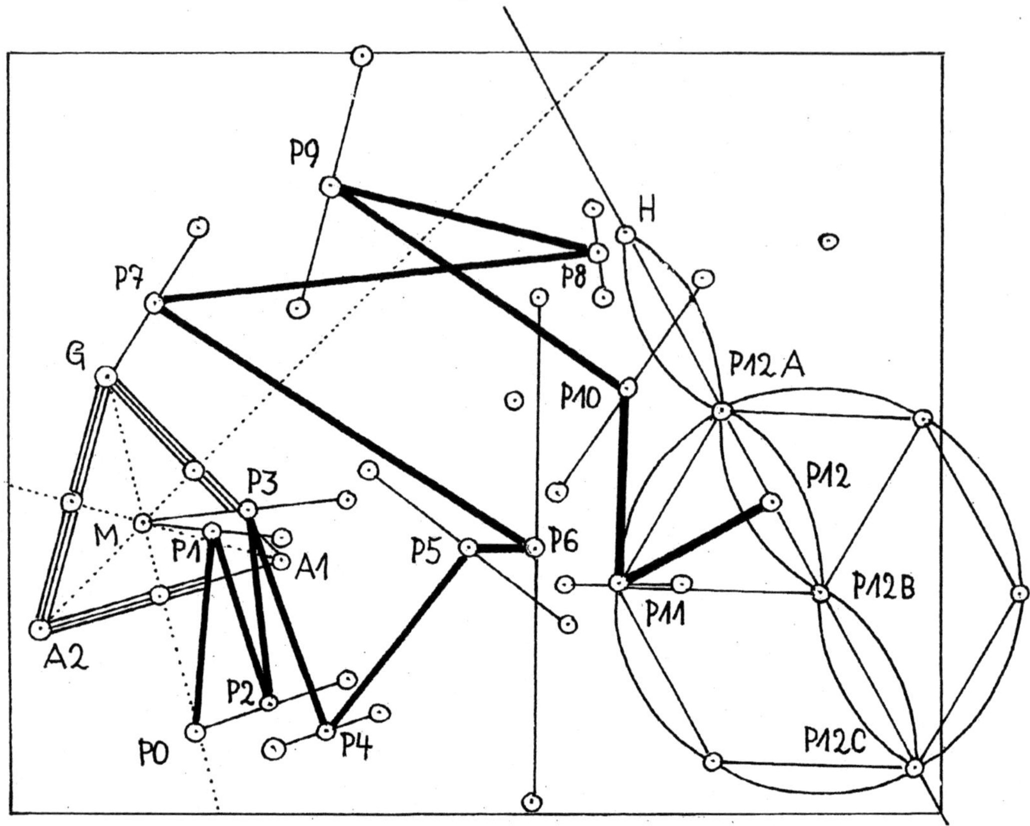

[**Abb. 10 /A,6.**] *Die Reise führt zum Zahlenwert „12“ (einer multiplikativen Vereinigung von „Welt/ 4“ und „Gott/ 3“) in Punkt 12 (P12).*

[**s. Abb. 10 /A,6.**] Die Gestalt dieses Weges P0-P1-P2-P3-P4 führt häufig in einer Zickzack-Bewegung auf und ab und auf und ab. Dabei liegen meistens die ungeraden/ unteilbaren Zahlen des Ewigen (1 und 3) in der Höhe und die geraden/ teilbaren Zahlen des Veränderlichen und Vergänglichen in der Tiefe (und zwar die 2 weniger tief und die Zahl 4 sehr tief). Die schwache Tiefe (bei P2) meint das Teilen und Abspalten bei der Zahl 2 (eine aufgrund des Trennens nicht heil lassende Art des Denkens). Hingegen meint die starke Tiefe (bei P4) das Herabstürzen in das Weltverhaftete bei der Zahl 4 (eine aufgrund des Eintauchens ins Materielle das Geistige nicht zulassende, bzw. behindernde Qualität des Charakters).

Als ein Bild für diese Figur zweier V-Formen, die auch ineinander gestellt vorkommen, wird hier auch die „Dalle“ (Steinplatte) bezeichnet, die im Zusammenhang mit der Suche nach dem „Hl. Gral“ in Südfrankreich (Rennes-le-Château, südlich Carcassonne, Limoux, Couiza, dort östlich nahe Rennes-le-Bains [s. Andrews, S 29]) beschrieben wird [s. Ritters Nr. 8 (Textbuch), S. 224, 254, 257, 263, s. Ritters Nr.9 (Bildbuch), S. 309, 321, 326 f, 329, 335].

150

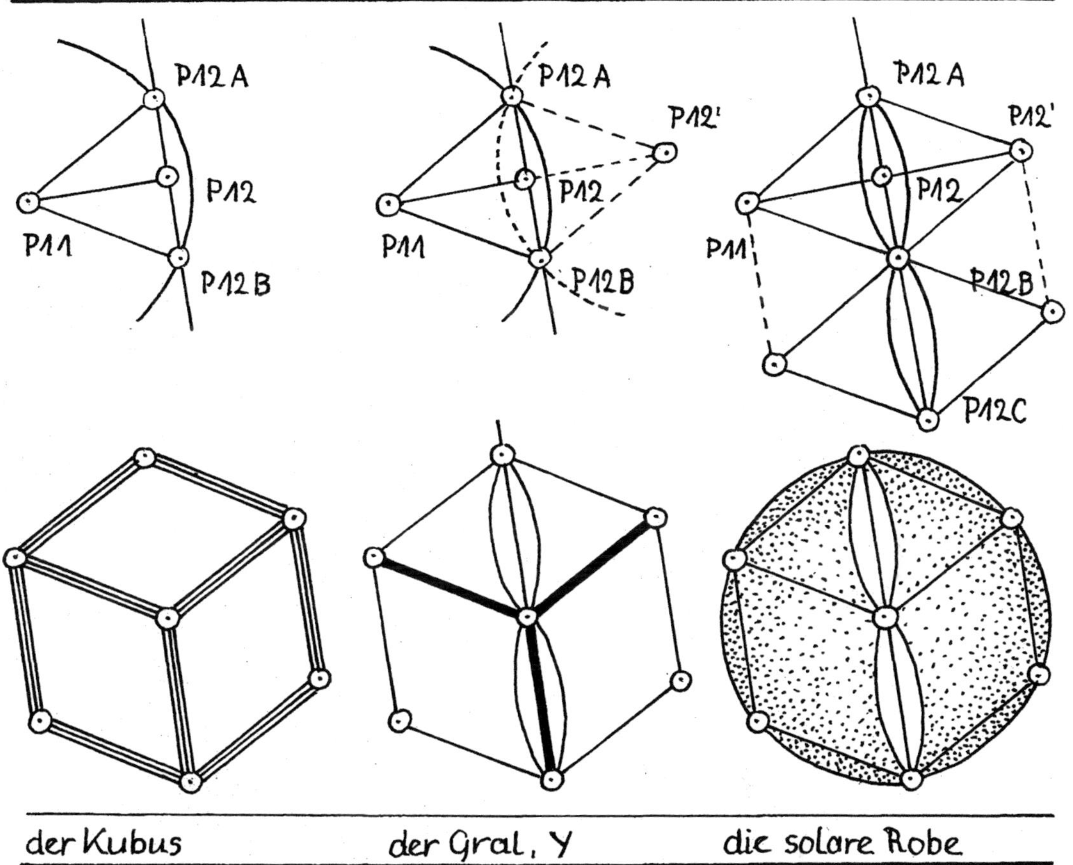

[**Abb. 11 /A,6.**] *Die letzte Reisestation (12) muss energetisch zwischen zwei Punkten liegen, um neutral zu werden als Endpunkt der Reise. Damit wird eine Schwingungsfigur gebildet, die in etwas einschwingt, so dass die Schwingung verdoppelt wird, wodurch die Figur des Kubus entsteht (als Gefäß für die Einschwingung) als Gral und als solare Robe.*

Der soweit dargestellte Weg vom Ausgangspunkt P0 über die ursprüngliche Einheit zur das Denken ermöglichenden Zweiheit und über die Vereinigungen in der Dreiheit zur Mannigfaltigkeit/ Vielheit des Geschaffenen in der Vierheit beschreibt den „Schöpfungs-Zusammenhang", der vom Schöpfer wegführt in die Welt des teilbaren Vielen, das aus der Einheit gefallen ist. Der Mensch kann, wenn er seinen göttlichen Funken (einen Teil vom Licht Gottes) in sich bewahrt hat, den Weg in die Erkenntnis der „verlorenen Einheit in Gott" zu gehen versuchen im „Erkenntnis-Zusammenhang" der Stufen von P4 bis P12.

Aus der existenziellen Verstrickung im Materieverhafteten (in P4) wird der Suchende (der seinen Gottesfunken zu Gott zurück bringen, bzw. in die Allseele einbringen möchte: in die Gnade der Gewissheit der Einheit) durch Gnade erlöst, wenn er zur Qualität der 5 (Leben-Liebe-Licht) aufgerichtet wird (nach mittig P5), was (generell und nicht immer) durch zwei Meistergriffe geschieht (P5A und P5B). In dieser Höhe der 5/ des Pentagrammes/ dieses Sternes beginnt die Sternreise (P5-P6) zu dem Wert der 6 (der Oben-unten-Beziehung des Hexagrammes), dann übergehend in die Himmelreise (P6 bis P9 und weiter nach P12) nach P7 (zur Vollkommenheit des mit 7 Eckpunkten angegebenen Kubischen in der additiven Vereinigung von 4+3), der 8 (der Gnade dieses Weges), der 9 (des Transzendierens über die bildgegenständlichen Hilfen hinweg/ über das Kunstbild-Format hinaus), der 10 („des Höchsten" in Gegenüberstellung zum Reisenden), der 11 (des vorschöpferisch eingeborenen Sohnes in Gott als Ahnung der eigenen Gotteskindschaft) zur 12 (der multiplikativen Vereinigung der „weltlichen Vierzahl mit der himmlischen Dreizahl", 4x3, bzw. 3x4, der Vereinigung des vollkommenen Eingeweihten mit dem Göttlichen „im Höchsten").

Am Verlauf des Weges fällt die markante Figur von „Sturz und Aufrichtung" (P3-P4-P5) auf. Es ist der Sturz aus geistiger Höhe (P3) in die Tiefe des Materiellen (P4) mit der anschließenden Aufrichtung im Meistergriff (nach P5). Im Neuen Testament wird anlässlich der Darbringung Jesu im Tempel vor Simeon gesagt: *„Und Simeon segnete sie und sprach zu Maria, seiner Mutter: >Siehe, dieser wird gesetzt zu einem Fall und Auferstehung vieler [...]<."* [Evangelium des Lukas 2, 34] Jesus wird also nach Simeon den Fall in die materielle Verhaftung und seine Aufrichtung/ Auferstehung vom „Tod der materiellen Verhaftung" zum „lebendigen Geist" erleben – wie viele andere vor und nach ihm. Es ist der buddhistische Übergang von den „lebenden Toten" (den „spirituell Toten und physisch Lebenden" [s. Abhinyano, S. 105 f, 115]) zu den Eingeweihten/ den im Geist Lebendigen. Ebenso wird freimaurerisch die Aufrichtung aus dem „Sarg des vergänglichen Fleisches" zum „Ewigkeitswert des Meisters" [s. Hieber III, S. 29] verstanden.

Eine andere Figur ist der „Zick-zack-Weg" (etwa P6-P7-P8-P9), der die innere Umkehr (metanoia) meint. Die weitere Figur P7-P8-P9-P10 zeigt hier den „Kreuzgriff des Bruders". In dieser Höhe des Weges handelt es sich um den „letztendlich Einweihenden" (um das leitende Göttliche) [s. Hieber III, S. 36, 44 f].

Zu Kubus, Gral, solare Robe und Lichtschacht:

[Abb. 10, 11 /A,6.] Der Weg der Einweihung ist mit dem Erreichen der 12. Stufe (der „Vereinigung im Höchsten") noch nicht am Ende, da dieser Endpunkt energetisch nicht neutral ist (welcher Zustand hier nur in der Mitte einer Strecke erreicht wird). Deswegen wird die letzte Strecke des Weges (P11-P12) um gleiche Länge verlängert (um P12-P12′). Damit entsteht eine Schwingungs-Figur zwischen P12A und P12B, die nach unten (über P12B hinaus) um gleiche Länge (um P12A-P12B) verlängert wird, damit sie in etwas einstrahlen kann (als P12B-P12C). Mit dieser Verdopplung der zunächst erzielten Schwingungsfigur zu einer Doppelschwingungs-Figur ist die geometrische Figur des Kubus gewonnen, die mit ihrer Binnenfigur des Y die aufnehmende Schale (vergleichbar den beiden im 120-Grad-Winkel hochgestreckten Armen des Menschen) und darunter den Körper des Menschen (P12B-P12C) bildet. Dieser die Schwingung/ Energie aufnehmende Kubus/ Stein mit seiner y-förmigen Binnenfigur ist der Gral, der aufgeladen (im angefüllten Kreis/ in der angefüllten Kugel) die solare Robe (das aus Sonnenenergie/ Phlogiston/ Fohat gewobene Kleid des Volleingeweihten der Urreligion darstellt [s. Abhinyano, S. 186, 190, 199, 265, 269 f, 296]).

Mit dem Erreichen dieser Figur der solaren Robe ist der Einzuweihende am Ende seiner Reise angekommen und hat seinen Neuen Leib in der Umwandlung des rauen Steines zum vollkommenen kubischen Stein erhalten, der in seiner Lichtgestalt der solaren Robe fähig ist (wenn es gewollt ist), ins Nirwana aufzusteigen und seinen alten Körper auf Erden zurück zu lassen [s. Abhinyano, S. 112, 244, 246, 248, 276, 305, 314] (nach hier vorliegender Beschreibung der Figuren des Weges im buddhistischen Sinn).

Freimaurerisch gesehen ist Gott vorstellbar in der Gestalt des vollkommenen Kubus [s. Krüger, S. 311 f], der mit dem vollkommenen Kubus des Eingeweihten übereinstimmt in der Vorstellung der kubischen Gestalt (nicht in der gezeichneten Gestalt, die noch voller Unebenheiten ist) im Zusammenfall beider. Denn philosophisch gesehen gibt es nach dem Satz von der Identität nicht zwei gleiche, ununterscheidbare Seiende, sonst wären sie eins. Es ist *„das Prinzip von der Identität des Ununterscheidbaren".* [Ulfig s. 364] (Auch die im Sein Gleichen sind eins.)

[Abb. 12 /A,6.] Es hat sich weiterhin gezeigt, dass die doppelte Schwingungsfigur gelegentlich sinnvoll (d.h. im Zusammenhang mit der bildgegenständlichen Gestaltung des Kunstbildes) nach oben um eine Schwingung zu verlängern ist, so dass drei Schwingungs-Figuren im Lichtschacht vorliegen, die gelegentlich am höchsten Ort bildgegenständlich auf einen himmlischen Gehalt verweist. Dieser Anfangspunkt (Punkt H/ Himmel) dieses dreiteiligen Lichtschachtes (H-P12A-P12B-P12C) sendet nun eine Schwingungsfigur durch den oberen Abschnitt des „Himmels" (H-P12A) zum Horizont/ achte (P12A), wo sie in den Bereich der „Luft" (P12A-P12B) eintritt und am Übergang (P12B) zum untersten Bereich der „Erde" (P12B-P12C), in einen Körper, vornehmlich in einen Nacken, einstrahlt (in den „Mund Gottes", in das „Tor Gottes" [s. Yogananda, S. 69]).

Im mittleren Bereich der „Luft" trifft der „Weg der 12 Stufen der Wandlung" (die „Achse der Konstruktion und Arbeit") mit seinem letzten Abschnitt (P11-P12) auf den „Lichtschacht" (auf die „Achse der Intuition und Gnade") in P12. Hier erfährt der Einzuweihende auf seinem Weg (die Bedeutungen des Gotteswortes von P1 bis P12 erkundend) am Endpunkt seiner Arbeit die aus dem Himmel (von H) einstrahlende Schwingung (Energie/ Licht / Intuition) als eine Gnade einer inneren Erhellung, bzw. himmlischen Erleuchtung: Der Einzuweihende bekommt auf seinem Weg vom Ort des „Gotteswortes bei Ihm" (M) im magischen Dreieck über P0 und von P1 bis P12 (welcher Weg seine Herkunft von Gott als ein Gotteskind zu erkunden sucht) in P12 das hell-leuchtende Licht der Intuition (von H) entgegen gesandt, <u>so dass er seine „von M herkommende Gottes-Kindschaft" im Lichte der „von H herkommenden Intuition" erkennen kann.</u> Damit ist das sentimentalische Ziel, „die verlorene Einheit durch Reflexion zurück zu gewinnen suchend" erreicht in dem Sinne, dass „die verlorene Einheit in Gott" (die vorschöpferische Einheit in M) – im Lichte der zurück gewonnenen Intuition (also in >mit dem Göttlichen gleicher< Geistigkeit/ eben in Gott) erkannt ist".

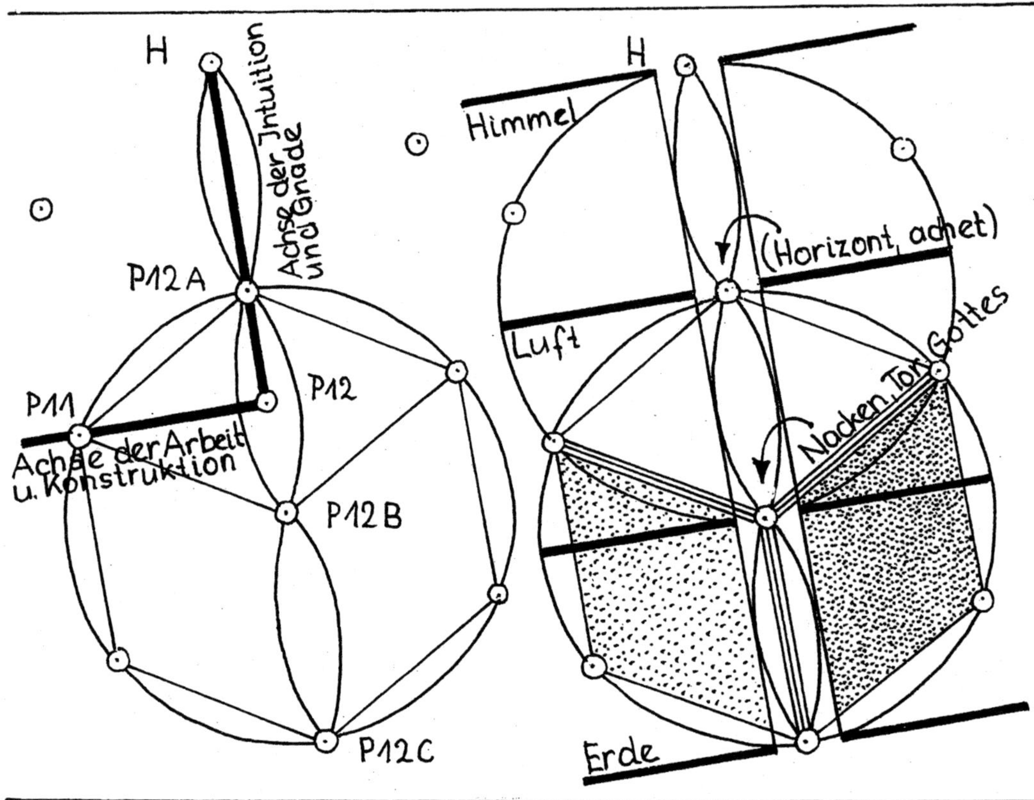

[Abb. 12 /A,6.] *Der letzte Schritt der Reise und die „von oben" einstrahlende Schwingung führen die Arbeit des Reisenden und die gefundene Einstrahlung „von oben/ vom Himmel" zusammen im „Lichtschacht", der vom Himmel zur Luft und zur Erde führt.*

Zur Errichtung des Baukranes und zum Fund eines erhebungswürdigen Ortes unter der Seilumlenkrolle des Kranes:

[Abb. 13 /A,6.] Wenn in einer Zusammenschau der Lichtschächte und der solaren Roben zwei grundlegende Strecken oder Abstände im Längenverhältnis der Proportion des Goldenen Schnittes (1 zu 1,62...) oder der Oktave (1 zu 2) zueinander stehen, so kann aus diesen der Baukran (der „zum Höchsten" erhebt) rekonstruiert werden, der den Einzuweihenden oder einen Aspekt von ihm (im vorliegenden Beispiel ein/ sein Feuer) erhebt. Damit sind neben der kontinuierlichen Annäherung an den Vereinigungspunkt (P12) und an dessen (vom Einzuweihenden zu erkennende) lichte Überstrahlung (von H) die weiteren systemeigenen Förderungen der Aufrichtung (P4-P5) und der Erhebung (am Baukran) aufgedeckt.

Zur Abfrage der „Bewusstseins-Lage" des Einzuweihenden (und anderer) im „Kreis der Bewusstseins-Lage" oder im „Kreis des geistigen Horizontes":

154

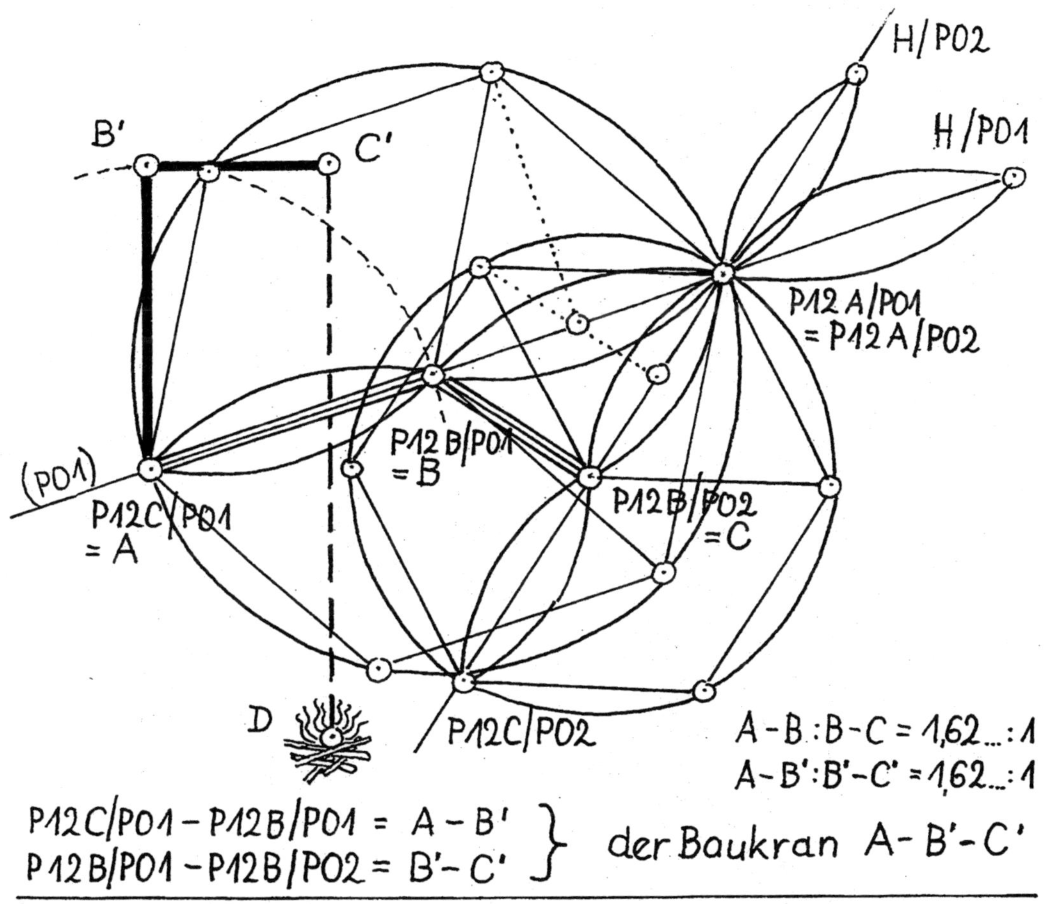

[**Abb. 13 /A,6.**] *Wenn Strecken von Lichtschächten im Verhältnis des Goldenen Schnittes zueinander stehen, so kann daraus ein Baukran errichtet werden, der zu Erhebendes (das als solches erkannt wird) erhebt.*

Wenn vom Interpreten z.B. ein erhebenswerter Ort gefunden wird, so ist damit noch nichts Genaues über das Bewusstsein des Einzuweihenden gesagt (wenn auch alle Aspekte des Kunstbildes ihm zugehören): Er kann es bemerkt und für wichtig befunden/ geschätzt haben oder nicht. Ein genaueres Bild von der Bewusstseinslage des Einzuweihenden eröffnet der „Kreis der Bewusstseinslage" (der Kreis des geistigen Horizontes).

[**Abb. 14 /A,6**] Der Kreis um den „Mund" (Geisthauch, Wort, Schöpferkraft [s. Herder-Lexikon, S. 114]) der befragten Person mit dem Radius „Mund – Punkt Schönheit/ Sch." (die „Schönheit" ist der Wert des Meisters) überquert Orte, die des Befragten Geistigkeit offenbaren:

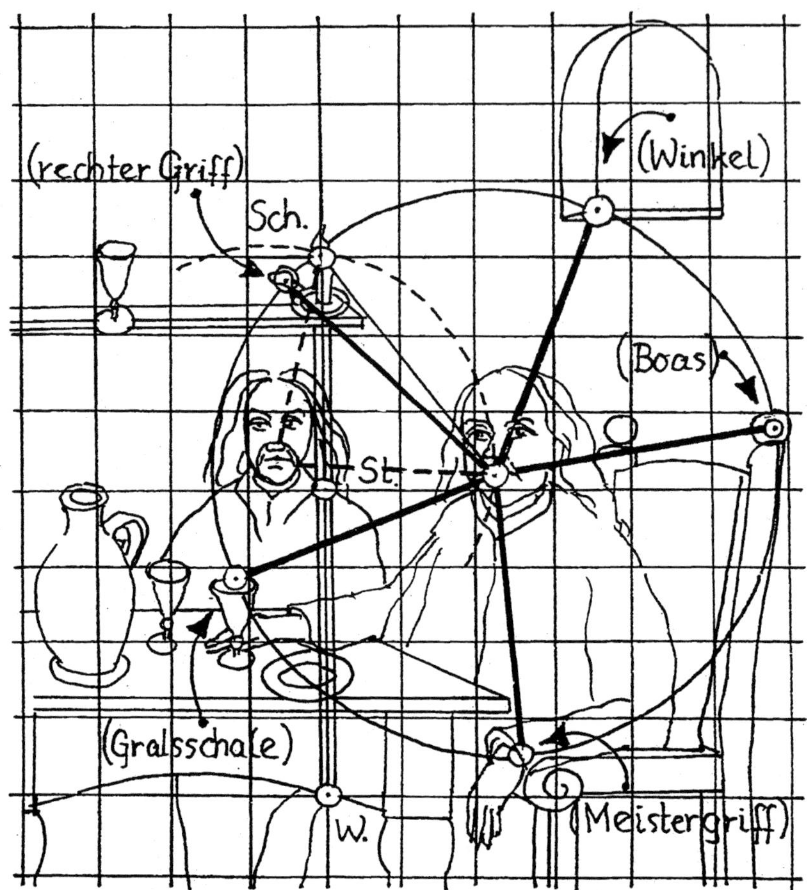

[Abb. 14 /A,6.] *Der „Kreis der Bewusstseins-Lage" (der Kreis des geistigen Horizontes) mit dem Mittelpunkt auf dem Mund des Befragten (auf dem Ort des ausgesprochenen Wortes) mit Radius „Mund-Sch.".*

Im vorliegenden Beispiel erkennt die Einzuweihende (mit St.) in ihrem „Kreis des geistigen Horizontes" die von ihrem Aspekt (des Weintrinkers) in dessen „Kreis des geistigen Horizontes" erfahrene Geistigkeit, die, als eine von ihr erkennbare, demnach auch die ihre ist.

156

A,7. REGISTER

7.1. SACHREGISTER:

A

Abdinghofer Mönche: 15, 108
Abels-Kind:126, 136, 138
Abfall des Ordenslandes Preußen: 100
Abnahme Christi vom Kreuz: 7, 11
Achse der Arbeit und Konstruktion: 126, 137, 153
Achse der Gnade und Intuition: 126, 137, 153
Adam: 11, 13, 14, 16, 17
Agisterstein: 15
Akkon (Hl. Land): 10
Alchimie: 8, 9,1090
Allseele: 151
Altarnische (Sacellum): 10
Antreiben (auf dem Weg): 28
Apep (Schlange): 44, 45, 109
Appell zur Befreiung: 106
arabische Bruderschaft der Baumeister: 10
Arbeitstafel (eines Ordens):8, 37, 105, 107
Arbeitstafel (ur-christlich, ur-religiös): 37
Arbeit, winkelrechte: 33
Arbeit, zielgerichtete (Kains): 137
Archetyp der niederen Herkunft des Erlösers: 110
Archetypen: 110
Aspekt des Basilisken: 109
Aspekt (negativer, positiver): 44
Aspekt der Sachsen: 71
Aspekt des Strebens: 29
Aspekt der Vereinigung: 30
Aspekt (verinnerlichter): 71
Atma (transzendenter, universaler Geist): 105:
Auferstehungsfahne: 17, 20

Aufgang (über M) des Templerkreuzes: 74
Aufhellung: 109
Aufhellung eines Unerlösten: 110
Auflösung eines Unerlösten: 109
Aufrichtung: 146, 152, 154
Aufrichtung der Irminsul (ihre Erhebung): 62:
Aufseher (A1, A2): 126, 146
Ausschluss aus der Gemeinde: 43

B

Barriere zwischen Erde und Himmel: 107
Basilisk: 8, 21, 41, 43, 44, 71, 105, 109
Basilisk, erhobener: 109
Basiliskenrelief: 20
Basilisk (+ Selbstachtung): 112
Basilisk (Sinnbild für Tod, Teufel, Sünde): 43
Basilisk (Zeichen für böse, teuflische Mächte, die den Menschen in Sünde verstricken): 21
Bauen, das: 135, 136
Baukorporationen (operative) mit spekulativen Freimaurern: 37
Baukran: 116, 146, 154
Baukran A-B-C: 62, 71, 72, 73, 79
Baum der Erkenntnis: 16
Beet mit Saatkörnern (nach Wirth): 80
Behinderndes: 45
Bekleidung (mit Schurz): 36
Benediktinerkloster Abdinghof: 16
Bereiche „Himmel", „Luft", „Erde": 153
Bereiche „In-mr", „Neben-mir", „Über-mir": 146
Bewusstseins-Lagen: 154, 155
Bild, bewegtes: 109
Bildgeschichte: 9
Bildhauer (tätige): 19, 20

A,8. VERZEICHNIS DER ERSCHEINUNGEN IN DER BUCH-REIHE „GEOMETRISCHE STRUKTUREN DER KUNST"

(begründet von Volker Ritters 2001)
im Verlag Books on Demand, Norderstedt
(www.bod.de/bod–shop (>bod–shop, >Buchsuche)

Nr. 1: DIE VIER APOSTEL IN DEN BEIDEN DARSTELLUNGEN VON ALBRECHT DÜRER
   von Volker Ritters (2001)
Nr. 2: FRANÇOIS BOUCHER – EINWEIHUNGSBILDER
   von Volker Ritters (2001)
Nr. 3: GIORGIONE – DIE DREI PHILOSOPHEN
   von Volker Ritters (2001)
Nr. 4: MINIATUR I – BILDER VON VOLKER RITTERS
   von Volker Ritters (2001)
Nr. 5: RAPHAEL – EINWEIHUNGSBILDER
   von Volker Ritters (2002)

Nr. 6:   PHILIPP OTTO RUNGE – EINWEIHUNGSBILDER
         von Volker Ritters (2002)
Nr. 7:   LUCAS CRANACH D.Ä. – EINWEIHUNGSBILDER
         von Volker Ritters (2003)
Nr. 8,9: DER GRAL IN DER GEHEIMSPRACHE DER VERBORGENEN
         GEOMETRIE
         von Volker Ritters (2005)
         BAND 1: TEXT-BAND   [ISBN 3-8334-3966-1]
         BAND 2: BILD-BAND   [ISBN 3-8334-3967-X]
(die Nummern 1 bis 9 sind vergriffen)

Nr. 10:   <u>DAS VERKÜNDIGUNGS-RELIEF VON ST. PETRI ZU STENDAL</u>
          von Volker Ritters (2006)
          [ISBN 978-3-8334-5379-3]

Nr. 11:   <u>CASPAR DAVID FRIEDRICH – EINWEIHUNGSBILDER</u>
          von Anna Mika (2007)
          [ISBN 978-3-8334-6735-6]

Nr. 12:   <u>MEISTERWERKE MIT DER RITUELLEN VERBORGENEN
          GEOMETRIE: HAMBURGER KUNSTHALLE</u>
          BAND 1 der „Meisterwerke Hamburger Kunsthalle“
          (mit ca. 12 Werken der Hamburger Kunsthalle)
          – mit einer Einführung in die Verborgene Geometrie –
          von Volker Ritters und Anna Mika (2008)
          [ISBN 978-3-8334-7466-8]

Nr. 13:   <u>ANTIKE EINWEIHUNGSBILDER
          MIT DER RITUELLEN VERBORGENEN GEOMETRIE:
          ATHENA, MARSYAS, ALKYONEUS, AUGE, LAOKOON, ODYSSEUS
          UND PENELOPE.</u>
          von Volker Ritters und Anna Mika (2008)
          [ISBN 978-3-8334-8823-8]

Nr. 14:   <u>MEISTERWERKE MIT DER RITUELLEN VERBORGENEN
          GEOMETRIE: HAMBURGER KUNSTHALLE</u>
          BAND 2 der „Meisterwerke Hamburger Kunsthalle“
          (mit ca. 16 Werken der Hamburger Kunsthalle)
          von Volker Ritters und Anna Mika (2009)
          [ISBN 978-3-8370-3375-5]

Nr. 15   PHILIPP OTTO RUNGE: BILDER MIT DER RITUELLEN
          VERBORGENEN GEOMETRIE UND MIT SYMBOLEN DES
          FREIMAURER-ORDENS
          BAND 3 der „Meisterwerke: Hamburger Kunsthalle"
          – mit einer Einführung in die Verborgene Geometrie –
          von Volker Ritters (2010)
          [ISBN 978-3-8391-5698-8]

Nr. 16   HOLLÄNDISCHE & FLÄMISCHE MEISTERWERKE MIT DER
          RITUELLEN VERBORGENEN GEOMETRIE.
          EINE HULDIGUNG AN DAS HAUS VON ORANIEN-NASSAU.
          durch: van Honthorst, van Mieris, Mijtens, Rembrandt, Steen, Teniers und
          Bloemaert, van Mieris.
          BAND 1 „Holländische & flämische Meisterwerke"
          (mit 11 analysierten Kunstbildern)
          – mit einer Einführung in die Verborgene Geometrie –
          von Volker Ritters (2011)
          [ISBN 978-3-8423-1178-7]

Nr. 17   HOLLÄNDISCHE & FLÄMISCHE MEISTERWERKE MIT DER
          RITUELLEN VERBORGENEN GEOMETRIE.
          DAS FLEISCH IST WIE GRAS.
          nach: Bosch, Luyken, Metsu, Netscher, Slingelandt, Steen, Wouwerman.
          BAND 2 „Holländische & flämische Meisterwerke"
          (mit 11 analysierten Kunstbildern)
          – mit einer Einführung in die Verborgene Geometrie –
          von Volker Ritters (2011)
          [ISBN 978-3-8448-6170-9]

Nr. 18   HOLLÄNDISCHE & FLÄMISCHE MEISTERWERKE MIT DER
          RITUELLEN VERBORGENEN GEOMETRIE.
          FUNKTIONEN DES KUNSTBILDES.
          Eine künstlerische bei Jan Luyken in „Der Maler",
          eine mythische bei David Teniers d. J. in „Der Schmied",
          eine religiöse bei David Teniers d. J. in „Das Konzert",
          eine moralische bei Jan   Steen in „Nach dem Trinkgelage",
          eine soziale bei Rembrandt in „Die Nachtwache",
          eine informative bei Gerrit Dou in „Die Wassersüchtige".
          BAND 7 „Holländische und flämische Meisterwerke"
          <Eine Einführung in die Verborgene Geometrie: Einführung B>
          von Volker Ritters (2012)
          [ISBN 978-3-8448-4020-9]

Nr. 19   <u>HOLLÄNDISCHE & FLÄMISCHE MEISTERWERKE MIT DER</u>
<u>RITUELLEN VERBORGENEN GEOMETRIE.</u>
ELEMENTE DES KUNSTBILDES.
Der Ebenen-Durchstieg, der Tempel mit dem Raster-Gitter,
das Magische Dreieck mit dem Wort Gottes, die Reise der zwölf Stufen
der Wandlung, der Kubus, der Lichtschacht, der Gral, die solare Robe,
Aufrichtung und Erhebung, der Baukran.
BAND 6 „Holländische und flämische Meisterwerke"
<Eine Einführung in die Verborgene Geometrie: Einführung A>
von Volker Ritters (2012)
ISBN 978-3-8448-4019-3

Nr. 20   <u>HOLLÄNDISCHE & FLÄMISCHE MEISTERWERKE MIT DER</u>
<u>RITUELLEN VERBORGENEN GEOMETRIE.</u>
QUALITÄTEN DES KUNSTBILDES.
Darstellung/ Gegenüberstellung eines Problems im Bild und dessen Lösung
durch spirituelle Entwicklung/ Überschau mit Zusammenfall der Gegensätze
im Kunstbild.
BAND 8 von „Holländische und flämische Meisterwerke
<Eine Einführung in die Verborgene Geometrie: Einführung C>
von Volker Ritters (2013)
ISBN 978-3-7322-0880-7

Nr. 21   <u>DAS EXTERNSTEIN-RELIEF.</u>
EIN TEMPLERISCHES EINWEIHUNGSBILD
GEDEUTET NACH DER VERBORGENEN GEOMETRIE.
(eine Monographie)
von Volker Ritters (2014)
ISBN 978-3-7322-0281-2

A,9.   BILDNACHWEIS

Alle Zeichnungen,
alle Fotos (farbige und schwarz-weiße),
alle Bearbeitungen aller verwendeten alten Drucke
(Radierung, Kupferstich, Stahlstich, Lithographie, Holzstich, Zinkographie, Buchdruck),
gezeichnete Kopie, Abb. 31 c), Seite 62
(„Grundriss von Nische, Kuppelgrotte, Hauptgrotte, Nebengrotte")
<u>nach:</u> E. Kittel, S. 69 (Abb. 17),
gezeichnete Kopie, Abb. 45 b) 1., Seite 83 („Die Signatur Cranachs im Holzschnitt")
<u>nach:</u> Stepanow, S. 25,

gezeichnete Kopie, Abb.. 60, Seite 103 („Das Parisurteil.")
<u>nach:</u> L. von Cranach d. Ä. aus: Jahn, S. 126,
    gezeichnete Kopie, Abb. 61, Seite 104 („Das Parisurteil.")
<u>nach:</u> L. Cranach d. Ä. aus Friedländer, Nr. 255:
von © Volker Ritters.

A,10. BIOGRAPHIE

Volker Ritters studierte Erziehungswissenschaft (u.a. bei Herwig Blankertz), Bildende Kunst (bei Georg Gresko, Kai Sudeck), Kunstgeschichte (u.a. bei Wolfgang Schöne, Wolf Stubbe, Otto Stelzer), Kunstdidaktik (u.a. bei Paul Bruhn), Philosophie (u.a. bei Ernesto Grassi, Max Müller) in Hamburg und in München .

Er arbeitete zunächst als Lehrer und dann als Leiter der Beratungsstelle für Bildende Kunst am Institut für Lehrerfortbildung (IfL) in Hamburg, sowie dort als Dozent (OStR) für den Unterricht in Bildender Kunst (Kunstdidaktik).

Als Eingeweihter (nach dem Schwedischen System) erforscht er seit 1984 die Kunstbild-Sprache der „rituellen Verborgenen Geometrie", die die „Königliche Kunst" der Einweihung zum Inhalt hat, in Kunstbildwerken seit der Antike und bis 1810. Zahlreiche Buchveröffentlichungen bei Books on Demand, Norderstedt (www.bod.de/bod–shop [>bod—shop, >Buchsuche]).

<u>Einzelausstellungen seiner Bilder (Auswahl):</u>
1972 „Konfrontatie 10", Stedelijk-Museum Schiedam/ Zuid-Holland, NL (Katalog/ Mappe, Leitung: Hans Paalmann),
1976 „Nederlandse Landschappen", Stichting Kapel van St. Maarten, Hoogelande/ Zeeland, NL (Leitung: Agnes Hoegen),
1977 „Hollandse Landschappen", Singer-Museum, Laren/ Noord-Holland, NL (Leitung: Eemke Raassen)
1978 „Silberstiftzeichnungen, Aquarelle, Radierungen", Landesmuseum Schloß Oldenburg i.O. (Katalog, Text: Karl Veit Riedel),
1979 „Tekeningen, Grafiek", Stedelijk-Museum, Schiedam/ Zuid-Holland, NL, (Faltblatt, Text: J. Zutter),
1980 „Nederlandse Landschappen", Stichting Kapel van St. Maarten, Hoogelande/ Zeeland, NL,
1981 „Hollandse Landschappen", Singer-Museum, Laren/ Noord-Holland, NL
1991 „Bilder aus der Altmark: Radierungen, Ölbilder, Skulpturen", Altmark-Museum, Stendal/ Altmark,
2003 „Altmärkische Landschaften", KunstKabinett der Volksbank, Stendal/ Altmark (Leitung: Andreas Drimer),
2004 „Altmärkische und holländische Landschaften", Salzkirche, Tangermünde/ Altmark
2006 „Zwei Künstler vor einem Motiv. Karin Struck, Willem Ritters", KunstKabinett der Volksbank Stendal (Altmark).

Es wäre denkbar, die bisher bekannten Kunstbildwerke mit Verborgener Geometrie in reproduzierter Form an einem Ort zu versammeln und auszustellen.

Hinzu kämen die analytischen Zeichnungen der verborgen-geometrischen Einweihungswege und die historischen Graphiken mit den Aussagen zur jeweiligen Zeit, mit den Symbolen der Zeit.

Damit könnte ein Überblick über die abendländische Kultur im Bereich der Bildenden Kunst, speziell eben der „Königlichen Kunst der in der Verborgenen Geometrie angelegten Einweihungswege" gegeben werden: in Graphik, Malerei, Relief, Skulptur, Plastik, Architektur, Garten-, Park- und Landschaftsgestaltung.

Es wäre eine Präsentation der abendländischen Werte, der christlichen wie auch der urreligiösen, in der aufbereiteten Form der sichtbar gemachten symbolischen Aussagen über des Menschen Wesen und Auftrag, wie sie im Hintergrund der Kunstbilder gemacht werden.

Es wäre ein Ort der sich (seit der griechischen Antike und bis zum Tod von Philipp Otto Runge 1810) kulturell durchhaltenden Wertigkeit einer philosophisch-religiösen Haltung im Sinne der Identität Europas.

Es gäbe dem Betrachter eine erweiterte Möglichkeit, an kulturellen Zeugen der Vergangenheit symbolische Aussagen zu entdecken und zu erkennen.

Welche kulturwissenschaftliche oder kunstwissenschaftliche Institution, bzw. welches Kultur- oder Kunst-Museum wäre interessiert an der Erforschung der urreligiösen „rituellen Verborgenen Geometrie" in abendländischen Kunstbildwerken und würde eine Zusammenarbeit begrüßen und würde möglicherweise gegebenenfalls später Forschungs-Unterlagen übernehmen?

e-mail: volker–ritters@t–online.de

und siehe:

www.volker-ritters-verborgene-geometrie.de

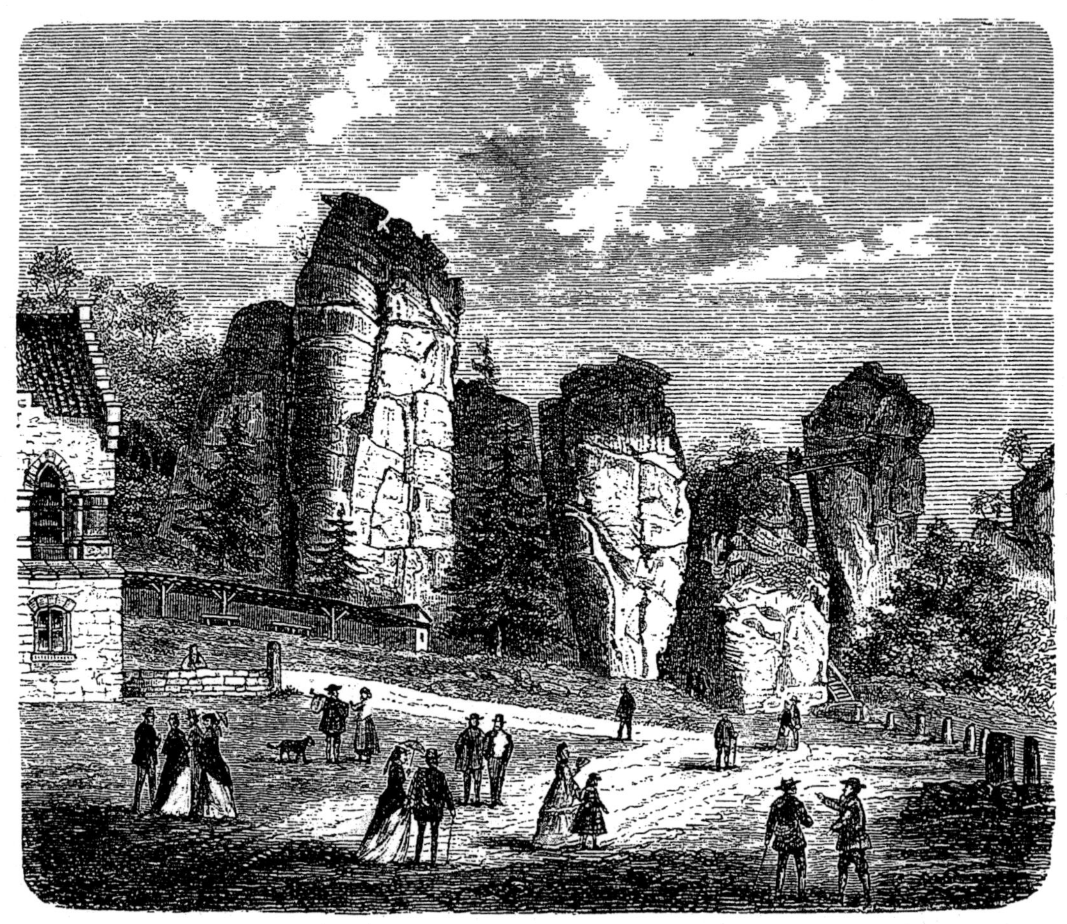

[Abb. 67] : „*Die Externsteine bei Horn.*"